如何识别一个好的商业模式

——平台型企业商业模式效能评估研究

徐天舒　著

How to Identify a Good Business Model

—Research on Business Model Efficacy Evaluation of Platform Enterprises

中国财经出版传媒集团
中国财政经济出版社

图书在版编目（CIP）数据

如何识别一个好的商业模式：平台型企业商业模式效能评估研究/徐天舒著. -- 北京：中国财政经济出版社，2022.4（2024.10重印）

ISBN 978-7-5223-1242-2

Ⅰ. ①如…　Ⅱ. ①徐…　Ⅲ. ①企业管理-商业模式-研究　Ⅳ. ①F272.3

中国版本图书馆CIP数据核字（2022）第042284号

责任编辑：谷兴华　　　　责任校对：胡永立
封面设计：卜建辰　　　　责任印制：党　辉

如何识别一个好的商业模式
RUHE SHIBIE YIGE HAODE SHANGYE MOSHI

中国财政经济出版社 出版

URL：http：//www.cfeph.cn
E-mail：cfeph@cfeph.cn

社址：北京市海淀区阜成路甲28号　邮政编码：100142
营销中心电话：010-88191522
天猫网店：中国财政经济出版社旗舰店
网址：https：//zgczjjcbs.tmall.com
中煤（北京）印务有限公司印刷 各地新华书店经销
成品尺寸：170mm×240mm　16开　17.75印张　257 000字
2022年4月第1版　2024年10月北京第2次印刷
定价：72.00元
ISBN 978-7-5223-1242-2
（图书出现印装问题，本社负责调换，电话：010-88190548）
本社质量投诉电话：010-88190744
打击盗版举报热线：010-88191661　QQ：2242791300

序 言

众所周知，人类社会文明进化的基础是经济发展，经济发展的根本动力在于创新，而不论是市场创新、组织创新还是技术创新，最终都将体现在商业模式创新上，这也是为什么商业模式创新成为21世纪以来全球经济界共同关心的主题的原因。

商业模式结构所涉及的因素，跨越了现有经济与管理理论的经典分界，既涉及宏观和中观因素，又涉及微观组织因素。因此，处理商业模式问题所需要的理论，不在任何一个已有的经济学与管理学理论范畴之内。这也是创新管理权威蒂斯（Teece）教授、著名商业模式研究专家祖特（Zott）教授等强调商业模式“必须成为独立的研究单元”的原因。而这个独立研究领域的一个基础问题，就是关于商业模式结构、功能的科学评估。《如何识别一个好的商业模式——平台型企业商业模式效能评估研究》的出版，将为这个重要领域的理论研究和前沿实践提供新的动力。

徐天舒有丰富的企业经营管理经验，从2011年全职攻读博士学位跟随我从事商业模式相关研究起，就一直关注“如何识别一个好的商业模式”这个兼有“理论演绎”和“实用主义”的问题。在这个艰难同时又具有高度价值的问题研究上取得了一系列成绩。

徐天舒的博士论文，基于规则的作用建立了商业模式效能的评估模型；2014 年进入高校后，他继续沿着“制度”（Institution）这一研究方向，选择了平台型企业这一商业模式创新高发的领域，进一步探讨了合法性对企业获得战略性资源和支持商业模式可持续发展的作用，并因此获得了国家社科基金的资助。该书是他十年来对商业模式静态和动态评价理论研究成果的阶段性总结。

《如何识别一个好的商业模式——平台型企业商业模式效能评估研究》除了清晰解释了一个好的商业模式的主要影响因素，还基于这些因素构建了测量模型来有效地评估商业模式的效能，因此对商业模式设计、构建、创新、咨询等商业实践活动也具有指导意义。

衷心希望这部学术著作能够对商业模式理论研究和实践发展产生积极的促进和推动作用。

中国企业管理权威奖

“蒋一苇企业改革与发展学术基金奖”获得者

东南大学创业教育与研究中心主任

东南大学经济管理学院教授、博士生导师

2022 年 2 月

前　言

在数字技术快速发展、市场全球化和波及全球的经济结构调整等因素刺激下，商业模式（Business Model，BM）问题日益成为管理理论界和企业界的关注焦点。本书首先剖析了新一轮商业模式研究热潮的特征与主要研究焦点，在此基础上，提出了一个三维度框架，以揭示商业模式在企业流程与跨边界组织架构、客户需求、市场交易条件3个方面对交易增量和相应市场规模扩张所产生的影响。这一分析支持了现有理论关于商业模式功能、作用等方面的实证研究结论，即：商业模式对企业绩效具有正向的促进作用。然而，现存理论在对商业模式的评估与实证检验上，存在着较为明显的不足，主要表现为：研究基础不系统、技术路线缺失或分析逻辑不清晰、对商业模式的内涵界定模糊等；在评估方法上，尚无法确定商业模式对企业绩效促进作用的大小和持续性，以及促进商业模式优化的主要影响因素。本书研究的目标，就在于提出并检验一个基于系统的结构理论模型的商业模式效能评估方法，进一步探讨其合理应用问题。

本书将平台型企业商业模式的效能定义为一个具体的商业模式实现其特定功能或发挥其特定作用的程度。显然，定义中提出的“效能”是一个效率指标，这是迄今为止对商业模式功能研究的一个突破。在此基础上，本书提出，商业模式的结构效应可以用容器容量来表征，该容量刻画了商业模式功能的大小，起到维护并固化商业模式结构板块功能的规则强度的作用，反映了商业模式发挥作用的持续性水平；企业获得的合法性支持通过战略形成和变革支撑了平台型企业商业模式功能的优化。

针对如何识别一个好的商业模式的问题，本书将现有分散在不同文献中对商业模式测评的要素和度量标准集中起来，有机整合到对商业模式板块性能的测评之中，并开发了一套比较完备的评估商业模式效能的量表。本书沿着“概念本质—构成要素—结构—功能—效能”的分析路线，运用结构方程模型度量并验证了商业模式容量对商业模式效能的直接影响，以及合法性支持通过战略形成和变革对商业模式效能产生积极的影响。这一研究为商业模式的优化与创新开辟了一条新的可管控的管理之路。

2022 年 2 月

目　　录

第一章

绪　论

第一节 研究背景与意义

网络时代下的商业模式创新实践已经迅速成为推动经济发展的一个强大引擎，国家主席习近平2016年9月3日在二十国集团（G20）工商峰会开幕式上的主旨演讲中提到："我们正在实施创新驱动发展战略，发挥创新第一动力的作用，努力实现从量的增长向质的提升转变。我们将推广发展理念、体制机制、商业模式等全方位、多层次、宽领域的大创新，在推动发展的内生动力和活力上来一个根本性转变。"在网络技术飞速发展的近20年里，成功的商业模式（如支付宝业务）帮助平台型企业获得了巨大的成功，并推动了相关产业更多的商业模式创新；但与此同时，许多不成功的商业模式也消耗了企业大量的资源，甚至拖垮了平台型企业。因此，商业模式的创新实践自发地与商业模式的理论研究一道，迫切地要求能对商业模式的优劣进行评估，以提高投资的效率和创业的成功率。甚至对于风险投资者来说，希望这一评估工作能在企业做出投资决策之前就完成。

显然，在圆满地解决这个问题之前，先需要回答：商业模式是否可以被评估?

"1934年根据本杰明·格雷厄姆（Benjamin Graham）在哥伦比亚大学讲课记录整理出版的《证券分析》一书，长期成为证券行业的圣经。在这本书中他介绍了证券估值理论，为投资者进行的基本分析提供了理论依据。他的投资理念是寻找多只实际价值被市场低估的股票，然后买进持有。在寻找被市场低估的股票时，他主要考察公司的财务状况和公司发展的前景。"[1]而作为22年唯一一个得到格雷厄姆A+成绩的学生，巴菲特总是说，自己是"85%的格雷厄姆+15%的费雪"。巴菲特也的确用他的实践业绩验证了价值投资原则。简单地说，就是买股票买的不光是价格，而买的是企业的股权，选择优质上市公司，买入并长期持有，不考虑短期股价的波动，更多注重公司的发展。

商业模式创新就是发现并发掘企业价值与客户价值的过程。通过格雷厄姆的理论和巴菲特的实践证明：价值投资是致富的“金科玉律”。因此，对商业模式的评估，不仅可行，而且应该沿着价值发现和价值发掘之路。

学者们对商业模式的概念、组成、功能做了大量的研究工作，并积极探索平台型企业商业模式的评价问题。在这一重大问题下，商业模式的构成要素、结构框架、成型原理、构建途径和方法等都是亟待解决的课题。本书认为，如果研究清楚了上述影响平台型企业商业模式的影响因素，那么，商业模式的评估就能找到基本的解决思路。但是，根据国内外文献检索和对比，发现迄今缺乏国内外学者对商业模式评估研究的深度涉足，因此本书的研究具有一定的探索性和积极的现实意义。

商业模式评估研究的达成，将使得对商业模式的研究，从“内涵—要素—结构—功能—效能”构建完成一套相对比较完善的分析体系，因此其在管理理论研究方面具有非常积极的学术价值。同时，一旦实现对商业模式的有效评估，对于平台型企业的商业实践活动来说，不仅能在事后有效评估商业模式所发挥的作用、甄别模式的优劣状况，也能在事前提高商业投资的准确性，特别是提高风险投资的效率并有效规避风险，极大地推动商业模式创新活动的成功率。因此，商业模式评估研究在管理实践方面也具有非常现实的商业价值。

第二节　研究问题的方法和基本思路

当前对商业模式的评估，仅仅停留在对商业模式功能的研究上，而对功能发挥作用的大小及其持续性的测评，尚缺少理论总结和实证分析；即使是当前对商业模式功能的研究，也都分别散落在对商业模式基本元素、商业模式结构板块的研究之中，尚缺少一条清晰的分析路线来有机整合这些测评参数。因此，本书要研究的主要问题是：第一，如何识别一个好的商业模式？第二，如何通过效能测评来评价平台型企业的商业模式？第三，基于效能的测评是否能有效地评估平台型企业的商业模式并指导商业模式的实践应用?

具体来说，本书将主要使用文献分析和比较研究来总结和归纳观点，并用理论分析和案例分析的方法来阐述和论证观点，同时坚持文献研究和案例分析相结合、理论研究与实证分析的有机结合，注重定性研究与定量研究的相辅相成。

基本的研究思路以技术路线图进行说明，具体如图 1 – 1 所示。

第三节　研究内容和结构安排

第一章为绪论，描述了网络时代理论界和企业界对如何识别一个好的商业模式的迫切需求。随后提出了研究的主要问题及其研究方法、基本思路，介绍了全书内容和结构安排以及创新点所在。

第二章作为开篇部分的引子，分析了为什么在20 世纪末出现了商业模式研究的高潮。对这个问题的回答为商业模式评估开辟了一个三维分析视角，对于厘清商业模式的结构并完善容器模型理论至关重要。随后定义了商业模式，梳理了对商业模式产生重要影响的基础理论；在商业模式典型专题研究回顾的基础上，提出了结构板块和效能的概念。

第三章根据文献回顾，梳理了平台型企业的概念，且根据大样本文献信息的分析对平台型企业进行了分类，并在此基础上进行了特征描述。基于平台型企业的发展阶段，分析了平台型企业的演化。

第四章回顾了现有商业模式的评估方法，解析了商业模式结构板块的功能，指出了商业模式直接并通过战略间接影响企业绩效的两条作用路径；规则对行为有引导和固化作用，因此各板块主导规则的强度可以看作是商业模式功能持续发挥作用的重要影响因素；在文献分析的基础上通过 Meta 方法和德尔菲法获得了构建商业模式的基本要素；商业模式的容量表征了商业模式创造企业价值和客户价值的结构效应的程度，对商业模式容

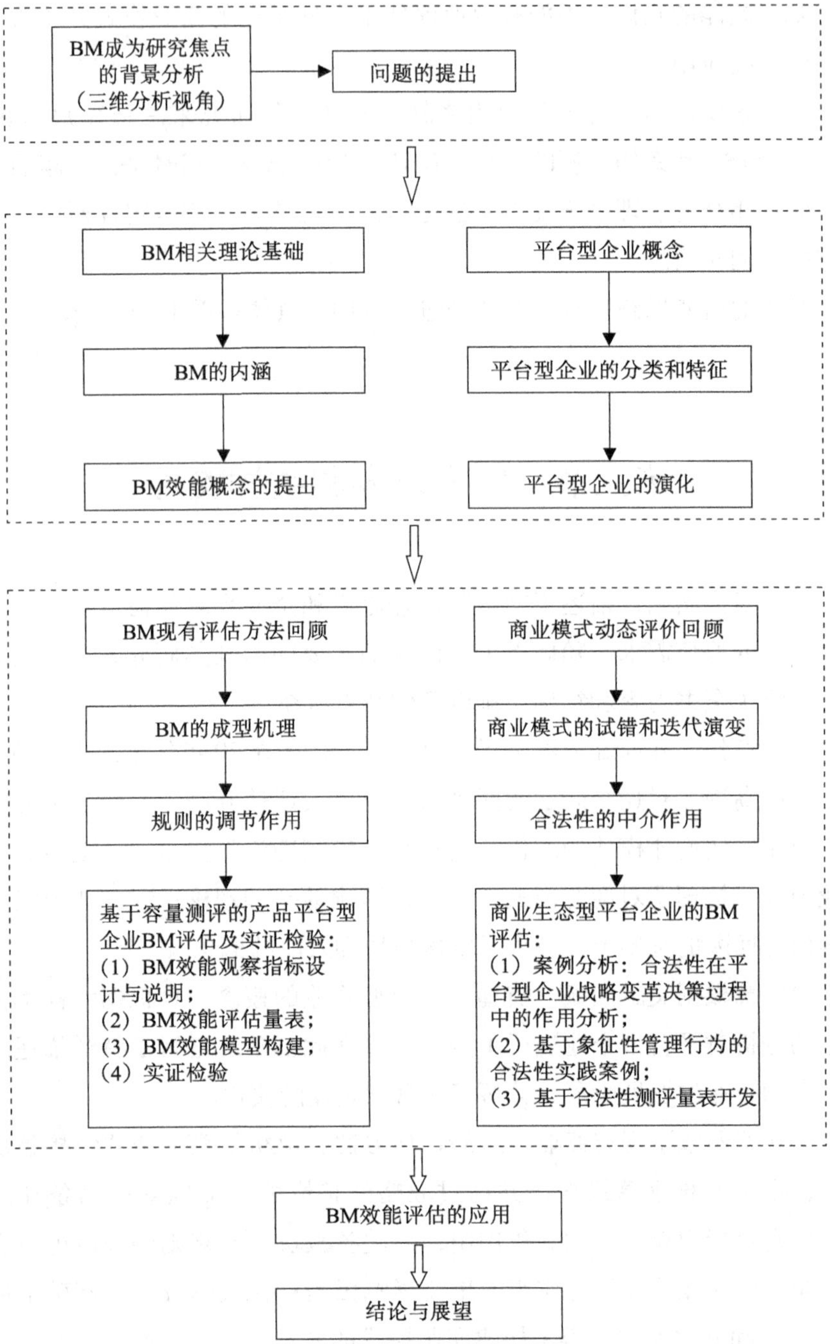
BM成为研究焦点的背景分析（三维分析视角）
问题的提出
BM相关理论基础
BM的内涵
BM效能概念的提出
平台型企业概念
平台型企业的分类和特征
平台型企业的演化
BM现有评估方法回顾
BM的成型机理
规则的调节作用
基于容量测评的产品平台型企业BM评估及实证检验：
(1) BM效能观察指标设计与说明；
(2) BM效能评估量表；
(3) BM效能模型构建；
(4) 实证检验
商业模式动态评价回顾
商业模式的试错和迭代演变
合法性的中介作用
商业生态型平台企业的BM评估：
(1) 案例分析：合法性在平台型企业战略变革决策过程中的作用分析；
(2) 基于象征性管理行为的合法性实践案例；
(3) 基于合法性测评量表开发
BM效能评估的应用
结论与展望

图1-1　研究的技术路线

量的测评，其实质内涵就是对商业模式效能的评估；在完成以上理论分析之后，构建了商业模式容量的测量模型，以及实证检验商业模式效能、战略协同、商业模式容量三者关系的结构方程模型。

第五章介绍了商业模式动态评估的进展，针对商业生态型平台企业，分析了其商业模式试错和迭代演变的过程；引入合法性概念，通过案例分析论证获得合法性支持在战略变革过程中的重要作用，以及通过合法性测评来推动战略协同实现商业模式功能优化的作用。

第六章探讨了商业模式效能评估的应用领域，并介绍了商业模式效能评估在商业模式咨询、设计或构建、创新方面的应用。

最后，第七章对全书进行了总结，并展望未来可能的研究方向。

本书章节安排和重点研究内容如图 1－2 所示。

第四节 创新点和特色

商业模式研究是在近 20 年来被学者和实践者广泛关注的课题，虽然对商业模式的概念、组成、功能的相关研究已经有了阶段性的研究成果，但是从目前前沿文献的研究可知，商业模式的评价正成为新的研究热点。

本书涉及的商业模式效能问题，是商业模式构建课题中的重点问题，既是热点，也是难点。通过检索国内外数据库，发现已有关于“商业模式功能”“商业模式评价”以及“商业模式功能评价”方面的文献研究，但这些文献数量很少且尚处于探索阶段，在学术上尚未形成理论系统，也未获得广泛的认可。因此可以说，在商业模式功能评价基础上更进一步的商业模式效能评估和应用研究，是国内外学者较少涉足且涉及不深的领域。

本书的研究参考了 *California Management Review*、*Communications of the Association for Information System*、*Harvard Business Review*、*Industrial and Corporate Change*、*Long Range Planning*、*Management Science*、*Organization Science*、*Strategic Management Journal* 等 SCI 管理学杂志的文献研究成果，中

外学者已开拓的研究成果为本书的研究奠定了良好的理论和方法基础。

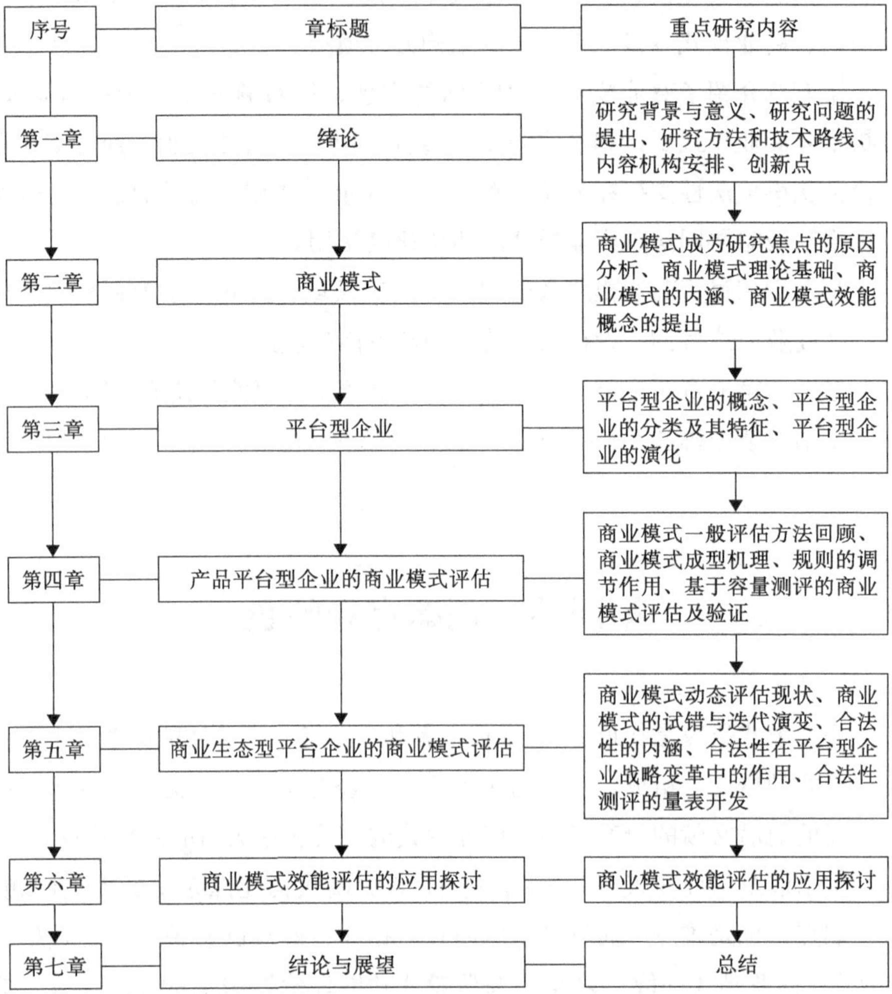

图 1－2　本书章节安排和重点研究内容

当前的研究已经验证了商业模式对企业绩效的正向作用，但对于如何评估商业模式为企业创造业绩的大小及其持续性（本书定义为商业模式效能）尚缺乏测评方法、路径规划和实证分析。而本书认为基于商业模式容量的测评并结合合法性的中介作用可以有效评估商业模式的效能，本书所研究的内容就是为了填补这一方面的空白，并在以下 4 个方面有所创新：

（1）本书首次提出商业模式效能的概念。在定义了商业模式效能概念内涵的基础上，提出了测量这一潜变量的观察指标并开发了相应的量表。通过结构方程模型的验证性分析，使得基于容量测评的商业模式效能评估取得实质性的方法支持。

（2）本书提出并实证了商业模式结构的双重效应问题，即商业模式容量既有对效能的直接影响，又存在通过影响战略协同水平而间接对商业模式效能产生影响，突破了商业模式功能研究的现有架构。

（3）本书分析了合法性通过优化战略支撑商业模式功能优化的作用。

（4）本书揭示了商业模式效能评估的应用方向，归纳了这类研究的成果对管理实践的独特支持所在。

本章小结

本章作为绪论探讨了商业模式评估的背景和意义，确定了拟研究的问题和拟使用的研究方法，绘制了技术路线图来说明研究的基本思路，介绍了本书章节安排和重点研究内容，最后对研究的创新点和特色做了说明。

第二章

商业模式

自20世纪末出现对商业模式的研究高潮[2]以来，研究者比较集中的两个研究领域是商业模式的理论研究和商业模式的应用研究，并由此演化出诸如商业模式的定义、商业模式的构成要素、商业模式的结构、商业模式的功能和作用、商业模式的分类等基本且关联的理论问题。而由于各自分析视角的不同，聚焦这些问题的学者又大多没有达成统一而权威的结论[3]，因此，关于这些问题，呈现出了多样化的解释。但是，在对商业模式的理论研究中，大量文献[4-7]都在其“结论和展望”部分期望在商业模式的评价上有所突破。针对商业模式构成要素、商业模式结构、商业模式功能的研究，毫无疑问，它们的根本性目标在很大程度上是指向商业模式评价的，因为商业模式评价是连接理论研究和实践应用的必要桥梁。

第一节 商业模式成为研究焦点的原因分析

一、商业模式研究热潮产生的背景条件

商业模式作为概念被提出是在1940年，作为一个名词（Business Model，BM）最早出现在论文正文中是1957年，而最早出现在论文的题目和摘要中则是1960年。毋庸置疑，自商业企业组织商业活动之日起，商业模式事实上就已经存在了，因此商业模式的产生要比商业模式的研究早很多年。然而，令人疑惑的是，虽然距离提出商业模式这个概念迄今已经80多年了，但“商业模式正式作为一个独立领域，引起研究者的广泛关注，却是在1999年以后的事情”[2]。如图2-1所示，Osterwalder等发现商业模式一词在学术和商业期刊中出现的次数在20世纪末呈现出了快速上升的趋势[8]。

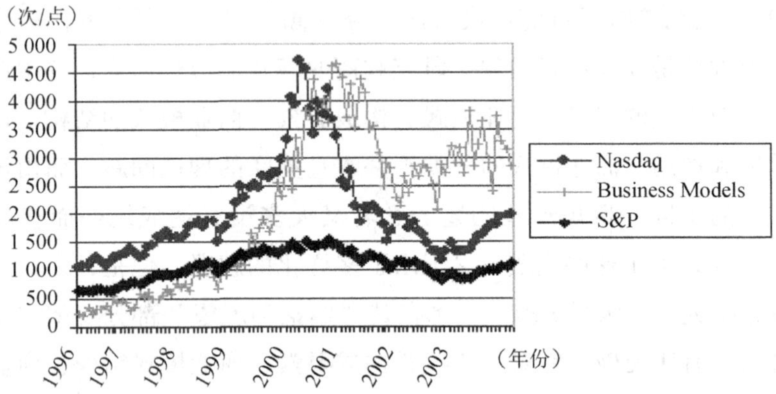

图2-1 "商业模式"一词在学术和商业期刊中出现的次数与纳斯达克（Nasdaq）和标准普尔（S&P）指数波动的比较

研究一个事物涉及的3个关键问题是：第一，它是什么；第二，它从哪儿来或者说它为什么会出现；第三，它将来会朝哪儿发展，或者说它将如何发挥作用、如何去评价它，以及使用者如何去利用它——这在很大程度上决定了这一事物的演变方向。当前对商业模式的研究在一定程度上回答清楚了第一个问题，如：有学者阐述了商业模式的内容，包括产品、服务和信息流的构架，所涉及商业参与者的获益方式，收入资源；[9]有学者解释了商业模式的结构，提供了一个四维度的本体基础，如价值主张、目标客户、收益模型和成本结构；[10]有学者解释了商业模式的管控方式，包含4个基本的和相互关联的要素，即交换模型、组织模型、资源模型以及财务模型[11]。但当学者们尝试探寻第3个问题的答案时，他们发现大部分阻碍对第三个问题进一步深入研究的症结点都在于没有清楚和准确地回答好第二个问题。例如：当没有弄清是什么触发了商业模式方兴未艾的发展时，研究者就无法回答商业模式进一步演变的主要推动要素是什么；当没有弄清商业模式和战略的关系时，研究者就无法很好地回答商业模式如何影响公司的绩效；当没有彻底弄清商业模式的构成要素及其结构时，研究者就无法回答如何评估和利用商业模式。

当前所有的研究都认为商业模式非常重要，但对它的研究为什么会在20世纪90年代末期呈现爆发性增长并且为什么会显得越来越重要，很少有人揭示其深层的原因。为什么提到企业的商业模式，经常要和公司战略相挂钩，但又觉得两者不完全是一回事；为什么人们提到商业模式创新，总是和科技创新，特别是网络技术相关联，并且往往适用的对象是新兴的网络平台公司……正如人类想要预测未来宇宙的发展变化，先需要弄明白宇宙的起源一样，要清楚回答以上这些问题，本书认为首先需要分析是什么原因触发了20世纪末商业模式研究的热潮？

二、科技发展、市场与企业交易的相互演变

1. 科技发展促进商业交易总量的增加。一部近代科学技术史[12]，生动地诠释了科技发展对商业交易的促进作用。15—16世纪航海技术的迅猛发展，造就了哥伦布、麦哲伦等一大批航海探险家，地理大发现为欧洲国家拓宽了海外市场。这一阶段的商业交易主体是国家，并主要采用垄断贸易权模式，交换的商品主要是大宗农产品和相互稀缺的粗产品，而商业竞争的主要内容是各国的资源禀赋。

第一次和第二次工业革命后由跨国公司以交通和电信的方式加强了人们之间的联系，将商品送到各国主要市场。因此，作为供应者的企业边界不断扩大，相应地，通过商品市场交易的规模也不断增大。这一阶段交易的主体是跨国制造企业和商业连锁企业，交换的商品主要是大规模生产的工业品，而竞争主要遵循帕累托原则。

20世纪90年代开始的网络技术革命，打破了过去交易方式在空间和时间上的限制（如当今的网购模式），借助新兴网络企业之手，产品和服务正在直接且快速地满足广大中小客户潜在和多样化的需求，在这一过程中，长尾效应[13]（概念参见本章第二节第六部分）替代规模效应逐渐在网络技术应用上发挥作用。从整个产业层面来看，网络技术带来了市场交易量的快速增加，而原先的供应体系却越来越无法适应当前因为新技术而急剧增加的交易需求，一种基于网络的新供应体系呼之欲出。

与此同时，网络技术还将人际沟通方式从古代的烽火狼烟、近代的邮政书信和电报电话形式迅速带入了全方位（移动、视听、交互式、组群）

的沟通时代。科技发展和商业交易的演变关系简单归纳如表 2－1 所示。

表 2－1　科技发展和商业交易的演变

科技发展	时间	代表性技术	代表	商业模式	交易主体	交易商品	信息传递方式
地理大发现	1492—1776 年	航海技术	哥伦布	国家授予贸易公司垄断贸易权模式	国家	农产品、相互稀缺的粗产品	书信
第一次和第二次技术革命	1776—1980 年	蒸汽机技术；电力技术、四冲程内燃机	瓦特；西门子、奥拓	连锁经营、特许经营模式，低价折扣超市、直销模式，个人金融服务模式（汽车金融、房地产按揭）	跨国制造企业、商业连锁企业	大规模生产的工业品	电报、电话
信息革命	1980 年至今	电脑和网络	比尔·盖茨；谷歌公司	推广标准模式、电子商务模式、网络广告支撑网络发展模式	网络型公司、掌握 IT 技术的个人	个性化的产品和服务	视听网络

资料来源：作者绘制。

2. 供需的变化促进市场交易的演变。市场从来都是不断变化的，而供需的变化是市场交易演变的主要力量。根据经济学原理[14]的分析，工业革命前，市场交易的供方主要是个体手工者，商品单一同质、消费者可选择性少，在单一经济条件下，主要是买方个体与卖方个体交易；1780 年工业革命后，通过社会化劳动组合起来的企业组织不断追求利润最大化，使得市场边界不断扩大，交易费用不断降低，在消费者有限的购买力条件下，逐渐形成了以效率为基础的卖方市场，在这一市场中，主要是买方个体与卖方市场交易；第二次世界大战后全球进入稳定发展时期，由于跨国企业不断追求市场份额，一方面企业边界不断扩大造成交易费用提高，市场逐渐融合并迈向全球化，而另一方面消费者的可选择性不断扩大，商品进入多样化和异质化时代。在这一时期，与其说企业是在与有购买力的个人进行自由交易，还不如说企业是在主动开拓买方市场。

20 世纪 90 年代网络技术的快速发展，使得消费者的个性化需求和注重体验的诉求有可能获得快速响应，于是企业家们相信可以通过追求客户价值，而不是一时的利润来为企业的未来创造巨大的商业价值。网络企业如此近距离地与客户直接接触并快速地交易，而且交易费用是如此低廉，甚至低过了以往产业的底线，因此网络催生了一大批新兴产业，如网上招聘、网上书店等。同样是网络技术，使得企业有可能通过搭建新型平台组织、构建相互依赖的商业生态[15]来实现资产边界最小化条件下的网络化边界最大化[16]。网络时代，市场的交易将主要由核心企业及其追随企业与买方个体组成。

3. 企业竞争促进企业管理的演变。毫无疑问，现代企业管理理论的诞生源于对企业生产效率的不懈追求。从 20 世纪 10 年代泰勒的科学管理理论，到后来的生产运筹管理、系统理论和价值创造流程[17]，企业实践者和企业理论的研究者都在探寻一条能使企业这一“黑箱”最小化投入和最大化产出之路。在供不应求的条件下，作为供应主体的企业间的竞争主要集中在最大化产出上，在随后供大于求的条件下，作为供应主体的企业间的竞争则主要集中在类似功能条件下最小化投入和最大化销售上，而当企业自身所有的规模效益或成本潜力都挖掘殆尽之后，企业管理理论的研究者又将目光投向企业所在的产业，希冀将企业塑造成为行业内具有独特影响力的企业。

尽管 1985 年迈克尔·波特的竞争优势理论以及 1990 年哈默的业务流程再造理论，回答了什么是独特的影响力这个问题，但在如何才能塑造独特的影响力这个问题上，并没有获得突破性的进展。从企业个体视角出发设计的企业战略，要么采用成本领先策略通过放弃超额利润来获得较大的市场，要么采用聚焦策略通过放弃部分市场来获得较大的利润，要么利用先入优势通过寻求新市场来获得暂时的领先，即使采用多元化策略，无论是纵向一体化还是横向一体化策略，也都面临企业自身边界扩大后交易费用的限制。因此，企业管理的发展迫切需要一种既能塑造核心企业的影响力，又能突破交易费用的限制，引领各产业内企业快速满足当前多样化需求的跨产业管理规则设计。

4. 商业竞争推动市场与企业交易的动态平衡。尽管科技发展促进了供应和需求的增长，并最终带来市场交易总量的增加，但就某个特定时期某项科学技术而言，对供应或需求的促进作用却不相同。例如，19 世纪的工业革命对当时供应的增加所起的作用是决定性的，乃至让萨伊提出了“生产决定需求”的论断；而 20 世纪交通运输技术的发展，使得大量工业品被输送到世界各地，需求在全球范围内获得扩展。相应地，当供应的效率发挥到极致之后，需求便成了问题，所以到了 19 世纪后叶，欧洲国家急于寻找新兴消费市场；而当需求获得极大满足之后，过剩的供应就成了问题，所以到了 20 世纪 70 年代，市场营销成了企业的主流意识。正如亚当·斯密提出的，“是市场这只‘看不见的手’通过竞争维持了供需的平衡”，而这种平衡，我们认为是建立在供应和需求交替上升过程中的一种动态适应。作为需求和供应的形式，市场和企业总是处于不断的变化之中，即商业竞争推动市场交易和企业边界的不断变化并寻求最终的动态平衡。市场与企业的动态演变关系简单归纳如表 2-2 所示。

表 2-2　　市场与企业的动态演变关系

比较＼时期	工业革命前	1780 年工业革命后	1945 年后跨国企业时代	21 世纪网络时代
市场主体	买方个体与卖方个体直接交易	买方个体与卖方市场交易	企业与买方市场交易	企业与买方个体直接交易
企业与市场的边界		市场边界不断扩大，交易费用降低，企业逐渐融合	企业边界不断扩大，交易费用提高，市场逐渐融合	交易费用急剧降低，企业个体边界逐渐变小，但企业网络急剧变大，以应对急剧提升的买方个体交易
消费特性	商品单一同质，消费者可选择性少	商品有限，消费者需考虑购买力限制	商品多样化和异质化，消费者可选择、可比较	需求个性化、消费者注重体验和快速满足
供应企业形式	个体手工者	一般企业	跨国企业	网络企业
供应企业目标		追求利润	追求市场份额和规模	追求客户价值

续表

比较＼时期	工业革命前	1780 年工业革命后	1945 年后跨国企业时代	21 世纪网络时代
供应企业追求目标的实质		效率	效果	企业资产边界最小化、网络化边界最大化
相应的理论支撑		科学管理理论、企业理论等	产业组织理论、竞争理论、价值链—战略—资源与能力理论等	商业生态、平台构建、新型组织构建、商业模式创新
供需的动态平衡	商业竞争推动供需的动态平衡，科技发展促进交易量（均衡量）的逐渐增大			

资料来源：作者绘制。

三、商业模式创新频繁发生的条件因素

从科技发展的角度来讲，20 世纪 80 年代高速发展的个人电脑技术和软件技术，为人们通过网络互联互通奠定了人机交互的基础，而 1995 年以后蓬勃发展的网络技术，则直接触发了对“商业模式”这一概念的大量研究。这是因为，不断快速发展的互联网技术（IT）已经促使“先觉醒”的“学习型组织”[18]或新的“知识型”企业，运用网络技术对现有业务模式进行变革、再造或通过跨行业的资源联合形成新的业务模式，来快速地满足客户需求。早期商业模式的研究大多集中在网络平台企业[19,20]，这也从一个侧面印证了网络技术对整个商业生态的冲击和巨大影响。

从市场供需的角度来讲，网络技术降低了市场环境的不确定性和复杂性，减少了市场交易的成本并降低交易风险。而低廉的网络沟通成本，急剧地削弱了信息不对称、进入壁垒和资产专用性等市场准入障碍，传统产业的交易成本底线被突破了。而许多看似不可分割的活动被进一步分解，特别是在信息和沟通交流技术不断发展进步的条件下[21]，市场和企业边界被迫需要重新界定。在这样的市场条件下，交易速度、交易品种和交易量骤增，市场急需与之相适应的供应和交易体系。网络技术对供应企业来

说，虽然同样能通过信息化极大地提高企业的生产和管理水平，并最终增加产出，但其作用从根本上来讲，是将潜藏在以往统一且单一市场之下的大量个性化需求释放了出来。而对于市场来说，这些基于网络技术释放出来的需求意味着大量的商业机会，等待着适应这一新的市场交易体系的企业（如平台型企业）来捕获。

从企业管理的角度来讲，从跨国企业锻造无边界组织[22]，演变到美国通用电气实施归核化战略——这一思想随后演变为杰克·韦尔奇那句著名的“要么做第一第二，要么把它整合成第一第二，否则就卖掉或关闭”[23]，表明即使是拥有庞大资源的世界顶级跨国公司，在实施多元化遭遇交易成本的“天花板”之后，也已经无力在跨边界的价值创造活动中独自承担所有的责任。于是，对企业的管理逐渐转化为对两种能力的需要：“第一，公司必须关注它们的核心业务并确保积极进取地改善它们的业绩；第二，公司必须与其他公司系统地达成联盟来确保所需的互补性资源是可获得的。”[24]因此，企业实践者一直在探寻以低交易成本实施跨产业企业联合的成功之道。虽然企业通过业务流程再造（BPR）、六西格玛（Six Sigma）、精益（lean）生产等一系列方法在价值链上做出了有效的改进，但是显然它们还是在遵循企业自身效率导向的老路，在如何实施跨产业的客户价值创造方面，并没有做出实质性的改变。而商业模式的创新能够承担起这样的重任。正如 Zott 等所言，“我们证实了这样的假设前提：在高度相互关联的世界，为了创造和捕获商业机会，企业家应该考虑从超越公司和产业边界的视角来看待问题”。[25]

四、商业模式成为研究焦点的三维结构解释

对于每一个企业来说，商业定义都是一项非常重要的工作，因为它决定了一个企业如何通过商业交易实现企业价值和客户价值的分析角度和基本看法。哈佛教授 Derek F. Abell 在他的《定义商业：战略规划的起点》（*Defining the Business - The Starting Point of Strategic Planning*）一书中指出了传统的产品—市场两维商业定义法的许多不足之处，并由此提出三维商

业定义（Three Dimensional Business Definition）模型（见图2－2）：（1）所专注服务的顾客群，即目标市场（Who：为谁服务）；（2）所欲满足的顾客需要，即顾客需求（What：需要什么）；（3）满足这些需求所需的技术，即需求满足法（How：需求如何满足）。

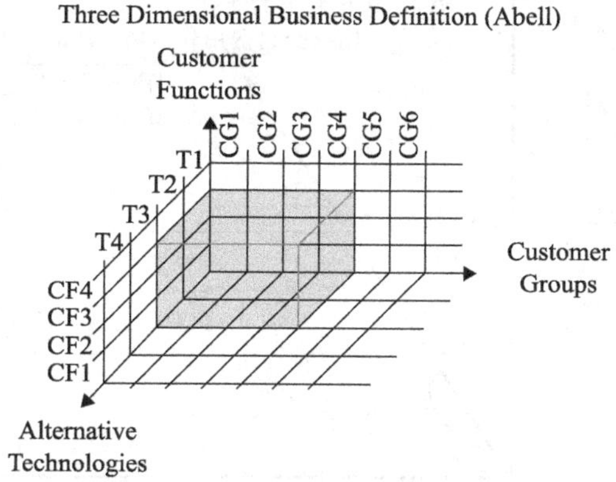

图2－2　三维商业定义模型

注：摘录自 Derek F. Abell 的《定义商业：战略规划的起点》。

从三维商业定义模型出发，本书认为，顾客群的定义从广义上最终界定了企业的战略目标，进而影响企业的产出和市场的供应，顾客需求的定义界定了需求特性和需求量的大小，并最终决定市场交易的总量；而三维商业定义模型的重点在于提出了“满足需求的技术条件”这一维度，对它的界定则揭示了科技发展所带来的市场交易条件（包括企业内部交易条件和外部交易条件）[26]的改善，提高了商业竞争的质量并促进了商业交易总容量的增长。由此，本书借鉴三维商业定义模型的结构形态，通过以市场需求、企业管理和市场交易条件为轴线构建的三维框架（见图2－3），来确定商业模式研究的结构分析视角。

以X轴代表市场需求的演变。科技发展始终是经济发展的第一推动力。一般来说，爆发性的科技革命将推动需求的急剧增长。经济的快速发展势必生成大量的需求，这些需求增长触发了新一轮的市场供需不平衡。供需的交替上升，又带来了交易成本和市场主体的变化。X轴遵循的逻辑为：供求的变化导致交易成本和市场主体（从国家到企业、行业、产业再到个人）的改变。因此，商业模式是在网络技术激发大量个性化需求并有可能获得快速服务响应、交易成本急剧降低条件下，企业应该采用的新型交易方式和客户价值捕获体系。

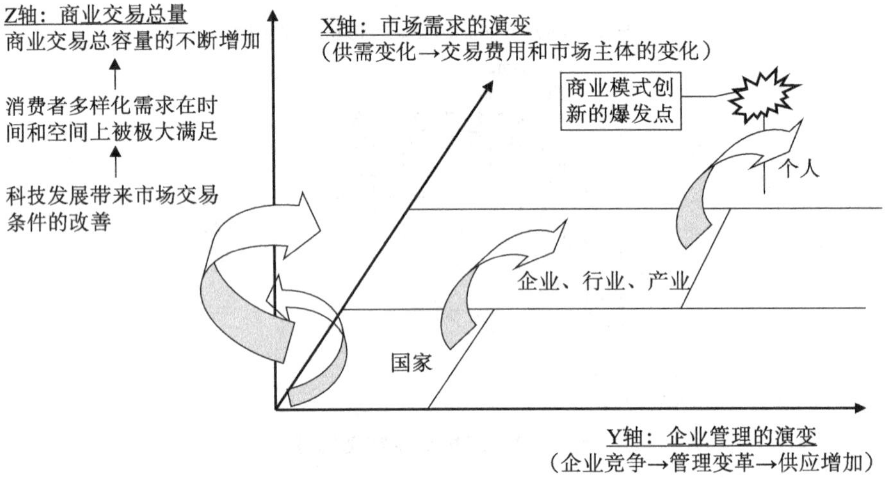

图2－3　市场需求、企业管理和市场交易条件构建的三维框架

资料来源：作者绘制。

以Y轴代表企业管理的演变。企业竞争推动管理变革，并尝试通过对企业内部的客体（如机器、劳动组织方式、资源、流程）、企业内部的主体（如人际关系理论）、企业所在的行业（如五力竞争模型、价值链理论）和企业的多元化产业（如战略和环境）等层面实施局部或整体的改造，来实现供应的增加并促成最终交易的达成。一般来说，新管理思想的产生会推动行业效率的整体提升，而管理方法的变革会提升企业价值实现的效果。总之，管理变革带来了企业产出总量（供应总量）的提高或通过新的交易方式来达成交易的总量。Y轴遵循的逻辑为：企业竞争推动管理变革，导致优化产出效率和新的交易方式，从客观上增加了厂商的供应和市场交易的总量。因此，商业模式又是企业管理在网络环境下从战略管理向网络平台和商业生态管理转变过程中的一种组织构建形态。

以Z轴代表由于科技发展带来市场交易条件（如技术、交易成本、交易规则、信息沟通方式等）的改善，促成商业交易总容量的不断增加。它遵循的逻辑为：科技发展带来市场交易条件的改善，促成消费者需求的满足，并逐渐生成新的交易规则和交易习惯，而消费者多样性需求的不断被满足，最终扩大了动态均衡的总量。一般来说，经济的发展（20 世纪末重点是电子商务、服务业的发展），总是伴随着供需平面上总量或结构的不均衡——所谓变是永恒的，不变是暂时的。

20 世纪 90 年代网络技术快速发展后，X 轴上大量的潜在消费人群和潜在的多样化需求被释放出来，需求总量在个体需求量与消费者人数两个方面呈现出多样性和爆发式增长。而在 Y 轴上现存的以追求规模经济为目标的生产和供应系统——尽管之前已经做了许多深刻的变革——无法实现在网络条件下以长尾效应为特征的供需平衡；另外，同样是因为网络技术，大量原先的非营利性资源［个人的非工作时间、无形资产、非营利性组织、家庭场所、非生产性资金、个人计算机（PC）等各类工具、个人知识］，可以比以前自由得多、代价小得多、灵活得多的方式进入生产和流通领域，从而快速并彻底地打破了原有行业内（网络技术对该行业的影响度越高，该行业就被越快速、越彻底地改变）的商业竞争格局和市场交易规则。因此以上的供需不均衡，需要一种机制设计来驱动对商业交易增量的平衡，这从根本上触发了商业模式研究的大量出现，并直接导致了理论研究和商业实践对商业模式评估的迫切要求。

第二节 商业模式研究的理论基础

一、商业模式的定义

作为商业模式研究公认的权威，Zott 等在对商业模式的近期发展和未来研究所做的回顾性文献中总结道：“尽管商业模式一词正不断渗透到高层管理研读的杂志中，但关于商业模式的文献依然是稚嫩的，而且相当分散，且概念的基础部分依然薄弱。”[3]比较公认的关于商业模式的 3 个概念分别是：（1）电子商务模式；（2）商业模式作为一个活动体系；（3）商业模式作为一个成本/收入架构。[3]虽然 Zott 认识到现存对以客户需求为导向的电子商务、市场交易活动、企业间的合作关系三者的研究至关重要，但究竟是什么贯穿在三者之间他也期待广大研究者的进一步探讨。

关于商业模式的定义，迄今大致有如下的 3 种观点：

1. 选择的观点。Casadesus - Masanell 和 Ricart（2007）认为商业模式是一个公司对政策和资产的选择和管控方式[27]；McGrath 建议把商业模式概念当作战略思考和战略研究中的一个强有力的想法，并且将关注点从对公司拥有资源的预先占用，转向在哪些资源中选择使用哪个资源[28]；Casadesus - Masanell 和 Ricart（2011）进一步指出，商业模式的构件之一必须是由执行官所做的关于组织应该如何运营的选择，包括政策选择、资产选择和管理选择——将商业模式比作轿车的话，不同的轿车设计不同的功能来为司机创造不同的价值，战略是对轿车的设计和构建，商业模式就是轿车本身，而策略是你如何驾驶自己的汽车——这种观点试图打通商业模式和战略的关系，认为商业模式是对战略设计结果的选择。[29]

综合以上观点可知，商业模式是战略管理的延续和拓展，因此基于资源基础观（RBV），商业模式的构建和运营需要注重对核心资源和能力的选择。而本书认为，这些核心资源和能力有可能成为商业模式的基本构成要素。

2. 设计的观点。Magretta 认为商业模式就是书写一个关于制造和销售活动的新故事[30]；Zott 和 Amit 认为商业模式是组织的一整套跨边界交易的设计[25]；Teece 认为商业模式描述了它所运用的价值创造、价值传递和价值捕获机制的设计和结构[31]；Demil 和 Lecocq 认为商业模式是一个公司为客户价值主张（Customer Value Proposition，CVP）而设计的不同活动领域的结合[32]。

以上观点认为商业模式是对企业跨边界交易活动的设计，因此商业模式会按照规则形成一定的结构形态。而本书认为，这些跨边界的交易活动，必须能在某种给定的结构框架内发挥特定的结构效应，以确保所有参与者在共同的价值创造活动中获得收益。

3. 多形态模型的观点。Baden - Fuller 和 Morgan 认为商业模式具有三重形态模型结构：作为模范角色模型用于研究和分析；作为调节变量的功能模型发挥实践作用；作为技巧模型在配料和目的限制条件下进行变动和创新试验。[33]

Fuller 和 Morgan 的观点总结并归纳了以往研究者关于商业模式内涵和本质的探讨，认为由于每种商业模式构成要素和形态结构的差异，会形成不同的模型分类，发挥不同的作用：第一，从成功案例中高度概括化的模型可用于理论研究和分析；第二，作为调节变量在商业实践中有可能实施典型成功模型的复制；第三，在既定要素和限制条件下通过优化商业模式设计来实施企业变革和创新活动。

综合上述研究者的观点，本书将商业模式的概念定义为：以客户价值主张和企业持续性盈利为目标，通过要素选择和规则（包括政策、标准等）使用，来实现一系列跨边界交易活动的框架设计和行为选择。它描述了一个公司在要素和产品市场上与各种外部机构交易的结构化组织和管控，它是公司及其供应商、合作伙伴和消费者实现价值创造的关键性资源。

从以上对商业模式内涵的讨论不难发现，现有对商业模式的研究运用了大量的基础理论，如企业边界和交易成本理论、资源基础观、企业核心能力理论、制度经济学中的规则和社会网络理论、战略管理理论、价值链（Value Chain）理论、变革和创新理论、电子商务相关观点、逆向价值链思维下的客户价值主张观等。下面的小节将对其中重要的理论和观点做简单的回顾，部分没有回顾的理论将在其他章节展开讨论时做相应的介绍。

二、逆向价值链思维下的客户价值主张观点

企业的成长与发展总是伴随着企业管理理论的不断演变。本书将现代管理一百多年来的演进大致分为以下 4 个阶段：

第一阶段（1910—1945 年）：企业关注内部效率和投入要素阶段。在那个工业品供不应求的年代，泰勒 1911 年提出科学管理思想，其实质是关注企业——这个投入和产出“黑箱”的效率；而梅奥 1933 年总结的霍桑试验成果，则是将提高效率的目光转投向了另一个关键的投入要素——劳动者。

第二阶段（1945—1973 年）：企业快速扩张阶段。第二次世界大战后企业进入了一个相对平稳的发展阶段，伊迪斯·彭罗斯 1959 年提出的企业成长理论开始关注企业成长过程中自身的资源问题；斯蒂芬·海默 1960 年回答了跨国公司经营优势的源泉；菲利普·科特勒 1967 年阐述了企业如何从单纯销售全面进入市场营销时代；继关注企业资源之后，G. B. 理查德森 1972 年开始关注企业自身的能力。所有这些，显然都与企业快速扩张时期的管理需要相关联。

第三阶段（1973—1995 年）：企业应对复杂动态环境并进行持续改善的阶段。一方面，行业竞争加剧，产业环境日益复杂，跨国企业的生产规模和市场份额在遭遇到规模经济和交易成本的“天花板”之后，不得不将关注重点转向战略管理。自从 1965 年安索夫提出企业战略管理以后，小艾尔弗雷德·钱德勒 1977 年试图从跨国公司组织设计角度在企业内部实施变革；而迈克尔·波特 1980 年提出的五力模型和 1985 年提出的价值链理论，则从产业结构方面提示企业如何关注所在行业的环境；面对未来的不确定性，在 1973 年爆发了第二次世界大战后最严重的全球经济危机的情况下，皮埃尔·瓦克和他的继任者彼得·舒瓦茨运用情景规划（Scenario Planning）技术，分别在 1972 年和 1982 年为壳牌石油公司成功化解了两次世界石油危机对企业的冲击[34,35]。另一方面，美苏冷战后的转型经济以及全球化趋势的确立，使得企业所处的环境变得不仅复杂而且高度动态。企业为了应对这一变化不得不进行内部的变革以适应变化。将企业视作“机械化”运作组织的观念遭到摒弃，无论是 1981 年威廉·大内提出 Z 理论，还是 1990 年彼得·圣吉提出修炼成为学习型组织，都在强调企业的动态学习能力和对复杂动态环境的适应能力；而迈克尔·哈默和詹姆斯·钱皮 1993 年倡导的业务流程再造（BPR）思想，则鼓励企业家将变革的视角范围放大到整个价值链上并重点关注价值链末端的消费者诉求。

第四阶段（1995 年至今）：逆向价值链思维下的商业模式创新时代。1995 年兴起的网络技术，推动了交易成本和信息不对称程度的急剧下降。网络时代，单一企业已经无法独自满足骤增的个性化、多样化需求，在巨大的商业利益诱惑和驱动之下，相关企业必然走向横向联合之路，高度复杂、动态和不确定的环境使得这种联合无法再采用过去以完全占有资产为目的的纵向一体化战略，从而不得不采用网络型的战略联盟形式。在此条件下，价值链上“供应商→生产企业→分销渠道→买方”的正向推动（push）模式，正在被“顾客偏好→各种渠道→产品和服务网络→资本、原料供应网络”的逆向拉动（pull）模式所替代（见图 2 - 4）。亚德里安·斯莱沃斯基和大卫·莫里森等于 1998 年在《发现利润区》一书中首次提出“为了实现以客户为中心的企业设计，必须改变价值链的方向”[36]，即将原先价值链下游的买方利益，替换为以逆向拉动价值创造活动为源头的客户价值主张。

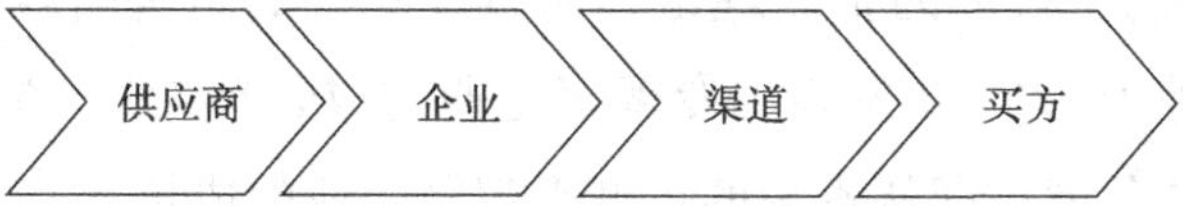

价值链

参考：迈克尔·波特的《竞争优势》。

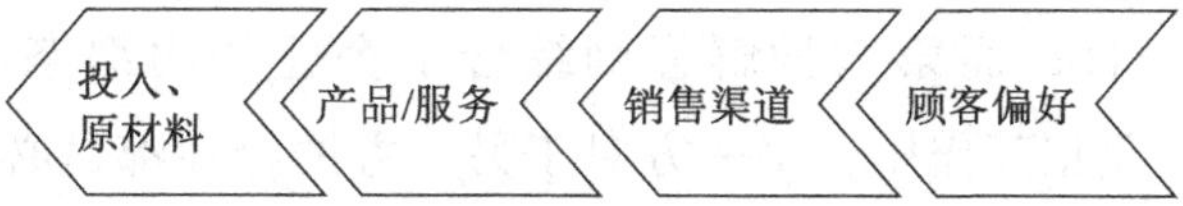

参考：亚德里安·斯莱沃斯基和大卫·莫里森等的《发现利润区》。

图 2 - 4　价值链与逆向价值链

按照传统的价值链思维，一项好的战略规划应当包括：（1）价值链首端充裕的供应商以获取成本优势；（2）企业资产的高度专用性以获取在整个行业竞争中的优势地位；（3）企业拥有独特的核心能力以抗拒行业内竞争者的模仿；（4）针对目标市场，具有相对于竞争对手的差异性。

在逆向价值链思维下，一是消费端从企业开发潜在目标市场（被动应对客户）演变为消费者主动挑选优质企业；二是企业的制造从生产推动型演变为订单和需求拉动型；三是供应端从竞争关系演变为更为细化分工后的利益纽带关系，引发了大量的跨产业联合；四是企业从在产业内不断占用专用性资产演变为跨产业的资产互补性关系；五是企业从在产业内塑造动态学习能力演变为铸造自身引领产业发展的核心能力，网络平台的构建成为商业生态环境中领导型企业的核心资源。

毫无疑问，网络时代需要企业快速地锁定骤增的多样化需求，在强化自身核心能力和资源的基础上，通过契约组成网络化组织来创造并捕获价值——在逆向价值链思维下，企业全面进入商业模式创新时代。对此，著名管理大师彼得·德鲁克曾经说过，当今企业之间的竞争，不是产品之间的竞争，而是商业模式之间的竞争。因此，客户价值主张也成为商业模式结构设计中值得重点关注的对象。

三、企业资源和能力的观点

“第一个不同于科斯的企业理论，而另辟蹊径的是著名经济学家伊迪丝·彭罗斯。她于1959年发表了专著《企业的成长理论》，在此书中，她提出了一个新的角度，即从资源的角度来解释企业的成长。”[37]她对为什么企业的成长存在着一个限度做出了3种解释：“管理能力、产品或要素市场、不确定性和风险。第一种解释涉及企业的内部条件；第二种解释则涉及企业的外部条件；而第三种解释则综合了企业的内部态度和外部条件……市场和企业相互作用，每一方对于另一方的存在都是必要的。两者都具有资源配置的功能，即分配生产和消费所需的各种经济资源。但是这一职能起作用的方式和资源在空间和时间上分配的模式却严重依赖于市场影响企业的方式，而这一方式又不仅取决于个别企业对某一特定产品的供给（或需求）与这种产品市场总供给（或总需求）的关系，还取决于与企业正操纵的生产性服务的种类和数量。”[26]

而理查德森在1972年提出，企业合作的基础是企业的能力。企业的能力包括组织（结构）、知识、经验和技能。从企业的能力出发，可以发现：企业之间除了能力上的相似性还有能力上的互补性。理查德森提出企业的合作主要来自企业能力的互补性。这种关系的表现形式主要有 3 种：第一种为一体化。企业越大，互补性的活动越多，内部的成本越高。所以，一体化的范围有限。当企业的规模不影响效率并且企业不需要特殊的能力时，某种程度上在一个企业内可以协调生产活动，不需要从其他企业购买“要素”，一体化为最优的形式。第二种方式为互补性的企业通过合作来协调，在总需求相对稳定的时候，大型的互补性企业为了降低成本，可以用合作的方式按事先计划投资来生产彼此互补的商品，以避免竞争等因素带来的损失，达到最优化。这些企业的协调方式可以通过必需的能力的扩展来加强企业之间的合作，也可以通过紧密的合作或者制度安排，如一定的分成（包括相互持股）和其他形式的联合，或者介于两者之间。第三种方式为市场交易。理查德森认为第三种方式比较重要。[37]

作为企业竞争战略中非常重要的竞争要素，对企业资源和能力的研究迅速引起了战略管理学者的关注，经过 30 多年的发展，在对企业竞争优势的回答方面有了一定的侧重点，战略管理由内而外的主线逻辑目前已形成四大主要理论流派：企业资源基础观、核心能力理论、知识基础观和动态能力观（DCV）[38]。对关键资源与核心能力的研究不仅引起了战略管理学者的关注，随后也同样成为商业模式研究学者关注的重点：它们被认为是构成商业模式结构的基本要素之一。

四、企业理论中关于企业边界和交易成本的观点

现代企业理论是指始于罗纳德·科斯（Ronald Coase）1937 年“企业的性质”一文，并在 20 世纪 70 年代之后发展起来的企业契约理论。[39]企业在古典经济学中一直被看作为一个“黑箱”，直到科斯在他开创性的文章“企业的性质”中指出，经济学的实证理论无法解决企业的边界问题，他将企业的边界描述为权威指挥下实现的资源配置，比市场交易实现的资源配置更有效的范围。[40]

另外，科斯还将交易成本（Transaction Cost）引入经济学，将它基本定义为市场交换的成本。“它们的引入为企业的生存给出了一个基本原理。

如果市场像通常假设的那样是有效率地（和无成本地）运行，那么根本就没有企业生存的任何理由。稍后，Dahlman（1979）又把交易成本描述为‘搜寻与信息成本、议价与决策成本、检验与执行成本’。这样，交易成本对经济发展的重要性是显而易见的：交易成本越高，市场交易行为就越少。”[41]反之，交易成本越低，市场交易行为就越多。

由此，理查德森总结认为，强调研究企业的传统方式有两种：一是在市场中，价格协调企业之间和企业与消费者之间的行为（新古典经济学）；二是在企业内部，计划指挥企业内部的行为（科斯的思想）。[37]而商业模式涉及企业跨边界价值创造活动，企业边界和交易成本理论对商业模式问题研究来说，无疑是非常重要的研究和分析工具。

五、新制度经济学中关于规则和社会网络的观点

1971 年，威廉姆森创立的“新制度经济学可以分为两种理论：制度既可以看作是博弈的结果，也可以被认为是博弈的规则……基于这种区别，可以将制度定义为：‘构造人们反复互动的情况下，被人们普遍所知的规则，以确保对违反这些规则进行制裁的执行机制’”。[41]基于这样的认识，“在企业管理领域，制度主要包括流程、规章、内控制度、产权结构与所有制、公司法人治理结构、企业文化、潜规则、行业规则与技术标准、价值链规则等。它们不仅包括对企业自身的正式、非正式约束，也可能包括对同行业、上下游行业其他企业的约束。换言之，制度不仅是企业内部人员遵从的‘合约’（例如流程、组织制度、内控制度等），也是企业与股东们之间的‘合约’（产权结构、法人治理结构等）、企业与政府之间的‘合约’（行业法律、商法等），甚至还是企业与其他企业之间的‘合约’（行业规则与技术标准、价值链规则等）”[42]。因此，“规则在制度经济学家们的视野里就是制度约束；在哲学上，规则被用来指称行为准则（conduct），或者是对行为（action）的指导，还经常指称一种经验性的常规（regularity）；按照规则对于行动的约束力，可将规则分为两类：构成性规则和引导性规则”。[43]

而“社会网络就是由人的活动依据一定的规则编织而成，并随着活动方式和规则的变化而与之产生互动。诺斯（Douglass North）在北京大学的演讲中指出，这个互动的过程大体是这样的：现实—理念—制度—组织—政策—结果—改变了的现实”。[43]电脑网络越来越多地渗透到现实社会的网络之中，包括商业交易。而在电子网络中，规则的作用愈加强大，传输控制协议（TCP）就是一个鲜明的例子。当一个人（或者是一个组织）“在不断重复的选择情形下总是遵守一定的规则，那么可以认为是基于这样的事实，即在每个个别场合，针对特定情景的奖励结构而言，遵从规则是其最大化选择”[44]。许多企业创造了成功的商业价值，但却没有长久地捕获这些价值，很大程度上在于它们的商业模式没有在新的网络中有效地构成新的规则系统，并通过这些固化后的规则来引导和降低由于交易不确定性所带来的额外风险。关于规则的运用及其影响，本书还将在第四章第二节中进行重点讨论。

六、电子商务相关定律与效应

网络经济学家 Economides 给出了网络的一般定义：“网络是由互补的节点和链构成的。网络重要且鲜明的特征是不同的节点和链之间的互补性。网络提供的服务需要两个或更多的网络组成部分。”[45]在网络运行之下，诞生了不少的著名定律并产生了许多特定效应。

1. 吉尔德定律也称胜利者浪费定律。此定律由 Geode Gilder 提出，认为最成功的商业运作模式是价格最低的资源将会被尽可能地消耗，以此来保存最昂贵的资源。在蒸汽机出现的时代，因为蒸汽机的成本已经低于当时传统的运输工具马匹，因此聪明的商人开始了蒸汽机的使用。如今相对廉价的资源就是电脑及网络宽带资源。

2. 麦特卡尔夫定律。其被描述为网络的价值同网络用户数量的平方成正比，也就是说，N 个用户联接可创造出“N × N”的效益。提出该定律的是以太网的发明人 Bob Metcalfe。[46]由此，网络成为一个可以度量价值的概念。

3. 长尾效应。只要产品的存储和流通的渠道足够宽，需求不旺或销量不佳的产品所共同占据的市场份额可以和那些少数热销产品所占据的市场份额相匹敌甚至更大，即众多小市场汇聚成可产生与主流相匹敌的市场能量。也就是说，企业的销售量不在于传统需求曲线上那个代表“畅销商品”的头部，而是那条代表“冷门商品”经常为人遗忘的长尾。最为典型的例子是：中国义乌小商品市场在电子交易背景条件下，已经发展成为一个年产值超过千亿元的小商品集散地。

4. 商业生态中的平台企业。传统的公司形式是所谓的 M 型组织①——多分部制公司在 1920 年代由杜邦公司导入，并在斯隆领导下的通用汽车公司达到顶峰。但是在网络技术条件下，E 型组织②频繁出现：“新公司如果想要扩展或替代现存的企业必须集中从事市场和产业的创造。市场和产业的创造——新商业生态的建立——导致公司领导和公司结构的新形式的出现。毕竟，形式追随功能。多分部制形式让位于生态形式。E 型组织聚焦于市场和潜在市场。E 型组织在两个方面区别于其他 M 型竞争者：第一，在每一个公司都追求一种利益的商业生态系统中，E 型组织寻求获得对生态系统全部范围内的领导力——而不仅仅是追求那些服务于生态系统的运

① M 型组织结构是由一种相对独立的单位或事业部组成的组织结构，组织按地区或所经营的各种产品和事业来划分部门，在这种设计下，每个单位或事业部都拥有较大的自主权，事业部经理对本单位的绩效负责，同时拥有战略和运营决策的权力。各事业部独立核算，自计盈亏，公司总部通常扮演业务外部监管者的角色，协调和控制各事业部的活动，同时也提供诸如财务和法律方面的支援服务。这种类型结构的特点是：适应性和稳定性强，有利于组织的最高管理者摆脱日常事务而专心致力于组织的战略决策和长期规划，也有利于调动各事业部的积极性和主动性，还有利于公司对各事业部的绩效进行考评。其主要缺陷是：资源重复配置，管理费用较高，且事业部之间协作性较差。这种组织形式主要适用于产品多样化和从事多元化经营的组织，也适用于面临市场环境复杂多变或所处理地理位置分散的大型企业和巨型企业。

② E 型组织结构即指商业生态系统，由美国著名经济学家穆尔（Moore）1993 年在《哈佛商业评论》上首次提出。所谓商业生态系统就是由客户、供应商、生产厂家、资金渠道、行业协会、标准制定机构和管制机构等各方组成的一个协作群体，类似于一个生物群落，这个群落是建立在“共同进化”基础上的自组织系统，成员各自贡献彼此之间的互补性、相互完善“进化”的动力。

营业务。第二，一个 E 型企业对多生态系统感兴趣的程度，能协调它自身的跨生态系统活动，并参与到一个拥有大量发展性挑战的生态系统中去。”[24]

对于 E 型组织来说，领导并协调商业生态系统活动迄今最为有效的形式是商业平台的构建和发展。商业平台包含3 种独特的要素[47]：（1）管理规则和管理角色。构件（components）具有个别性，一个平台被设计出来的目的是为了推动不同构件的协调和合作。一个成功的平台需要强硬的政策——管理规则以及权力的分配，这一政策有责任保证在对企业之间进行协调时，增强构件局部的应用性和创新性。（2）蓝图和界面的标准。各个构件之间连接的深度、广度以及合作程度都依赖于标准化的技术、业内的惯例和互动界面的作用。（3）整合能力。在价值网络中，一个平台协调着许多运营商，因而必须在一定范围内实现稳健成长。“实现”是指与客户和合作伙伴之间建立的连接；“范围”是指一个平台所能扮演的各种各样的角色以及所能提供的服务或支持；“稳健”是指“端对端”的质量和可信度。

商业化平台实质上是指有一系列商业能力，这些能力可以通过规则黏合基本要素构成组件，并建立、连接、扩展其他的能力，通过这种方式来满足客户的需求以及与各种需求关系进行匹配。[47]例如：苏宁集团（苏宁）作为一个统进分销的双向交易平台，凭借集结下游顾客的功能，获得了上游供应商提供的低廉销售价格，又凭借有竞争力的集中采购和齐全的商品范围，锁定了下游顾客的销售行为；随着云计算技术在商业领域的不断成熟和快速发展，基于商业平台的产业化分工将愈加明显[48]，而作为 E 型组织（此类企业被其他学者称为领导型企业），为了在产业中保持这种平台能力，会更多地依赖规则、标准等软约束来实现企业自身的稳健增长。关于平台型企业，将在第三章进行着重分析。

第三节 商业模式的功能

一、一个好的商业模式的特征

（一）Amit 和 Zott 提出的 4 个特性

Amit 和 Zott（2001）研究和检验了 59 家在美国和欧洲新近上市的电子商务公司如何创造价值，研究表明价值创造的来源与 4 个相互依赖的维度相关联，即有效性（Efficiency）、互补性（Complementarities）、锁定（Lock－in）效应和新颖性（Novelty）[49]，具体如图 2－5 所示。

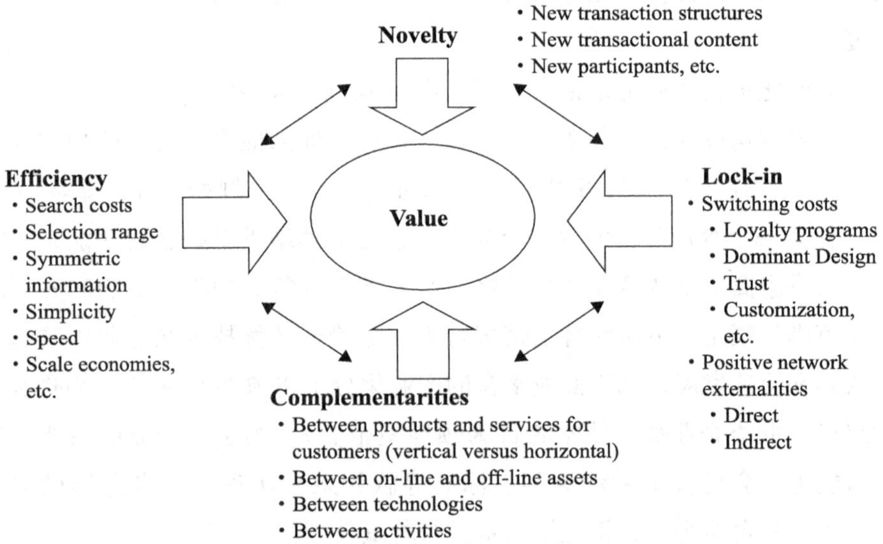

图 2－5 电子商务中的价值创造来源[49]

1. 有效性（Efficiency）。交易效率是电子商务的主要价值驱动因素之一。这一发现与交易成本理论相一致，表明交易效率随着每笔交易成本的降低而提高。特定的电子商务所带来的交易效率收益越大，成本就越低，因此就越有价值。电子商务的效率提升可以通过多种方式实现。一是通过提供最新和全面的信息来减少买卖双方之间的信息不对称。二是改进的信息还可以减少客户的搜索和讨价还价成本以及机会主义行为。通过利用虚拟市场廉价的互联性，电子商务能够更快、更明智地做出决策，从而进一步提高交易效率。此外，电子商务还通过降低分销成本、简化库存管理、简化交易、允许个人客户通过需求聚合和批量采购从规模经济中获益、简化供应链，以较低的成本进行选择，加快交易处理和订单履行，从而使供应商和客户都受益。总的来说，信息技术被认为可以降低协调和执行交易的成本。

2. 互补性（Complementarities）。当一捆货物放在一起提供的价值大于单独货物的总价值时，互补性就存在了。如果客户在拥有另一个参与者的产品时比单独拥有你的产品时更看重你的产品，那么这个参与者就是互补者。RBV 理论还强调了战略资产之间的互补性作为价值创造来源的作用；网络理论强调了网络参与者之间互补性的重要性。第一，电子商务通过向客户提供一系列互补产品和服务来利用这一创造价值的潜力，这些互补商品可以是由合作伙伴公司提供的纵向互补（如售后服务）或横向互补（如相机和胶卷），它们通常与公司促成的核心交易直接相关。第二，电子商务还可以通过资本化供应链整合等活动之间的互补性以及将一个企业的成像技术与另一个企业的互联网通信技术联系起来等技术之间的互补性来创造价值，从而释放隐藏的价值。此外，Amit 和 Zott 的分析还强调了价值创造来源之间的相互依赖性。信息技术带来的效率提高为利用电子商务的互补性铺平了道路。将不同企业的资源和能力交织在一起是电子商务的一个标志，在交易成本较低，因而机会主义威胁较低的情况下，电子商务在经济上具有吸引力。相反的情况也是如此，至少从客户的角度来看，互补性可以提高效率。当客户能够获得与感兴趣的主要产品互补的产品和服务时，可以通过降低搜索成本来提高效率和改进决策。

3. 锁定（Lock - in）效应。所谓锁定效应是指由于经济行为主体的有限理性和其无法预见未来的无效率，使之局限在原来的技术网络之中，或锁定在原来的运行平台中。例如，一种新的发明或技术进步提供了比旧技术更有效的解决方案（Solution），但是，经济行为主体依然依赖旧技术，其便被锁定在过时的经济或技术解决方案之中。其原因是从一种旧解决方案转向另一种新的解决方案，需要付出巨额的成本[46]，这种成本被称为转换成本（switch cost）。例如，在2019年11月27日开始实行“携号转网”前，中国移动通信公司的GSM用户并不十分热衷换取中国联通公司的CDMA制式手机，因为一方面移动公司为集团客户提供了非常低廉的集团外用户通话服务和免费的集团内通话服务，而另一方面对于移动公司的用户来说，换取技术先进的CDMA制式手机，意味着需要换新的手机号码——这会带来自己与其他联系人之间较长一段时间内失去快捷通信方式的麻烦，这种由转换号码带来的预期“麻烦”和现有“优惠”的丧失，就是一种转换成本，并由此构成了一种由移动公司对其客户比较强的锁定效应。

4. 新颖性（Novelty）。熊彼特阐述了创新的价值创造潜力，即引入新产品或服务、新的生产、分销或营销方法，或开拓新市场，是通过创新创造价值的传统来源。同时，电子商务也在其经营方式上创新，即在交易结构上创新。例如，eBay是第一家大规模引入客户间拍卖的公司。在这种架构中，即使是低价值的商品也可以在单个消费者处成功交易。许多平台公司都推出了进行和协调商业交易的新方法。它们通过连接以前不相连的各方、通过采用创新的交易方法消除买卖过程中的低效率、捕捉潜在的消费者需求或创造全新的市场。对于电子商务创新者来说，拥有实质性的先发优势。以新颖的商业方法通过获取“关注点”，提高品牌知名度和声誉，更容易产生转换成本。此外，电子商务创新者可以通过学习和积累专有知识，抢占稀缺资源。虚拟市场的独特性使创新的可能性似乎无穷无尽。例如，电子商务公司可以新颖的方式确定并将有价值的新的补充产品和服务纳入其产品包中。电子商务创新的另一个方面是适当选择参与方。例如，公司可以通过与第三方发起联属计划来引导和加强网站的流量，第三方因能够从自己的网站执行交易而获得补偿。

Amit和Zott的研究表明，有效性、互补性、锁定和新颖性4个价值驱动因素之间相互联系，共同服务于价值创造。新颖性和锁定以两种重要方式联系在一起。首先，电子商务创新者在吸引和留住客户方面具有优势，尤其是与强大的品牌相结合。其次，率先进入市场是在回报递增的市场取得成功的必要前提。先行者能够很好地启动网络外部性产生的正反馈动态，并在其他人之前实现供应商或客户的临界质量。在“赢家占多数”的市场中，必须先进入一个新市场。新颖性也与互补性联系在一起，一些电子商务的主要创新在于营造互补要素，例如在资源和能力方面的结合。最后，新颖性还与效率之间有重要的关系，电子商务的某些效率特征可能起因于那些在虚拟市场环境中可被创造和利用的新颖性资产。

（二）Teece 等提出的不可复制性

一个企业的核心竞争力是指那些具有价值的、稀有的、难以模仿的、不可替代的和具有持久力的竞争能力。Teece 等（1997）认为，一个企业的竞争优势是否被削弱以及如何被削弱，取决于市场需求的稳定性以及是否容易被复制（内部扩张）和模仿（被竞争对手复制）。[50] Teece（2010）进一步指出，作为竞争优势的一种资源，一个商业模式一定是胜过用于开展业务时一种好的逻辑方法的某些东西。一个好的模式必须在满足特殊的消费者需要过程中获得磨砺。通过拥有难于复制的优势或者即使竞争者复制了也难于从中获利，因为它将打乱现有消费者、供应商或重要联盟伙伴的关系，所以它必须在某些方面是无法模仿的。一个商业模式对于竞争对手来说出于其他原因也会造成难于复制。其原因也许在于复杂的流程步骤，或强的知识产权保护，或阻碍新商业模式执行的组织结构和部署的存在。好的商业模式的设计和执行涉及对内部因素和与消费者、供应商和广泛的商业环境相互关联的外部因素的评估。[31]

（三）Casadesus－Masanell 等提出的良性循环

Casadesus－Masanell 等（2007）认为，一个商业模式的有效性由满足以下 4 个评价标准的程度来衡量：目标同盟、相互加强性、良性循环和稳健性。[27] Casadesus－Masanell 等（2011）又进一步说明，成功的商业模式能产生良性循环（virtuous cycles），或构成自我增强的所谓回馈的循环（loops），这是商业模式最有效但也是最被忽视的一面。他们指出一个好的商业模式的 3 个特性：（1）它是否和公司战略目标相匹配？（2）它是否是自我增强型的？（3）它是否稳健（robust）？他们认为随着时间的消逝，这种良性循环会促成竞争优势，帮助企业拓展价值创造和价值捕获的商业模式，因此一家公司应该知道如何加强商业模式的良性循环以削弱竞争对手的优势，并用商业模式的良性循环将竞争对手的优势转化为弱势；他们建议一家公司可以3种方式展开竞争，即加强自身的良性循环、阻止或摧毁对手的良性循环、构建对竞争对手循环的互补品，这将导致替代品转换成为互补品；此外，他们还发现公司能通过修正自己的商业模式来产生新的良性循环以保证其能比对手更有效地开展竞争，这些循环可以产生在同一个商业模式中增强其他循环的结果。[29]

（四）Zott等提出要关注利益相关者

Zott和Huy（2006）确定了促进企业获取资源的4个象征性行动类别：传达企业家的个人信誉、专业组织、组织成就、与利益相关者关系的质量。[51]Zott和Amit（2007）认为，一个商业模式解释了一个组织如何与外部利益相关者进行联系，以及如何与他们从事经济交换并为所有的交换伙伴创造价值。[25]

（五）Shi和Manning提出的4个模型

Shi和Manning（2009）认为商业模式框架模型包含4个基本的且相互关联的要素：组织模型、资源模型、交换模型以及财务模型。[11]网络时代，组织模型强调跨边界的交易设计[25]；资源模型强调不同性质资产在价值链上发挥不同作用对市场价值的创造；交换模型强调基于规则和制度下的交易达成和客户需求满足；财务模型则直接指向企业对市场价值的捕获和公司绩效。

综上所述，在逆向价值链思维下，本书认为一个好的商业模式应该具有以下8个显著的特性：

1. 关注市场和客户。存在大量的客户基础和市场机会，或者说企业主动去寻找消费者广泛隐藏着的“痛点”，这是商业模式创新的先决条件。

2. 有效率。企业具有快速满足市场和客户需求的资源和能力，这些资源和能力提升了价值创造的效率。在网络经济条件下，这些资源和能力应该更强调独特性、跨产业联合中的互补性以及可变动性。例如：苏宁集团进军电商百货行业，较之于京东网，它可以充分利用原有的比较完备的电器物流配送资源和售后服务能力；苏宁企业大学完备的培训体系，可以支撑数千家门店为电器消费者提供专业贴心的现场服务。

3. 营造新颖性。Zott 和 Amit 发现“以新颖性为中心的商业模式与强调差异性、成本领先或早期市场进入的产品市场战略相联系——能加强公司业绩”。[52]因此，在网络技术下，如何建立低成本的交易规则、开放的标准、模块化的组件、人性化的售后服务并高效地达成交易，是创新公司追求商业模式新颖性时需要考虑的问题。

4. 形成规则。厂商更多地依靠标准和规则体系在行业中树立核心地位。例如，Intel 公司和微软公司由于在芯片和操作系统的标准制定上掌握了主动，成为所在行业的领导者。

5. 具有锁定效应。体现交易特征的 3 个基本方面：（1）不确定性；（2）交易重复的频率；（3）交易专用性投资发生的程度。因此，为了保证企业对客户交易的持续性，企业产品应具有对客户的锁定效应。例如，随着使用时间的不断延长和服务套餐的不断个性化，中国移动公司对移动手机用户的锁定效应得到愈加强化。

6. 企业内部可复制和外部市场的不可复制性。中国百货电商平台如京东网、淘宝网等，其商业模式虽然后期被其他电商平台所模仿，但其凭借着先期的先位优势和通过内部不断复制达成的规模优势，兼并和收购了许多专营平台，最终形成了其自身的市场优势。

7. 形成利益相关者的合作平台，即一个能居间协调终端消费者和引领跨产业联盟的交易平台。“网络技术提供了跨产业联盟的技术和经济条件，但这并不够。在经济学的供求分析中，几乎不考虑供给方与需求方之间如何见面或者如何走到一起的问题，而是‘先验地’（a priori）认为价格信号就能‘自动自发’地调节供求状况。但格拉诺维特认为，这个命题忽略了匹配问题——即供给和需求究竟是怎么碰到一起的。”[43]这就需要一个交易平台，来化解因为网络联结起来但又互不信任的问题，以达成交易。“支付宝”平台因为深刻地领会到了这一点，所以获得了极大的成功。

8. 具有可塑性或柔性。商业生态环境复杂而多变，价值链上的力量对比及交互作用也时刻发生着变化。因此，与企业战略目标相匹配，具有稳健的交易设计且形成利润的良性循环以实现持续性赢利对一个商业模式的可塑性和应变能力都提出了非常高的要求。例如，阿里巴巴随着业务范围的拓展，逐渐谋划全产业链的整合，分别投资了哈罗出行、永安行、滴滴出行、高德软件、小鹏汽车等，布局出行市场。对全产业链商业生态的打造，无疑能提高该商业模式的柔性，促进生成良性循环。

简而言之，效率、互补性、新颖性、关注利益相关者等特性能促进企业价值和客户价值的创造，而规则、对内复制对外不可复制性、锁定效应、可塑性等特性则能形成良性循环，促进该商业模式的稳定和可持续性发展。

二、商业模式的功能定位

自从迈克尔·波特 1980 年发表《竞争战略》一书以来，战略始终被学者们认为是影响企业绩效的关键因素。[53,54] 按照传统的价值链[54] 思维，一项好的战略规划应当包括：（1）价值链上游充裕的供应商以获取成本优势；（2）企业资产的高度专用性以获取在整个行业竞争中的优势地位；（3）企业拥有独特的核心能力以抗拒行业内竞争者的模仿；（4）针对目标市场，具有相对于竞争对手的差异性[53]。

本书认为，在网络时代到来之前，企业战略基本描述了企业在产业内竞争的定位。但当新经济时代来临之后，网络技术带来了新的企业边界、新的需求和新的交易方式，整个市场主体和交易环境都发生了翻天覆地的变化，使最早"觉醒"的知识型、科技型企业发现了"新大陆"——市场与企业交易边界的重新划定和整个商业交易总量的爆发性增长。而战略原先那种单一和静态规划企业定位的方法，显然已经无法满足高度动态和复杂环境条件下的企业盈利设计要求：因为在强调环境的复杂性和动态性时，无论考虑了如何多的外部变量，战略规划的视角都只是站在产业自身这一单一角度并循着正向价值链的方向做出的。网络条件下，企业对时间维度上的规划要求少了，对有限资源、有限市场条件下竞争定位的谋划少了，而对如何以客户价值主张为导向来"有效地组织或整合跨产业的互补性资源”[55]，以满足急剧增长需求的要求迫切了。对企业如何在跨产业协作中改善内部流程、增强外部协同性并在协同过程中扮演引领者角色的需求迫切了——作为例证，“长期规划、垄断势力、市场促销、价格竞争”的表述少了，“平台”[56]、“规则、标准、效率、锁定”[13]的表述多了。

Zott 和 Amit 通过实证分析显示，“以新颖性为中心设计的商业模式对企业业绩大部分有效”[25]；苏江华和李东基于 439 家企业的实证分析表明，商业模式对企业绩效具有正向的作用[57]。以上理论和实证研究表明，商业模式功能发挥作用的目标是指向企业绩效的。

既然战略的功能也是指向企业绩效的，而商业模式的大量运用又符合科技、经济和企业发展的要求，那么商业模式是否意味着对战略功能的完全替代呢？现有的研究表明，答案是否定的！因为商业模式和战略有如下的区别：

1. 学者们的认识不同。有学者认为，企业战略引领商业模式，尽管商业模式和企业战略一样，也高度关注企业自身，但商业模式似乎更加关注利益相关者和跨产业的协同效应（synergy effect），即商业模式管控的涉及面要比企业战略来得宽泛；也有学者认为，商业模式囊括了企业战略，尽管企业战略和商业模式一样需要设计和规划，但企业战略的效用在时间维度上似乎要比商业模式更为长远。

2. 应用场景不同。企业战略管理常常被具有路径依赖的已经建立的公司所采用；而“商业模式一般被新创立公司，特别是与网络业务相关的公司”[25]所运用——新技术比较容易通过基于网络构建的商业模式迅速占领市场，并通过互补性资产的结构优势来控制它的产业链下游，如 Intel 公司当初为下游 PC 制造商黏贴“Intel inside”的标签，造成了新的产业垄断格局。此外，“在全球化和放宽管制的推动下”[47]，企业进入全新的市场环境也会导致新的商业模式出现。当然，当企业战略对内部资源的利用和外部竞争的应对已经失去作用时，商业模式创新也势必会成为企业下一步可以采取的设计行动之一。

3. 最为主要的是功能的不同。(1) 商业模式直接并高度关注消费者利益。Chesbrough 和 Rosenbloom 认为，商业模式至少在 3 个方面不同于战略。第一，商业模式起步于为消费者创造价值，并围绕价值传递来构建这一模式；第二，商业模式为业务本身创造价值，而不是为股东创造价值；第三，商业模式假设的做出是基于由公司、环境和第三方共同掌控的知识。[58]本书认为，以往战略更多关注的是市场，市场上的消费者只是被间接关注。而商业模式创新，既可以通过信息技术来极大地降低市场的信息不对称，又可以通过网络技术来极大地减少市场交易的费用，以直接关注消费者利益，由为股东创造利润的盈利模式向创造、传递和捕获客户价值的模式转变。(2) 商业模式需要在跨行业联合中塑造新的能力。在企业管理维度，即使从战略定位角度出发，企业的行业定位也需要由过去的垄断者向商业生态的引领者或跨产业联盟中的核心企业转变；同时，改变由过去资源基础观思维下的资产专用性设计，向商业设计主题的新颖性或跨边界交易的有效性方面实现转变。企业的绩效，从投资者角度考虑主要是投资回报率（ROI），但如果站在客户的角度，公认且常用的是成本、质量、服务和速度[17]；新的跨产业范式涉及专家式的领导艺术，而不是去控制产业内的非正式组织和正式组织，这涉及尊重及利用自身周围其他人（或组织）的智力，并通过一起工作来创造新的成果，它涉及的塑造未来胜过过去那种单纯地防备其他企业[24]。(3) 商业模式强调达成交易的协作方式。在交易达成的维度，尽管战略设计了企业发展的蓝图，框定了企业绩效的可能，但再好的战略如果缺少交易达成这一环节，也只是一张蓝图和一个可能而已。而商业模式能为战略的实施，提供满足客户价值主张的解决方案、各组织或个人资源专业化协作的方式以及企业自身实现盈利的获利方式。所以 Casadesus - Masanell 和 Ricart 指出，“将商业模式比作轿车的话，不同的轿车设计不同的功能来为司机创造不同的价值，战略是对轿车的设计和构建，商业模式就是轿车本身，而策略是你如何驾驶你的汽车”。[29]

随着交易成本的急剧降低和网络边界的不断扩大，核心厂商如何在客户价值主张的引导下，“以新颖性和效率为手段，在跨产业边界的横向协作中”[25]，或者在本产业内通过合作性的交易纽带而不是“占领”，来协调好自身与互补性合作伙伴的利益关系，实现企业价值的创造、传递和捕获，是商业模式要承担的责任。因此可以说，较之战略，商业模式不仅要定位市场，还要发现客户价值主张；不是要实现企业资源与能力的完全占有，而是要考虑这些资源和能力在服务客户过程中的使用方式并改善其使用效率；不仅要考虑企业自身在价值链上的纵向定位问题，还需要从横向视角考虑与其他利益相关者的匹配和互补；不仅要使企业自身获得收益，还需要让利益相关方在整个交易的盈利设计中获得相应的报酬，以维持这一共赢的体系。正如 Teece 所说，“一个商业模式的本质在于定义了一种行为模式，依据它企业能传递价值给消费者，诱使消费者为所创造的价值付款，并将这些付款转换成为利润。因此它折射了管理层这样的假设：消费者需要什么，消费者如何来获取，以及企业该如何组织起来去最好地满足那些需要，为他们所做的获得回报，并赚取利润”。[31]

通过以上分析，本书定义商业模式的功能：以客户价值主张为引导，摒弃或变革原有的资源组织方式和组织构建模式，通过兼顾客户利益和厂商利益[59]，以互补性[55]资源为纽带寻求跨行业的合作，来实现企业价值和客户价值的最大化。因此，商业模式具有创造企业价值和创造客户价值两大功能，而这两大功能作用的区域范围正是企业价值和客户价值的交集部分（见图 2－6）。

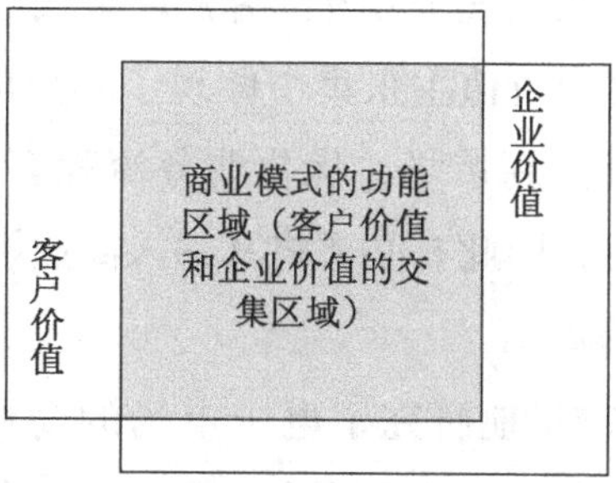

图 2－6 商业模式功能立体区域俯视图

资料来源：作者绘制。

三、商业模式功能发挥作用的影响因素

（一）客户价值主张

彼得·德鲁克将一个好的商业模式定义为能回答以下两个问题：（1）消费者是谁以及消费者价值是什么？（2）什么是潜在的经济逻辑，它解释了我们如何以合适的成本向消费传递价值？[27] Kim 和 Mauborgne（2004）提出的蓝海战略（Blue Ocean Strategy）侧重描述了如何通过重新定义客户的价值曲线来发现新的利润区[60]；Demil 和 Lecocq（2010）通过研究认为，商业模式的概念在总体上，与一个公司为客户价值主张（CVP）而设计的不同活动领域的结合部相关[32]；Wouters（2010）研究了研发公司面对技术商业化的挑战时，在新产品、服务和流程开发的情景下，客户价值主张的实现以及基于这些情景下合作协议中激励机制的设计[61]；Nunes 和 Breene（2011）经过研究后在《哈佛商业评论》“商业模式”专辑中指出，如果想在“为时已晚”之前彻底改造公司的商业模式，就要求公司在实施以边缘为中心的战略（edge - centric strategy）过程中对市场的边界进行持续不断地审视，以发现未开发的客户需求或尚未解决的问题[62]。

以上研究表明，客户价值主张集中体现了客户的利益，在企业发现新客户、开发新产品、开拓新市场、优化业务流程等商业模式设计活动中，都承担着导向性的作用，因此有必要将其纳入商业模式结构设计的范畴。

（二）价值创造活动

Timmers（1998）较早地研究了电子市场的商业模式[9]；Amit 和 Zott（2001）认为一个公司的商业模式是为公司与它的供应商、合作伙伴和消费者实现价值创造的关键性资源[49]；Chesbrough（2002）探索了从技术中捕获价值的过程中商业模式的角色[58]；Teece 认为，无论一个商业企业在什么时候建立，它都会清楚地或含蓄地运用一个特别的商业模式，它描述了其所运用的价值创造、价值传递和价值捕获机制的设计和结构[31]。

以上研究表明，仅仅关注企业价值是不够的，只有那些兼顾企业价值和客户价值的商业模式，才能够创造、传递并捕获价值。本书认为，这一

观点实质上明确了商业模式的功能，并提出了一个重大问题：商业模式创造价值后如何长期保持住这些价值？

（三）科技创新和发展

Teece（1986）最早关注了技术创新和商业模式的关系，初步回答了为什么往往创新的公司未能从创新中获得显著的经济效益，而顾客、模仿者以及其他的行业参与者却能通过商业模式从中获利[63]；Osterwalde 等（2005）发现“商业模式”一词在商业期刊中出现次数的分布情况与纳斯达克股票市场中高科技股票迅速高涨相一致，进而推测出了商业模式的研究与科技的发展可能存在着某种关联[10]。但他们对于科技发展为商业模式的应用带来了怎样的应用情景却没有做进一步的研究。关于科技发展，特别是 20 世纪末蓬勃兴起的网络技术革命，如何改变了企业的内部和外部条件，为商业交易带来巨大且持续的增量，已经在本章第一节第二部分中做出了分析。

（四）企业跨边界活动

Moore（1998）认为公司将致力于建立互补功能网络，虽然在一些公司由自已来建立，但大部分由其他的公司所贡献，网络使得企业已经进入了一个真正的组织黏性时代[24]；Jacobidies（2006）对 Teece（1986）的文章进行了扩展，考虑公司如何对价值链上不活跃的部分来增强互补性和机动性，使得创新者能从价值分配和价值创造中获益[55]；Sanford 和 Taylor（2006）认为，价值网络有别于价值链，价值链依赖于一个企业自身所拥有的组织以及该企业与供应商之间所商定的且有严格控制的合同，而价值网络是企业与企业之间的动态连接[47]；Casadesus – Masanell 和 Ricart（2007）认为“拉远焦距来远看商业模式，其实是跨越企业、行业，而从整个产业来审视商业模式各参与方的跨边界合作关系”[27]。

Stieglitz（2009）首次从企业理论的交易成本和产权观点来讨论商业机会和新商业模式的作用机制。他提倡采用商业模式和机会探索，期待用来自机会中独享价值最大化的方式来构建内部组织和企业边界。他还认为，以往封闭环境下的博弈研究面临创业活动中精确的有限理性、无处不在的不确定性、心理模型和信仰的异质性等的严峻挑战，因此呼吁一个跨层面的产业实证方法。[64]显然，Stieglitz 开创性地探讨了企业边界与商业模式的关系，解释了企业跨边界网络合作对优化资源配置、降低企业风险所带来的巨大作用，因此本书也认为有必要将其纳入商业模式结构设计的范畴。

四、商业模式调节战略的功能实现途径

对商业模式功能的评价，有学者从战略定位的分析视角入手来开展研究，例如：Shafer、Smith 和 Linder（2005）认为商业模式的组成要素被分为 4 个主要的大类，即战略选择、价值网络、创造价值以及捕获价值[65]；Magretta 在研究了 Dell 公司和 Wal - Mart 公司后指出，商业模式创新的涌现具有丰富的实践价值，尽管它当时被广泛地与公司战略这一概念混淆使用，但在网络时代它有公司战略所不能发挥的作用。[30]

波特（1980）关于战略影响企业绩效[53,54]的观点，已经为广大学者所接受。商业模式对企业绩效的正向作用，已经为当前商业模式功能的研究者所证实。而 Zott 和 Amit（2008）开发了一个模型，检验了一个公司产品市场战略和商业模式的匹配性，他们的研究数据表明商业模式和产品市场战略是互补的，而不是相互替代的——这是首次有学者通过实证检验了商业模式与战略匹配后如何共同影响公司的业绩。Demil 和 Lecocq（2010）通过 RCOV 动态框架，解释了商业模式如何在动态情景下通过调节企业资源、能力（Resource & Competences）、组织（Organzation）等关键战略要素的协同性，来持续创造价值（Value）[32,66]。因此，以 BM 代表商业模式（Business Model）、S 代表战略（Strategy）、P 代表企业绩效（Performance）、e 代表企业绩效的误差项（erro），商业模式对企业绩效和战略的作用路径如图 2 -7 所示。

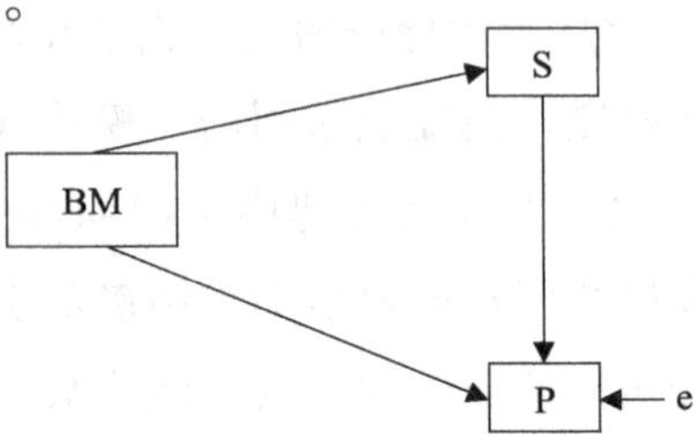

图 2 -7 商业模式实现企业绩效的路径

图2－7清晰地描绘了商业模式对企业绩效的作用路径。商业模式从两条路径对企业绩效产生影响：一条由商业模式直接作用于企业绩效，另一条则由商业模式通过调节战略间接作用于企业绩效。然而，尽管中外研究者认同了商业模式作为调节变量的地位[33,67]，但是通过文献搜索查阅，尚未发现研究者关于商业模式对企业创造绩效大小和持续性（本书定义的商业模式效能）的评估以及对商业模式效能两条实现路径的实证检验。

第四节　商业模式效能

一、商业模式结构板块和效能概念的提出

在基本弄清了商业模式研究为何在20世纪末呈现出爆发性增长的这一问题后[68]，对商业模式功能就有了初步的认识。越来越多的经理们认识到了商业模式创新的重要性，但是，迄今他们对商业模式功能与效能的区别、商业模式的功能定位等问题的认识都是模糊的。例如：为什么有的商业模式虽具备了价值创造功能，却没有为企业持久地捕获价值；为什么提到企业的商业模式，经常要和公司战略相挂钩，但又觉得两者的功能并不完全吻合。上述问题困扰并阻碍了商业模式实践的进一步发展。当没有彻底弄清商业模式和战略的关系时，研究者就无法很好地回答商业模式如何影响公司的绩效的问题；当研究者没有搞清楚商业模式的功能和效能的区别时就无法回答如何有效地利用商业模式来创造价值的问题。

管理学中的结构学派（Configuration School）认为，结构决定功能[69,70]，因此具有结构形态的管理制度设计会产生一组功能。当这些功能施加于一个目标对象后，会对被施加对象产生影响、发挥作用，当然，这些作用和影响可能是正向的、积极的，也可能是负面的、消极的。功能属于施加方，作用和影响属于被施加对象，两者互为因果。

正如一栋住宅，之所以能发挥遮风挡雨防晒的功能，是因为它有一定的结构形态，如中国明清时期平房的四方结构、福建客家土楼的圆形结构、现代高楼的立方体结构等。某个结构形态一定是由若干个关键板块组合而成的，并由此产生相应的结构效应（effect）。就住宅遮风挡雨防晒的功能而言，高地基起到防止住宅进水的作用，围墙发挥遮风和防御的作用，屋顶起到防晒导流的作用。地基、围墙、屋顶作为住宅结构的主要构成部分，本书将它们称为结构板块（components，有的文献中翻译为“组件”或“构件”），它们对住宅整体功能的发挥起着重要的支撑作用[71]。而这些支撑性功能发挥作用的程度，本书将其定义为效能。

同理，根据商业模式定义，既然商业模式是一定结构框架下的交易设计，那么，商业模式也应该由若干个结构板块组成并据此发挥一定的结构效应，生成一定的效能。那些对商业模式构成部分的描述，其实质是描述了商业模式的结构板块，而结构板块的功能，则从几个侧面大致勾勒出了商业模式的整体功能。

我们说某个事物具有某组功能，只是描述了该种事物在某个结构（structure）形态下的一类属性和可能产生的一组效果。但是，功能施加于另一个目标对象后，产生影响和发挥作用的大小和持续性，并没有被包含在功能的含义之中。仍以住宅做类比说明：住宅之所以能发挥遮风挡雨防晒的功能，是因为它有一定的结构形态——就遮风挡雨防晒的功能而言，高地基起到防止住宅进水的作用，围墙发挥遮风和防御的作用，屋顶起到防晒导流的作用。但是，对于住宅的评价，如果只对遮风挡雨防晒的功能是否存在进行定性评估，显然是不完备的。遮风挡雨防晒功能的大小？遮风挡雨防晒功能可以维持多久？只有对遮风挡雨防晒功能产生作用的大小及其持续性进行评估，才能说在相当程度上有效且定量地评价了这所住宅。

支撑性功能来源于结构板块。第四章第三节第一部分商业模式功能发挥作用的影响因素分析聚焦在客户价值主张、企业内部工作流程、盈利模式设计及定价方式、企业跨边界的网络合作 4 个商业模式板块。企业的商业模式通过发现和满足客户价值主张、不断改善内部工作流程来服务客户、创造客户价值；同时，商业模式通过跨边界的网络合作来寻找并捕获市场机会，并通过其中的盈利模式设计和定价方式来确保达成交易并使得利益相关者能从中分享利益，最终实现企业自身价值的不断提升。正如 Demil 和 Lecocq（2010）所指出的那样，“现有组织的商业模式，是在一个给定的时间，对一个公司的资源和能力、公司的组织系统和它所提供的价值主张这 3 个核心构件（components）正在进行的相互作用所拍摄的一张快照”，并建议“通过聚焦商业模式核心构件的交互作用，来研究商业模式”[32]。

从科学试验室的创造发明（invention）到技术创新（innovation）再到产业化（industrialization）或者说商业化（commercialization），是一个多阶段、多要素投入的过程。在上述 3 个不同的阶段中，从第二阶段向第三阶段（从技术创新向商业化）转化的任务一般由企业来承担。但实际上，大量案例表明，这一转化并不顺利，而且往往伴随着大量的失败。最为典型的案例是：施乐公司建立了帕罗奥多研究中心（Xerox PARC）并开发了诸如激光打印机、以太网、图形用户界面以及对半导体大范围整合等自有创新技术，然而，帕罗奥多研究中心因为没能孵化出新业务，同时由于没有与母公司的战略目标相匹配，造成无法为母公司实现创新价值而变得声名狼藉。[29]那么，为什么现实中有许多科技公司创造了科技价值却没有捕获到商业价值呢？大量学者通过研究后比较一致地认为，这是因为在技术创新向商业化转化的过程中，企业没能有效地构建商业模式，造成商业模式功能在时间持续性上的失效[5,18,59]。

商业模式具有创造客户价值和企业价值两项功能[29,32,61]，这两项功能作用于企业，对企业的绩效产生正向的促进作用，体现了效果的特性；本书将一个具体的商业模式实现其特定功能或发挥其特定作用的程度定义为商业模式的效能（Business Model Efficacy），无疑，商业模式效能反映了企业通过商业模式取得业绩的大小和持续性，体现了效率（efficiency）的特性。功能是指“有什么作用”，效能则是指“某种作用发挥的程度有多大”。

二、效能特征案例分析

分类体现了事物的属性，而功能特征则为事物分类和结构解析提供了依据。同样地，依据基本要素和结构板块的商业模式分类能反映商业模式的功能特征，而商业模式的高效能特征则可以为提炼优质商业模式的设计要素和主要结构板块功能特性提供依据。

凭借网络技术，电子商务产业自然地成为商业模式创新最早也是最为活跃的领域。许多研究者在分析电子商务模式时，把参与电子商务的对象分为两个维度，通过它们的两两交易形态而分为4种类型，并对早期成功的电子商务企业进行了归类，具体如表2－3所示。

表2－3　电子商务分类[72]

	企业	消费者
商家企业	B2B（企业到企业） 通用公司，福特汽车 Commerce One Ingram Micro Inc 台湾益大制衣 Globalsoures	B2C（企业到消费者） Amazon Barnesandnoble eToys Cdnow 8848
消费者	C2B（消费者到企业） Priceline lalasho	C2C（消费者到消费者） Ebay Yabuy eachnet ehousee

因为电子商务形态是商业模式创新最早也是最为集中的领域，因此许多实践者就把上述4种电子商务模式等同为商业模式的所有类型。尽管电子商务是商业模式创新活动中最活跃、成功率比较高的产业领域，但在了解了商业模式的内涵和功能之后，作为研究者不能将电子商务模式简单等同于商业模式。应该可以识别，以上针对电子商务的所谓商业模式分类，只是描述了商业模式的交易模式，并非商业模式的全部。

当然，电子商务突破了以往企业与市场交易的单一思维，依托网络交易平台，紧紧围绕企业价值创造和客户价值创造两个主题，在客户价值主张、企业内部工作流程、盈利与定价模式、跨边界企业合作 4 个结构板块上显现出了与原先实体交易不同的鲜明特征。但在商业模式创新初期，无论在各板块的协作还是交易规则体系的构建上，以及在与企业战略的匹配上，都呈现出了快速发展下的“成长缺陷”，如短视地对待客户价值主张、盈利模式被模仿、价格锁定效果差、合作联盟内企业的互补性差造成恶性竞争等。因此，在网络经济泡沫破灭和金融危机来临之后，只有为数不多的电子商务模式存活下来并持续发挥作用。

针对商业模式宽泛的构成要素和特定的结构板块，Baden－Fuller 和 Morgan（2010）首次提出借用生物研究的分类学（Taxonomy）和类型学（Typology）方法，认为商业模式基于“观察”和“建立理论”，扮演理想类型的角色（角色模型，Role Model）并兼具理想类型的特性（比例模型，Scale model）。它们能被当作模范角色的模型用于复制，或被当作一种商业组织的概括性描述来被展示——简洁的、速描式的描述等同于（几何相似）比例模型[33]。角色模型和比例模型的对比如表 2－4 所示。

表 2－4　　角色模型和比例模型的区别

项目	角色模型	比例模型
分析方法	分类学	类型学
分析目的	观察	建立理论
模型属性	理想类型	理想类型的特征
应用	复制	研究

资料来源：作者制作。

从两次工业革命后形成的商业繁荣中，本书撷取了以下成功的商业模式作为比例模型的案例：1851 年 Singer 缝纫机公司为了拓展其全美业务，签署了世界上第一份标准的特许经营合同，并于 1865 年首创连锁分销网络模式；1859 年第一家连锁商店由乔治·吉尔曼和乔治·哈特福特在纽约创办；作为工业品的销售终端，零售业不断调整着商业模式，以低价、超大规模品种和直接渠道来达成商业的交易，如，1879 年弗兰克·伍尔沃斯开设5—10美分连锁店，1930年迈克尔·库仑在美国东部开设第一家超级市场，20世纪60年代山姆·沃尔顿开始经营折扣店，1963年玫琳凯·艾施发展壮大了直销经营模式[73]；为了更加有效地提升购买力，1919年通用汽车金融服务公司在大多数银行都不愿意办理汽车贷款业务的情况下，开创个人零售金融业务且大获全胜，而房地产行业则采用抵押贷款模式实现高价值商品的销售。信息时代，长尾效应替代规模效应逐渐在网络上发挥作用。例如：20世纪80年代比尔·盖茨通过向IBM公司的商用计算机无偿提供MS-DOS系统，换取了微软程序在当时整个计算机行业内的兼容以及向IBM公司以外的PC制造企业收取授权费用的独特利益，攫取了大量的利润；20世纪90年代，杰夫·贝索斯创建了第一个成功的互联网电子商务公司——亚马逊，使得随后的B2C、B2B、第三方支付等电子商务模式获得空前发展；1996年拉里·佩奇和谢尔盖·布林创立谷歌公司，使得普通人和商业领域使用互联网的方式产生了革命性的变化，并开创了网络广告支撑网络发展模式。以上成功的商业模式，已经成为大量学者解读成功商业模式的典型案例，而构成这些成功商业模式的要素、结构板块和功能则一再被研究者拿来做剖析。

同样地，一些公司凭借其独特的盈利模式，取得了非凡的成功。人们将它们的成功概括为一个特定的企业模式，例如：以租赁方式促进消费行为（复印）来推动设备（复印机）销售的施乐模式；以提供低价但贴切优质服务著称的美国西南航空公司模式；以削减渠道分销商并与终端消费者达成信息共享而快速扩张的戴尔直销模式。这些商业模式给人们留下了深刻的印象，以至于类似的效仿和复制行为都被统一冠予“××公司模式”的标签，而该公司也成为它所构建的商业模式的“角色”代表。

本书收集整理了17个当代中外著名的典型商业模式，依照Baden-Fuller提出的角色模型和比例模型制作了表2-5，并分析了这些模式的主要效能特征。

表2-5中的中外著名的商业模式案例，无不是在商业模式的某个或某几个结构板块上展现了独特的效能特征。例如，提出并延伸了客户价值主张的iPhone模式，优化了交易流程的招行模式和提高了服务效率的麦当劳

模式、沃尔玛模式，增加了产出互补性的柯达模式、吉列模式，创新盈利点及定价方式的谷歌模式、微软模式，以及有效实施了跨边界资源网络合作的亚马逊模式、苏宁模式等。

角色模型以具有良好商业模式效能特征的成功企业为典范，可用于商业复制；比例模型依据高效能特征提炼出成功商业模式中的主要结构板块和典型要素，可用于组织描述和理论研究。但同时，商业实践中的部分案例揭示，根据成功企业的角色模型归纳的比例模型，在大量复制的过程中并不顺利，它们与企业特有的资源与能力相关联，而要锻造这些能力或获取这些资源，决非一朝一夕可以完成的。商业模式功能发挥作用有特定的应用情景。例如，支撑企业商业模式发挥其功能的规则系统不同，直接导致了相同结构模型产生不同的效能；此外，相同结构商业模式与不同战略协同水平的匹配，也会导致产生不同的效能。因此，一个具有优良效能的商业模式结构设计，需要与公司战略一起推动企业在复杂和动态的环境下创造价值。但无论如何，根据成功企业的高效能特征开展的商业模式分类，可以帮助商业模式的设计者有效地组织商业模式的要素和结构板块来实施构建和测评行为，并在创新实践中提高创新效果、减少投资风险、促进战略与绩效成果的转化，这无疑是具有非常积极的实践意义的。

表 2－5　典型商业模式案例中的角色模型、比例模型及主要效能特征

公司	国家	公司创立时间	角色模型	比例模型	主要效能特征
Kodak	美国	1880 年	柯达模式	后续一体化服务模式	增强产品和服务的互补性
Gillette	美国	1901 年	吉列模式	刀架刀片模式	增强产品的互补性
Mcdonald's	美国	1954 年	麦当劳模式	连锁模式	提高服务效率
Xerox	美国	1961 年	施乐 914 型复印机模式	固定资产租赁模式	产品在价值链上的新定位 创新盈利模式
Wal－Mart	美国	1962 年	沃尔玛模式	供应商物流实时监控模式	提高供应效率
Southwest Airline	美国	1971 年	西南航空模式	低成本模式	对客户价值主张的独特认识 创新定价方式
Microsoft	美国	1975 年	微软模式	捆绑销售模式	锁定

续表

公司	国家	公司创立时间	角色模型	比例模型	主要效能特征
Apple	美国	1977 年	iPhone 模式	颠覆性创新模式	对客户价值主张的独特认识 持续的技术创新
Dell	美国	1987 年	戴尔模式	直销模式	通过效率提高实现低成本的良性循环
Amazon	美国	1994 年	亚马逊模式	电子商务模式	建立互补性网络供应体系
eBay	美国	1995 年	易趣网模式	网上拍卖模式	提高信息服务的效率
Google	美国	1998 年	谷歌模式	互联网模式/广告支撑搜索模式	按照角色分工的盈利模式
Facebook	美国	2004 年	面书模式	微博模式	建立互补性的个人交流平台
机械工业出版社	中国	1952 年	机械工业出版社模式	专业出版模式（国外经管类系列教材）	对客户价值主张的再认识
招商银行	中国	1987 年	招行模式	网上银行模式	建立虚拟网点 提高金融服务效率
苏宁集团	中国	1990 年	苏宁模式	垄断供应渠道模式	锁定上游利润
阿里巴巴	中国	1999 年	淘宝网模式	第三方电子支付平台模式	提供网上交易的互补性功能服务

资料来源：作者制作，部分参考 Baden – Fuller 和 Morgan（2010）。

三、商业模式效能的测量模型

（一）商业模式效能作为潜变量的观察指标设计及相关说明

“许多社会、心理研究中设计的变量，都不能准确、直接地测量，这种变量称为潜变量（latent variable），如智力、学习动机、家庭社会经济地位等。我们只能退而求其次，用一些观察指标（observable indicators），去间接测量这些潜变量。”[74] 因此，对于像“商业模式效能”这样的潜变量，对它的测评一定是通过有效的可观测指标来实现的。[74]

对公司绩效的测度，已经有非常成熟的量表。麻省理工学院 Malone 等 2006 年在商业模式分类基础上研究了商业模式和企业绩效的关系，文献中提出的关于企业绩效的观察指标非常具有借鉴意义。[75] 他们从以下 3 个方面来评估一个公司的绩效：（1）市场价值及成长性指标，主要指标分别是 Tobins' Q，Fama 和 French's Factor－risk α；（2）利润指标，主要指标分别是 Return on Invested Capit（ROIC）和 Return on Assets（ROA）；（3）运营效率指标，主要指标分别是 Operating Cash Flow Assets 和 Cash Flow Margin on Sales。

但是，上述业绩指标大部分反映了公司当年绩效的规模，而本书所要评估的因变量是更能体现绩效大小和持续性的商业模式效能这一潜变量，因此本书对以上指标做了下列修正：

（1）采用 2006—2011 年样本企业每股净利润平均值作为 Y1。这样既涵盖了利润性指标，又考虑了盈利在相当一段时间内（6 年）的持续性，能有效反映效能的特征。

（2）取 2006—2011 年样本企业业绩离差和的自然对数作为 Y2。企业营业规模的大小只能反映企业在某个时段内的业绩，但是取 6 年内企业营业规模的离差和可以衡量企业在相当长的一段时期内的业绩平稳性，样本企业的离差和越小，说明企业的绩效越是稳定；对企业年营业规模离差和取对数，是为了避免个别观察指标出现较大极值，造成整个测量模型的协方差矩阵在运算上的失效。

（3）市盈率（Y3）反映了投资者可能收回投资所需时间的市场预期。它反映了投资者对持续获得投资回报的信心，因而被纳入衡量商业模式效能的观察指标体系内。

（4）Tobin's Q（Y4）一直以来被当作衡量公司市场价值的关键性观察指标。Tobin's Q＝(总资产＋股票市值－普通股股本－延期税收)/总资产，股票市值中的溢价部分，真实地反映了市场对公司绩效长久以来的认可以及对公司未来通过持续性增长获得更高市场价值的预估，因而它能有效地反映效能的特征。

此外，运营效率的持续性对于效能来说也是非常重要的观察指标，但是考虑到在对自变量“商业模式容量”（潜变量）的测评中也会有关于企业内部工作流程效率方面的观察度量，且在“战略协同”潜变量的差异化状况观察指标中也将考虑运营效率差异的因素，因此为了避免多重共线性问题，本书没有再将 Malone 提出的运行效率相关指标纳入“商业模式效能”观察变量体系之内。

Y1—Y4 共同作用，可以综合反映企业在相当长的时段内稳定发展、持续盈利的实绩，并通过市场获得了对其未来持续盈利的良好预期。以上所有观察变量的取值将按照样本企业实际数据进行采集。在做出以上观察指标设计说明的基础上，将反映潜变量“商业模式效能”的各观察指标的度量标准进行整理，如表 2 -6 所示。

表 2 -6　　商业模式效能观察量表

潜变量	观察变量标识	观察变量度量标准	观察变量值域
商业模式效能	绩效大小（Y1）	Mean（2006—2011 年每股净利润）	按照实际采集数据计算
	绩效的稳定性（Y2）	Ln（2006—2011 年业绩离差和）	按照实际采集数据计算
	市场预期（Y3）	市盈率	按照实际数据采集
	市场价值（Y4）	Tobin's Q	按照实际数据采集

（二）商业模式效能测量模型的构建

“测量模型由潜变量与观察变量（observed variable，又称测量变量）组成，就数学定义而言，测量模型是一组观察变量的线性函数，观察变量有时候又称为潜变量的外显变量（manifest variables，也称显性变量）或测量指标（measured indicators）或指标变量。所谓观察变量是量表或问卷等测量工具所得的数据，潜变量是观察变量间所形成的特质或抽象概念。”[76]由此本书假设：

η_1为“商业模式效能”潜变量；Y1—Y4 为观察变量（指标）；λ_{y1}—λ_{y4}分别为估计的参数；ε_1—ε_4分别为测量的误差。4 个观察变量与潜变量的测量模型如图 2 -8 所示。

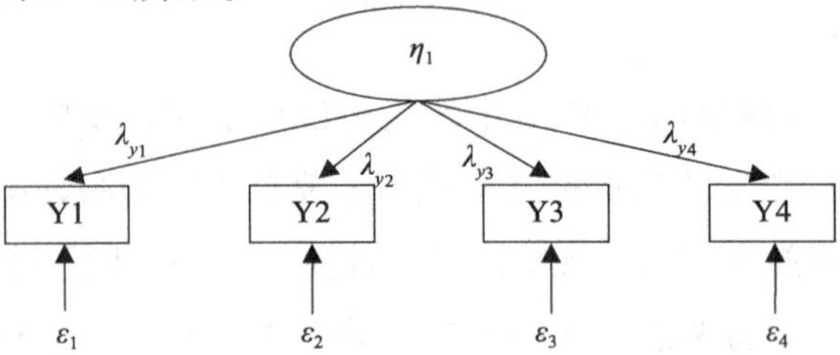

图 2 -8　商业模式效能测量模型

上述测量模型的回归方程式如下：

$Y1 = \lambda_{y1}\eta_1 + \varepsilon_1$

$Y2 = \lambda_{y2}\eta_1 + \varepsilon_2$

$Y3 = \lambda_{y3}\eta_1 + \varepsilon_3$

$Y4 = \lambda_{y4}\eta_1 + \varepsilon_4$

上述的回归方程可以矩阵方程式表示如下：

$Y = \Lambda_y \eta_1 + \varepsilon$

其中，η_1与ε互不相关；Λ_y为指标变量Y的因素负荷量（loading，又称为回归系数或权重）；ε为外显变量的测量误差。

以上测量方程代入第四章第三节第五部分的企业样本相关数据Y1—Y4后，潜变量“商业模式效能”通过了信度检验，参见第四章第三节第五部分说明；经过结构方程模型软件运算和测量模型的修正，可以获得标准化后的λ_{y1}—λ_{y4}和ε_1—ε_4数值，具体输出结果参见图4－8；因素负荷量和测量误差通过了显著性检验参见第四章第三节第五部分说明；此外，表4－13显示结构方程模型通过了整体模型适配度检验也从另一方面证实了效能测量模型的效度。

需要特别说明的是，本小节对商业模式效能的评估设计和构建，是基于对样本企业业绩较长时间段内历史数据采集后的验证性分析，属于事后评估。但是，大量商业实践热切呼吁研究者能通过对商业模式某个测评变量的测评，来预知企业绩效的大小和持续性，而这正是本书评估商业模式效能的主要目的。因此，本节对商业模式效能测量模型的构建将用于第四章第三节第五部分实证检验容量测评的效果。

四、战略协同潜变量的度量和测量模型的构建

根据本章第三节第三部分将战略纳入效能评估的建议，结合图2－7的分析，本书将战略协同纳入商业模式效能的测评体系。对潜变量战略协同的观察变量的选取，本书主要参照了Zott和Amit（2008）在*Strategic Management Journal*上所发表的文章[52]中提出的方法，他们提出了13个战略

题项并经过有效性检验，留取了其中的 9 个题项（见表 2－7）。

表 2－7　Zott 和 Amit（2008）提出的公司战略协同量表

有效的观察变量	A 成本领先战略	B 差异化战略	C 其他战略
1	提供比竞争对手更低价格的产品和服务	使用与产品和服务相关的专利	市场进入时机
2	最小化与产品相关的费用	使用品牌战略和广告策略	市场进入的方式，如通过战略伙伴或合资等
3	强调产品和服务的规模经济和范围经济	—	产品范围宽度
4	—	—	市场范围广度

波特 1980 年在《竞争战略》一书中首次提出将成本领先、差异化和聚焦战略作为企业的基本竞争战略，随后他又在 1985 年的《竞争优势》一书中进一步论述了战略协同作为构建企业核心竞争力的重要环节，在战略影响绩效过程中起到了主要的中介作用，而由进入壁垒导致的公司行业选择以及公司进入市场的时机，也作为战略协同效应的主要组成部分，受到了高度的关注。因此，以下对战略协同对应的观察变量的度量标准做出说明：

在评判观察变量成本状况（S1）时，参照表 2－7 中 A2“最小化与产品相关的费用”题项，本书采用了营业成本率作为题项，当企业营业成本率越高的时候，得分越低。

在评判观察变量差异化状况（S2）时，参照表 2－7 中 B1“使用与产品和服务相关的专利”题项，本书采用了研发销售收入占比作为题项，企业研发销售收入占比越高，说明企业在有意识地塑造自身与同行业竞争者的差异性。但是，研究发现第四章第三节第五部分所述企业样本中有 213 家上市企业没有披露研发投入情况，占全体样本公司数量的 72.7%，因此在尊重研发销售收入占比指标的前提下，本书又引入销售回报率（ROS）作为 S2 的补充判别标准。例如，对于两家都没有披露研发投入信息的公司，如果其中一家销售回报率为正，说明其本身在经营的其他方面相对于销售回报率为负的公司更具有差异性，无论是成本差异，还是产品差异、服务差异和技术差异等，总之，两家企业在销售业绩上的不同表现反映了市场对两者差异的认知。

在评判观察变量行业选择（S3）时，参照表2－7中C3和C4“产品范围宽度”和“市场范围广度”两个题项，本书根据股票交易所发布的上市公司行业门类代码进行分类，为了实现李克特5级度量法，按照产业发展阶段分别将农业、加工制造业和服务业评判为1分、2分、3分，然后将行业进入壁垒相对较高的采掘业和能源电力业评判为4分，最后将综合类产业评判为5分。

在评判观察变量进入市场时间选择（S4）时，参照表2－7中C1“市场进入时机”题项，本书采用了企业成立年限作为题项，企业成立年限越晚，则得分越低。

当然，由于中外上市公司信息披露的程度不同，因此本书无法将Zott和Amit（2008）所提的量表中的所有题项拿来设计观察变量。例如，由于中国上市公司并不披露自身相对于竞争对手的价格水平和本企业的广告支出科目，因此表2－7中A1“提供比竞争对手更低价格的产品和服务”和B2“使用品牌战略和广告策略”题项，尽管能更好地反映成本状况和差异化状况，但本书无法将其纳入设计范畴。尽管如此，但本书现有观察变量的设计最终仍通过了量表的效度检验。以上所有题项的打分完全采用李克特的5级（1—5分）度量方法。在做出以上变量说明的基础上，现将反映潜变量战略协同的各观察变量的度量标准列表，如表2－8所示。

表2－8　公司战略协同量表

潜变量	观察变量标识	观察变量度量标准	观察变量赋值
战略协同	成本状况（S1）	营业成本/销售收入	
		>0.99（高）	高－1
		0.97 < S1 ≤ 0.99（较高）	较高－2
		0.94 < S1 ≤ 0.97（中）	中－3
		0.90 < S1 ≤ 0.94（较低）	较低－4
		<0.90（低）	低－5

续表

潜变量	观察变量标识	观察变量度量标准	观察变量赋值
战略协同	差异化状况（S2）	研发投入/销售收入	
		<0（低）	低-1
		没有披露研发信息，但销售回报率 ROS 为负（较低）	较低-2
		没有披露研发信息，ROS 为正（中）	中-3
		>0，但 ROS 为负（较高）	较高-4
		>0，但 ROS 为正（特高）	高-5
	行业选择（S3）	行业门类代码	
		A 类（低）	低-1
		C 类（较低）	较低-2
		E、F、G、H、J、K、L 类（中）	中-3
		B、D 类（较高）	较高-4
		M 类（高）	高-5
	进入市场时间选择（S4）	企业成立年限（样本均值为 16.02）	
		<13 年（晚）	晚-1
		13 年（较晚）	较晚-2
		14≤S3<17（中）	中-3
		17≤S3≤19（较早）	较早-4
		>19 年（早）	早-5

假设：η_2为“战略协同”潜变量；S1—S4 为观察变量；λ_{s1}—λ_{s4}分别为估计的参数；ε_5—ε_8分别为测量的误差。4 个观察变量与潜变量的测量模型如图 2-9 所示。

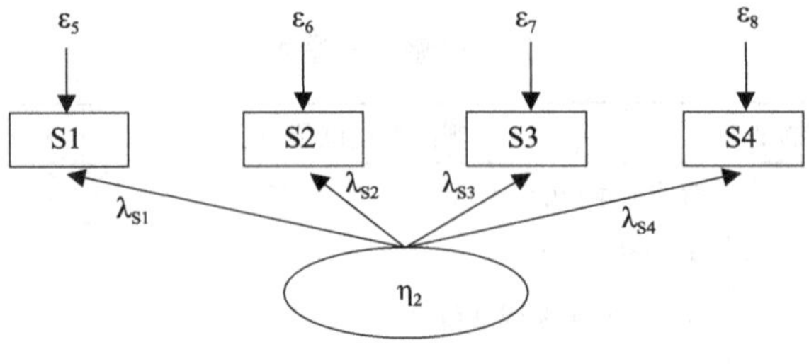

图 2-9　战略协同测量模型

上述测量模型的回归方程式如下：

$S1 = \lambda_{s1}\eta_2 + \varepsilon_5$

$S2 = \lambda_{s2}\eta_2 + \varepsilon_6$

$S3 = \lambda_{s3}\eta_2 + \varepsilon_7$

$S4 = \lambda_{s4}\eta_2 + \varepsilon_8$

上述的回归方程可以矩阵方程式表示如下：

$S = \Lambda_S \eta_2 + \varepsilon$

其中，η_2与 ε 互不相关；Λs 为指标变量 S 的因素负荷量（loading，又称为回归系数或权重）；ε 为外显变量的测量误差。

以上测量方程代入第四章第三节第五部分的企业样本相关数据 $S1$—$S4$ 后，潜变量“战略协同”通过了信度检验，参见第四章第三节第五部分说明；经过结构方程模型软件运算和测量模型的修正，可以获得标准化后的 λ_{s1}—λ_{s4}和 ε_5—ε_8数值，具体输出结果参见图 4 - 8；因素负荷量和测量误差通过显著性检验参见第四章第三节第五部分说明；此外，表 4 - 13 显示结构方程模型通过整体模型适配度检验也从另一方面证实了战略协同测量模型的效度。

本章小结

科技发展、市场与企业交易的相互演变促成了 20 世纪末对商业模式研究的热潮。对商业模式的初期研究，最为关注的两个问题：什么是商业模式，以及它由哪些部分组成？本章将商业模式定义为一种跨边界交易活动的框架设计和行为选择，并介绍了与商业模式相关的理论基础；通过对商业模式的研究回顾，指出当前大部分研究成果指向了商业模式的结构组成及其功能，提出了商业模式结构板块和效能的概念；通过对商业模式评价研究的文献分析，在总结了一个好的商业模式应该具有 8 个显著特性的基础上，构建了商业模式效能和战略协同两个潜变量概念。

商业模式具有创造客户价值和企业价值两大功能，而商业模式和战略具有不同的功能定位；商业模式创造企业绩效的大小和持续性，本书将它们定义为商业模式的效能；当前商业模式的研究聚焦在客户价值主张、企业内部工作流程、盈利模式设计及定价方式、企业跨边界的网络合作这4个结构板块。而商业模式不仅对企业绩效产生直接影响，也通过提高战略的协同性对企业绩效产生间接影响，因而具有直接和间接两条功能实施的路径。随后，本章剖析了17个经典商业模式的主要效能特征。

在完成以上理论分析之后，对商业模式效能的观测指标进行了说明，并设计了商业模式效能评估量表，构建了商业模式效能的测量模型；考虑到商业模式通过战略因素间接影响企业绩效的第2条作用路径，因此需将战略因素也纳入测评体系，所以又对战略协同的观测指标进行了说明，并设计了其测评量表，构建了战略协同的测量模型。

第三章

平台型企业

随着数字经济和新商业模式的涌现，各类平台空前发展。社会生活中频繁出现各类以平台命名的组织形式或新兴业态，例如政府平台、产学研平台、购物平台、新媒体平台、游戏平台等，引起了工业经济、战略管理、社会管理、信息系统、产品管理和创新管理等多学科领域学者的高度关注。毫无疑问，其中以盈利为目的的商业平台发展最快，而打造商业平台的平台型企业，例如 Amazon、Google、Facebook、淘宝网、腾讯、滴滴出行日益对经济和社会产生着重大的影响。

2019 年 8 月 1 日发布的《国务院办公厅关于促进平台经济规范健康发展的指导意见》中指出，“互联网平台经济是生产力新的组织方式，是经济发展新动能，对优化资源配置、促进跨界融通发展和大众创业万众创新、推动产业升级、拓展消费市场尤其是增加就业，都有重要作用”。2020 年 11 月 3 日发布的《中共中央关于制定国民经济和社会发展第十四个五年规划和 2035 年远景目标的建议》第 12 条“发展战略性新兴产业”中特别提及要“促进平台经济、共享经济健康发展”。

一个新的商业概念的发展，总是伴随着理论研究和管理实践的相互促进。例如，Osterwalder 等发现“商业模式”一词在学术和商业期刊中出现次数的分布情况与纳斯达克股票市场中高科技股票迅速高涨的趋势几近一致[8]，进而推测出商业模式的理论研究与商业实践存在着一定的关联。同样地，对平台型企业的理论研究也应该与其商业实践相一致，但是我们研究发现：对平台型企业内涵的理论研究，大多散落分布在国外文献中，且明显落后于平台型企业的商业实践；进入 21 世纪后，中国平台型企业的商业实践迅猛发展，而相应对平台型企业的理论研究又大多集中在平台的运营效率上，缺乏对平台型企业本质属性的原创性理论研究。因此可以说，对国外平台型企业内涵研究文献进行梳理，进一步探究和明确平台型企业的概念、主要特征和构成体系以及演化过程，成为促进平台经济理论发展和实践创新必须跨越的关键一步。

第一节　平台型企业的概念和分类

《牛津字典》中最早将“platform”用来描述“人或物可以站立的高于水平的表面，通常是用于特定活动或操作的离散结构”。但是，对于平台型企业的概念，可以说迄今为止还没有一个统一和明确的定义。通过在 Web of Science 数据库中对“OPERATIONS RESEARCH MANAGEMENT SCIENCE”“BUSINESS”“ECONOMICS”和“MANAGEMENT”4 大类别（category）进行搜索，筛选出了 2008—2020 年 13 年以“platform”为主题的各类研究文献 5 920 篇，发现其中累积 33.7% 的文献高度集聚在产品平台、中介平台、生态系统平台 3 个视角，结果如图 3－1 所示。

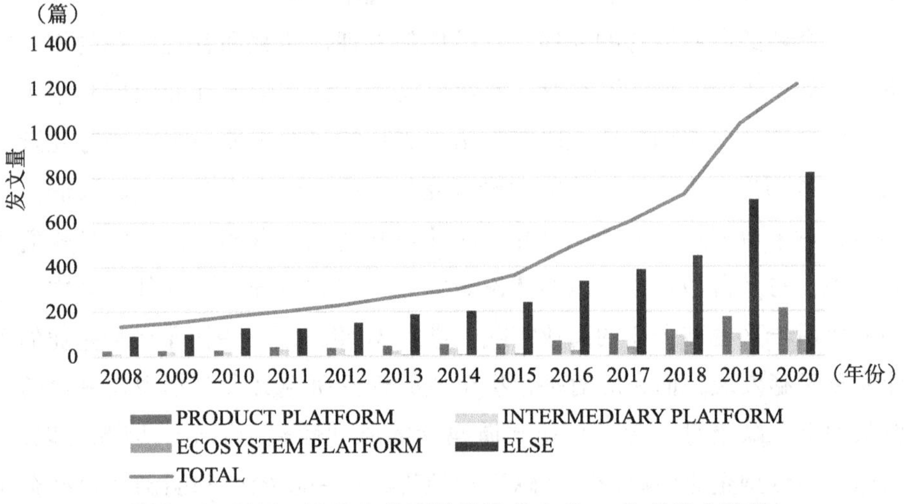

图 3－1　2008—2020 年发表的关于“platform”的论文数量

一、产品平台视角

从产品平台视角来看，平台型企业是指通过支持产品族(product family)开发或提供系列服务，来提高平台运营效率的企业，例如产品平台型企业、供应链平台型企业等。在激烈的市场竞争中，产品同质化现象明显，大规模定制推动了产品族概念的逐渐兴起。产品族设计被认为是制造企业为满足不同顾客的需求，加快产品开发速度，降低成本，实现大规模定制的有效途径，已被广泛应用于汽车制造业[77]、家用电器制造业[78]和信息技术业[79]。产品平台被看作是稳定产品族的公共资源，McGrath 等从技术角度将产品平台定义为服务于产品族战略的共同技术元素的集合[80]；Baldwin 等指出产品开发者将平台指代为特定公司创造新一代或新产品系列的项目[81]。与产品族功能相呼应，Park 等认为产品平台型企业可以在不牺牲企业规模经济的前提下，同时满足不同顾客的需求。[82]此外，Wortmann 等结合生命周期理论，提出了以生命周期为核心的分代产品平台（generational product platform），包含产品设计生命周期、产品平台生命周期和产品变革生命周期[83]，还有些学者将目光集中在模块化产品平台（modular product platform）上，在模块化产品平台型企业中，产品族的发展通过互换模块来实现。随着信息技术的高速发展，针对外部环境的高度不确定性，Han 等提出了不确定性产品平台（uncertainty - oriented product platform，UOPP）的概念，发展不确定性平台是企业应对不确定的客户需求、技术变革和市场变化，提高平台企业适应性的有效途径。[84]

产品平台的概念提出了 20 多年来，许多学者对产品平台和产品族相关内容进行了深入研究。表 3 - 1 整理回顾了与产品平台或产品族相关的文献综述，这些综述研究总结了产品平台的概念、开发过程和开发方法，为实现从大规模生产转型为大规模定制提供了有效的解决方案。因此，产品平台型企业是支持产品族开发的稳定中心，企业可以利用产品平台来提高其运营的灵活性和效率，应对不断变化的商业需求，产品平台使得企业能够同时追求规模经济和范围经济。商业实践中，大量制造企业开发自营产品并与外部交易的平台就属于产品平台型企业，如国外的苹果公司、FedEx，国内的海尔、联想等企业。

表 3－1　　　　　　　　产品平台文献综述回顾

年份	作者	篇名	评述
2004	Simpson[85]	*Product Platform Design and Customization: Status and Promise*	总结了产品族设计和大规模定制产品开发的研究现状
2005	Jose 和 Tollenaere[86]	*Modular and Platform Methods for Product Family Design: Literature Analysis*	针对模块化和标准化在产品族开发中的重要性进行研究
2007	Jiao、Simpson 和 Siddique[87]	*Product Family Design and Platform – based Product Development: A State – of – the – art Review*	引入了一个决策框架来揭示产品族设计和基于平台的产品开发的整体视图
2011	Pirmoradi 和 Wang[88]	*Recent Advancements in Product Family Design and Platform – based Product Development: A Literature Review*	对产品族设计和平台开发问题的最新进展进行分类
2015	Zhang[89]	*A Literature Review on Multi – type Platforming and Framework for Future Research*	提出了基于平台的产品族开发需求并分析了相应解决方案的研究现状
2016	Facin 等[90]	*The Evolution of the Platform Concept: A Systematic Review*	提高了对产品平台概念的理解并阐明了其演化轨迹
2016	Otto 等[91]	*Global Views on Modular Design Research: Linking Alternative Methods to Support Modular Product Family Concept Development*	为开发产品平台创建了一套包含 13 个步骤的平台设计方法
2020	Han 等[84]	*A Systematic Literature Review of Product Platform Design Under Uncertainty*	总结了面向不确定性的产品平台型企业的概念、开发过程和开发方法

注：根据 Han 等[84]整理。

二、中介平台视角

中介平台大多存在于双边或多边市场中，许多研究人员将此类平台型企业视为两个或多个细分市场之间的中介[92－94]。Rochet 等以金融机构无附加费和交换费的信用卡为例，提出了一个描述双边市场特征的经济模型。[95]随后，Rochet 等又从价格结构的视角将双边市场定义为当平台型企业制定的价格总水平不变，而价格结构发生变化，造成平台双边用户的需求和参与程度发生变化，进而影响交易总量的市场[96]；Armstrong 从交叉网络外部性（Network Externalities）的角度认为在双边市场中一边用户所获得的效益或价值随着另一边用户数量的增加而上升[97]。此外，Caillaud 等对中介平台型企业之间的不完全竞争模型进行研究，详细分析了平台型企业遵循的定价和商业策略，为多边市场平台的研究奠定了基础。[98] Rochet等认为在多边市场中，需求方市场上存在两组用户互补，并产生外部性，而网络外部性由平台内化，总成本在非中立用户之间分配。[96]

因此，针对处在双边或多边市场中的平台，Roson 将平台型企业定义为一种经济环境[99]，在这种环境下，商品或服务被销售给两个不同的客户群，而这两个客户群中的代理商数量的增加将使得平台提供者受益。Rochet等认为平台型企业在双边或多边市场中充当市场中介，充分利用市场的力量，为连接供需双方提供必要的设施。[96] Eisenmann 等认为在双边市场中的平台型企业是指为处于双边市场中的顾客提供将他们联系在一起的产品或服务，提供基础设施和交易规则的企业。[100]平台型企业便于采用多种形式处理其他客户群之间的事务，它们对任意一个群体创造的价值很大程度上取决于网络另一边顾客的数量。此外，有学者将平台型企业看作是两个或多个市场主体中的生产者以及用户群体之间相互联系的促进者。Rochet 等认为当平台型企业可以通过倾斜式的定价方式，即向一方收取更多的费用来补贴另一方时，这样的平台型企业可以被认为是双边市场中的平台型企业[96]；Katz 等[101]和 Laffont 等[102]认为倾斜式定价方式下的价格更不易受到市场波动的影响。而多边市场中的平台型企业通常借助平台型企业的所有者对群体之间的交叉补贴来解决由不同顾客群体之间网络效应造成的“鸡和蛋的问题”。双边或多边市场的研究将平台型企业与传统企业区分开来，Evan 指出多边市场中的平台型企业将在某些方面彼此需要的不同顾客群体联系在一起，不同的顾客群通过相互依赖的需求和一个平台联系在一起，平台型企业作为中介将由此产生间接网络效应内部化。[103] Hagiu 等认为多边市场平台型企业对在其平台上交易的商品和服务不具有所有权，相反，它们通过促进供应商和需求方之间的交易，缓解了买方和卖方之间的交易瓶颈，提高了市场效率。[104]

市场中介平台视角立足产业分析，该视角下的平台型企业可以分为双边市场中的平台型企业和多边市场中的平台型企业。网络平台具有外部性，平台型企业充当着多个市场之间的交换平台，通过平台型企业提供的基础构架，连接两个或多个市场，使得平台型企业的所有者能够从平台创造的附加价值中获利。商业实践中，大量 B2C 商业购物平台就属于此类平台型企业，例如国外的 Amazon，国内的京东网、苏宁易购、滴滴出行等。

三、平台生态系统视角

站在平台生态系统的视角，商业生态成为生态系统平台型企业的构建载体。Moore 将商业生态系统定义为一种由客户、供应商、生产商、投资商、贸易合作伙伴、标准制定机构、工会、政府、社会公共服务机构及其他利益相关者等具有一定利益关联的组织或群体构成的动态结构系统，这些利益相关者通过利益共享、自组织甚至偶然的方式聚集在一起。[105]商业生态系统与平台相结合形成了平台型商业生态系统。平台型企业是基于技术业务系统的商业生态系统中的中心控制点，像我们所熟悉的谷歌、阿里巴巴、腾讯都属于生态系统平台型企业。

生态系统平台型企业通常比产品平台型企业和中介平台型企业更为复杂，它综合了产品平台型企业和市场中介平台型企业的特点。一方面，生态系统平台型企业被认为是一组构件（components）构成的企业，是一个不断发展的技术系统中的子系统[106]。它参考了内部产品平台和供应链产品平台的结构，结合模块化、标准化和产品差异化的产品平台型企业的逻辑，通过放弃对整个产品体系的控制来促进互补产品的整合。另一方面，Economides 等认为生态系统平台型企业有助于协调供需双方的关系，充当价值交换的枢纽。[107]它结合中介平台型企业协调供需双方需求以及直接/间接网络外部性的内容，平台所有者通过放弃对产品系统模块的所有权来实现对整个生态系统的控制或影响力。生态系统平台型企业对互补资源和平台组件的控制权具有多样性，生态系统参与者可以利用从平台型企业获取的资源提高自身绩效。[108,109]为顺应大数据时代的到来，在生态系统平台型企业的发展过程中，Reuver 等[110]和 Spagnoletti 等[111]提出了数字生态系统平台型企业的概念，所谓数字生态系统平台型企业是指被多个数字平台围绕的企业或个人集体，其对于平台的繁荣有着共同的愿景。

从系统分析层次来看，生态系统平台型企业是指支持商业生态系统中互补资源的一组系统结构。Tushman 等认为生态系统平台型企业是由一组低多样性的核心组件和一组具有高度多样性的外围组件构成的。[112]低多样性的核心组件为平台型企业构建起了基本框架，它们建立系统接口，控制着不同部分之间的交互原则[81]，是系统中长期存在的元素。McIntyre 等认为拥有生态系统的企业更有可能主导整个行业，并获取大部分的价值，甚至在行业中处于垄断地位。[94]以阿里巴巴为例，它作为生态系统平台型企业形成了一个包含电商、支付、金融、通信、大数据、云计算、文娱、医疗、体育、物流、人工智能等多方面的商业生态系统，协调整个商业系统内互补的资源，同时获得了系统内大部分的利益。

上述 3 个不同的视角代表了平台型企业由内部平台型企业（产品平台型企业）逐步发展成为更为复杂的外部平台型企业（中介平台型企业和生态系统平台型企业）的过程，平台型企业内部通过提高速度和灵活性实现规模经济，外部通过强调网络效应获得市场的支配地位，甚至逐步垄断整个市场。综合上述 3 个视角，我们认为平台型企业是指在一个动态的商业生态系统中，通过对核心组件的构建，以期同步实现规模经济和范围经济，并通过降低各种互补组件的成本，最小化企业经营成本的企业。以上 3 个视角对平台型企业的概念、分类和分析层次的梳理可以归纳总结为图 3－2。

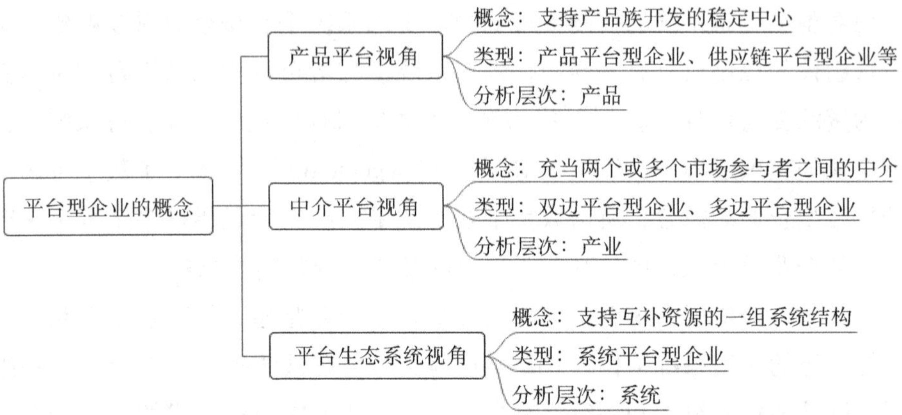

图 3－2　平台型企业概念梳理

第二节　平台型企业的主要特征

对于一个事物内涵的界定，人们往往通过其概念、主要特征、构成体系来表征。平台型企业所具有的特征是我们区分传统企业与平台型企业的重要依据。我们沿用上述产品平台、中介平台和平台生态系统 3 个视角来讨论平台型企业所具有的特征。

一、从产品平台视角来看，产品平台型企业的主要特征是产品族和模块化

一般来说，产品族是以产品平台为基础、共享通用技术、满足不同顾客需求的一组产品，产品族是一个产品平台衍生出的一个或多个产品，产品族的出现使得大规模定制服务得以实现。通过在一个产品平台上共享资源和生产流程，企业可以高效开发差异性产品，提高生产流程的灵活性和响应能力。[113]产品族的应用主要出现在产品制造领域，例如汽车制造业（奔驰、宝马等）、高新技术制造业（苹果、微软等）等。Simpson 认为，开发产品族是产品平台型企业的一个重要目的，通过在一个或多个维度上

扩展平台型企业以应对特定商业机会的方式来促进产品族设计。[85] Jiao 等对产品族设计的研究现状进行了综合评述，引入了一个解释产品族设计和基于平台型企业的产品开发之间关系的决策框架，其中包含了产品族设计的前端和后端问题。[87] Gawer 在研究产品平台型企业形成、发展的条件时，讨论了为支持产品族开发的“内部平台型企业”和“供应链型平台企业”的概念，进一步丰富了产品族的研究。[114]

同时，模块化作为产品平台型企业的另一个特征的研究也十分丰富，McGrath 等从模块化的角度将产品平台定义为底层的核心技术[80]。从模块化构架的角度来看，利用平台型企业有效开发下一代产品族的原则包含对细分市场的新见解、了解用户的感知和潜在需求，子系统和接口的设计和实现，并提出了一种以产品平台为中心的组织设计方法。[115] 模块化在产品开发过程中持续改进、在重新设计产品战略的基础上寻找新的竞争力的过程中扮演着重要的角色。[116] 此外，许多学者专注于研究模块化的其他特性，如通用结构特性[117]、中央产品设计特性[118] 以及构建组件之间的接口特性[119]。

二、从中介平台视角来看，市场中介平台型企业的主要特征是网络外部性、双边或多边市场、倾斜式定价方式

“网络外部性”（Network Externalities）的概念最早由 Katz 提出，网络外部性是指消费者获得的效用取决于所处网络的用户数量，对使用者而言，平台用户越多，网络外部性带来的行动的净增价值越高[120-123]，也就是说，产品的价值很大程度上取决于使用此产品的人数。网络外部性可以划分为直接网络外部性和间接网络外部性：直接网络外部性是指消费者对某一产品或服务的使用效用受到该产品或服务使用人数的影响，使用者之间的相互依赖性非常强，每个使用者都能增加其他使用者的效用。直接网络外部性在通信产业中体现得非常明显，例如在通信产品的网络中（包括互联网、手机、电子邮件、微信等），人们倾向于选择用户数量较多的服务，因为这样可以联系到更多的人，而且随着用户数量的增加，整个网络

市场的价值是增加的。而间接网络外部性是指消费者对该产品或服务的使用价值受到该产品或服务的互补品的种类和数量的影响，随着产品使用者数量的增加，市场上出现更多的互补产品可以选择，而且价格更低，从而使得消费者更乐意购买这样的产品，间接提高了该商品的价值。[121-124]例如，随着苹果公司开发的IOS操作系统的用户数量的增加，市场上该产品的互补品数量也会大幅度增加，使用苹果公司终端设备的用户也越来越多，为IOS系统所开发的应用程序的数量也快速增加，间接提高了IOS操作系统的价值。与传统市场相比，交叉网络外部性是区别平台型企业和传统企业的关键，所谓交叉网络外部性是指双边市场中一边用户的数量会导致另一边用户效用的提高[98]，例如苏宁集团连锁店平台电器供应商越多，就会吸引到越多的电器购买者，同样地，越多的电器购买者也会吸引越多的电器供应商加盟苏宁集团连锁平台的供应体系。一旦平台型企业所拥有的群体数量超过一定的限制，受到网络效应的影响很容易导致“赢家通吃”的现象，逐步实现对行业的垄断。[125]

双边市场是产业组织理论的研究重点之一，也是中介平台型企业的一个重要特征。Rochet等通过价格结构来定义双边市场，如果交易量之和与价格水平相关，那么这样的市场就是单边市场；如果交易量与价格水平和价格结构均有关系，那么这样的市场就是双边市场。[126]随后，Evans还提出了辨别双边市场的3个特征：一是平台存在有双边需求差异的用户；二是用户从平台获取的价值会受到另一边用户效用水平的正向影响；三是通过平台可以将市场两边用户的外部影响内部化。[103]Rochet等认为当中介机构可以通过向市场的一方收取更多的费用并通过降低另一方支付的价格来影响交易量时，市场被认为是双边或多边的。[96]以银行卡市场为例，持卡者的人数很大程度上影响着商家的数量，使用银行卡的人数越多，愿意接受银行卡支付的商家的数量越多，反之亦然。而多边市场是一个第三方平台，是一个允许多方用户共同参与的市场。[99]多边市场必须要通过某个平台才能正常运行，平台型企业通过提供一定的产品或服务来促进各方完成交易，平台型企业的所有者从中获取利润。[127]Cennamo则指出多边市场是一个在多个平台型企业运行的补充系统，多边市场对供应商起到补充作用，但随着相同的补充产品在不同平台的可用性的提高，可以减少竞争平台之间的差异。[128]

平台型企业所具有的网络效应和双边市场的特征使得平台型企业的定价策略同传统企业相比有很大的不同，也就是说平台型企业采用倾斜式的定价策略，双边市场中某一顾客群体的最优定价不遵守单边市场中的边际成本原则。平台型企业有时可能对一方收取很少或根本不收取费用；平台型企业有时也可能会投资于市场的某一方，以降低该方消费者的参与成本。[103]正确的价格平衡结构有利于所有的顾客群体都参与到市场中来，提高市场活力，一个利润最大化的网络市场，其最优的价格结构往往取决于多种因素，即需求弹性、对网络效应的敏感性等。Van Alstyne 等指出当平台型企业对双边用户制定的价格总水平保持不变时，在价格分配上的任何改变都将影响到双方对平台的需求和参与平台的程度，并将进一步影响到平台型企业实现的交易总量。[129]平台型企业可以通过低价或免费的服务扶持一边群体成长，进而达到吸引另一边群体加入并为之付费的目的。其中，前者因受到补贴，被称作“被补贴方”，而后者因付出了费用，被称作“付费方”。平台所有者将补贴方的价格定在低于其将补贴方视为独立市场时的收费水平，相反，资金方支付的费用比将其视为独立市场的情况下要高。[100]对拥有双方定价权的平台提供商来说，面临的挑战是如何制定最优的价格结构，即确定对补贴方要补贴多少来鼓励群体的扩张，以及另一方要支付多少溢价来获取平台的访问权。这种补贴的设计在平台型企业初创时期显得尤为重要，例如拼多多网站。Cachon 等认为所有的利益相关者都可以从一个具有自我调度能力的平台型企业上使用激增定价（surge pricing）来获利，自我调度能力是指平台型企业的提供商可以自己决定工作的频率[130]，例如 Uber、Lyft、滴滴出行等平台司机可以自我选择平台交易的机会。将两个竞争平台型企业的定价和产品捆绑策略结合在一起考虑时，结果表明：混合产品捆绑战略可以作为一种战略竞争工具，使平台型企业抢占更多的市场份额，平台型企业所有者通过向访问平台的客户群体（非捆绑）收费来补贴购买捆绑包的客户群体。[131]

三、平台生态系统视角综合了产品平台和市场中介平台视角的特点

例如，Katz 等关于网络效应对兼容性、技术、产品开发和系统竞争的影响[132,133]，Farrell 等关于兼容性对标准化和安装基数的影响和系统接口的研究[134]。因此，我们可以认为生态系统平台型企业具有上述产品平台型企业和中介平台型企业的所有特征，即产品族、模块化、网络效应、双边或多边市场和倾斜式定价等。

第三节　平台型企业的结构

参考 Gawer 等对平台划分的类别，即企业内部使用的内部平台型、企业扩展供应链中使用的供应链平台以及满足多个行业、多个不同且独立的参与者的行业平台[135]，我们以 3 种类型来分析平台型企业的构成，即封闭的平台构架、“多对一”构架和“多对多”构架 3 个角度。我们发现，这些结构体系可以分别用来对应传统企业、产品平台型企业、中介平台型企业以及生态系统平台型企业。

一、封闭的平台构架

封闭的平台构架通常是一个封闭的、没有第三方参与的结构，这样的企业构架在传统企业中十分常见。如果企业对产品开发、商业化和使用过程加以限制，平台构架就变得相对封闭。Gawer 将在构架上属于封闭状态的平台定义为内部平台[114]，Wheelwright 等将企业内部资源，例如内部组件、内部流程、知识、人员等资源视为典型的内部平台[136]。

二、“多对一”构架

“多对一”的构成体系是指平台型企业的供应方已经向第三方参与者开放，呈现出一种半开放的状态，“多对一”的构成体系常出现在产品平台型企业中。Meyer 等认为产品平台是一组子系统和接口，它们共同形成了一个服务于产品族设计的通用结构[78]，当平台型企业放松对供应方的限制时，平台型企业的构成体系是半开放的[137]。“多对一”的半开放式结构更多的体现在供应链平台型企业之中，系统组件的设计和制造是由供应链上不同的供应商完成的[114]，采取全球供应战略的汽车制造商就是“多对一”构成体系的典型。

三、“多对多”构架

“多对多”的结构设计通常出现在平台型企业的供需双方都向第三方参与者开放的情况下，是一种全开放式的结构体系，这种全开放式的构成体系通常出现在中介平台型企业和生态系统平台型企业中。完全开放式的体系构成是指平台型企业对任何群体参与开发、商业化和使用的过程都没有任何的限制[137]，第三方提供的供需双方高变化性的组件是多边平台型企业的组成部分[97]。Baldwin 等认为中介平台型企业是由稳定的基础构架和高度变化的外部构架共同构成的，这些外部构架使得平台型企业处于完全开放的状态下，固定组件之间的接口会在系统元素之间的网络关系中创建交叉点，在这些交叉点上，各个组件之间的依赖关系被接口规范所约束。[81]因此，选择不同级别的开放程度对平台型企业的成功至关重要，在选择时需要平衡参与方的开放程度和价值分配之间的权重。[138,139]

平台型企业的结构由稳定的核心组件和变化的外围组件构成，我们从封闭、半开放和全开放 3 个角度对平台型企业的构架设计进行整理，结果如表 3 - 2 所示：内部平台通常指位于企业内部的框架结构，对应着传统企业；“多对一”的结构是指一个将价值链分解的半开放式结构，通常出现于产品平台型企业中；“多对多”的构成体系是一个完全开放的构成体系，产业的价值链被完全分解，平台型企业对供需双方完全开放，不设任何限制条件，这种结构通常出现在中介平台型企业和生态系统平台型企业中。

表 3－2　　平台的构成体系

平台的构架	对应的定义视角	代表人物	举例
封闭结构	传统企业	Eisenmann、Gawer、Wheelwright 等	内部平台（企业内部组件、流程、知识、人员等内部资源平台）
“多对一”的半开放式结构	产品平台型企业	Meyer、Eisenmann、Gawer 等	供应链平台型企业，如汽车制造商等
“多对多”的全开放式结构	中介平台型企业、生态系统平台型企业	Eisenmann、Baldwin Armstrong、Boudreau 等	形成商业生态的平台型企业（例如苹果公司、阿里巴巴等）

第四节　平台型企业的演化

随着信息技术的高速发展，平台型企业越来越受到研究者的关注。尤其是在新冠肺炎疫情对全球经济产生巨大冲击下，平台型企业展现出了强大的抗风险能力，平台型企业对外部环境中出现的意外变化的快速适应，从侧面也反映了平台型企业的可进化性。

一、构件

生物学家们发现进化通过变异和选择性保留有利形式的机制进行[140]，在平台型企业构架中低变化性的核心构件（components）属于被选择性保留的有利部分，平台型企业通过重复利用核心构件，可以有效降低创新的成本，在开发新的产品族或业务流程时，可以避免从头开始构建整个平台系统；而高变化性的外围构件则不断地变异以适应外部环境。因此，平台型企业作为一个整体具有可进化性，面对外部环境的变化时，企业可以以较低成本进行调整，保证平台型企业经营的可持续性。在确定什么样的构架设计有利于企业维护可持续性方面，关键在于明确哪些构件应该保持稳定，哪些构件应该保持高度的变化性，此外，还必须创建能够保持稳定的通用接口，这些接口在平台型企业的构成体系中起到了隐形连接的作用。

二、外部联系

传统的组织设计变量，如控制、等级、正式角色和金钱激励等，对平台型企业的吸引力较小，平台型企业更关注对各群体的开放程度、开放时间以及定价方式等因素。Baldwin 等[81]和 Eisenmann 等[137]对平台型企业的开放程度以及开放时间进行研究，他们提出了一个创新顺序模型来解决开放程度和开放时间的问题。平台型企业可以从一个封闭的系统逐渐发展成为一个更开放的企业，随着内部产品平台型企业的构件外包给外部供应商，内部平台型企业演化成为供应链平台型企业。[114]当外包的子系统呈现出自己的生命周期，供应商之间形成横向联系时，供应链平台型企业发展成为一个生态系统平台型企业。平台型企业不是沿着单一的开放维度发展，而是可以沿着杠杆维度发展，所谓的杠杆维度包含生产杠杆、交易杠杆和创新杠杆。[141]生态系统平台型企业可以允许多种类型的个人和公司加入，可访问性和访问标准是重要的设计决策。[142]在封闭的构架中，授予新成员访问权限并不是自动的，需要对访问请求进行评估，并需要一定数量的批准。[143]相对于封闭或半开放的平台型企业，生态系统平台型企业的边界并不是很严格，平台型企业可以利用自我选择、自我认证机制或是通过创建和发布新构件引入新成员。而模块化程度、接口的开放性和丰富性是平台型企业发展的重要影响因素，模块化等建筑属性和系统设计参数（区分不同层）对是否开放的决策有积极影响。[144]此外，系统中互补者对创新的利用对平台型企业从封闭状态逐渐发展成为生态系统平台型企业至关重要，Benlian 等认为如果没有适当的货币和非货币的激励，平台型企业的领导者很难吸引互补者，这对于平台型企业的开放战略是不利的。[145]

三、开放创新

生态系统平台型企业已成为创新和构建共同创造的首选方法[143,146]。站在中介平台型企业的视角来看，Hagiu 等提出的两阶段定价模型[104]、Eisenmann 等提出的初始网络构建优先级列表[137]，都对如何通过交易逻辑推动平台演化发展做出了回答；站在生态系统视角，Thomas 等认为生态系统平台型企业代表了生产、创新和交易 3 种逻辑杠杆的组合[141]，要成为生态系统平台型企业需要在开放的环境中整合模块化、平台网络成员、稳定性和创新性，并对占据重要作用的创新因素进行协调[144]。同时，生态系统平台型企业更为综合，Gawer 等提出需要将“核心化”作为创建生态系统平台型企业的一种方式。[135]考虑到平台型企业参与者的规模、行业背景、技术能力各不相同，为了能够在市场中有效竞争，它们需要共享整个生态系统的制度逻辑及共同的世界观。[147]

综上显而易见，可进化性是平台型企业的一个重要特征，平台型企业从封闭系统逐渐发展成为一个更开放的系统，主要依靠对稳定的核心构件的重复利用，并不断更新外围高变化性的构件，在平衡平台型企业各群体的利益关系的过程中，推动企业不断发展。事实上，为应对市场、竞争对手行为、技术和监管的快速变化，平台型企业本身也需要不断进化。

本章小结

平台型企业在商业、政治和社会互动中越来越具有开放性和灵活性，如果说工业革命是围绕工厂组织的，那么今天的变革很大程度上是围绕着这些定义松散的平台型企业来组织的。本书将平台型企业的定义、特征、结构及其演化影响因素，通过产品平台、中介平台和生态系统平台 3 个视角串联在一起，如图 3 - 3 所示。平台型企业由最开始的产品族开发中的稳定中心发展成为多个市场参与群体之间的中介平台，再发展成为支持互补资源的一组系统结构，平台型企业由静态平台逐渐演化成为动态平台。

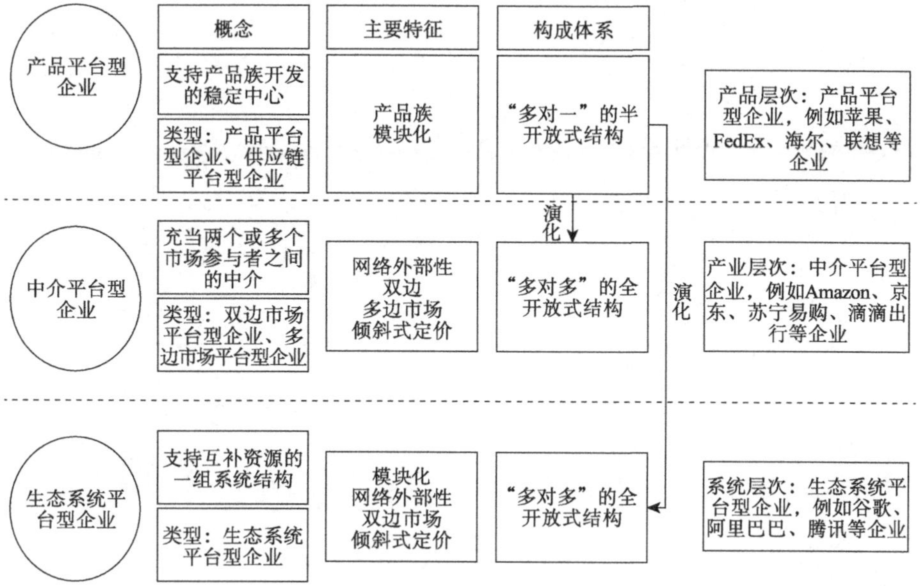

图 3－3　平台型企业内涵梳理

在未来的研究中，首先，可以沿着“内涵界定—要素板块与构建原理分析—功能作用验证”的研究路线，进一步迈向平台型企业动态管控和优化的目标。其次，现有的关于平台型企业内涵的研究不断外延，未来可以针对平台型企业功能的评价指标体系以及运营效能测评量表开展进一步的研究。此外，平台型企业与传统企业在资源获取内容和利用方式上存在异质性，因此对平台型企业相对于传统企业而言所需要的合法性战略资源进行研究，将使得对平台型企业经营绩效领域的研究拓展到社会效益领域。当然，上述的研究展望都将建立在对平台型企业内涵的深刻理解的基础之上。

第四章

产品平台型企业的商业模式评估

第一节　商业模式一般评估方法回顾

一、现有商业模式评价的理论探索

Hamel 和 Trudel（2000）认为，商业模式包括了 4 个主要的内部连接构件（components）：（1）核心战略——公司选择如何以及在怎样差异化的基础上来竞争；（2）战略资源——公司独特的资源诸如战略资产和核心程序；（3）消费者界面——分销渠道、消费者服务、关系维度；（4）价值网络——与公司供应商和合作伙伴互补性的价值体系。它们依次由决定商业模式利润潜能的 4 个因素所支撑：（1）效率——业务概念能传递消费者利益的有效程度；（2）独特性——业务概念的独特程度；（3）适配性——业务概念中所有要素的适配程度；（4）利润推进器（profit boosters）——业务概念能开发到高于平均回报的利润推进器[6]。他们试图从商业模式的结构板块和维护板块的支撑性因素两个角度来评价商业模式，本书认为这是一个比较贴切测评商业模式内部结构及其稳固性的研究成果，给人以非常大的启迪。但遗憾的是，他们并没有给出衡量结构板块所具有功能大小的测度标准。

Chesbrough 和 Rosenbloom（2002）探索了从技术中捕获价值过程中商业模式的角色。他们评价商业模式的功能是：（1）清楚地表达价值主张，即通过基于技术的提供物为使用者创造的价值；（2）定义细分市场，即为了什么样的目的、技术对哪些用户是有用的，并详细说明公司收入的发生机制；（3）在需要创造并分配提供物的公司中，定义价值链结构并支配那些需要被用来支持公司在价值链上定位的互补性资产；（4）估计产生提供物的成本结构和潜在利润，给出价值主张和价值链结构的选择；（5）描述了公司在与供应商和消费者相连接的价值网络中的定位，包括了对潜在互补者和竞争者的认同；（6）通过规划竞争战略使得创新性公司能够凭借它获得并保持对竞争对手的优势。[58]他们从阐述商业模式功能的角度来评价商业模式，并将大量竞争战略的关注点引入了商业模式的功能，而本书认为，有必要在对商业模式的功能与战略功能进行识别和定位之后，再考虑战略对商业模式效能评估的影响。

李曼（2007）经过研究认为，商业模式的创新途径，可以基于特殊客户群体需求挖掘和满足、产品和服务创新、改变接触客户方式 3 种商业模式创新来实现战略选择目标；可以通过生产设施与人力资源结构调整、生产工艺改进与技术创、组织结构创新与业务流程再造、战略联盟与供应链合作方式 4 种创新来实现运营方式目标。[148]并且，她根据商业模式创新与战略目标吻合程度、商业模式的运营效率、产品服务的客户价值、商业模式的财务价值 4 个维度设定了商业模式评价体系。她以商业模式与企业价值链上各环节的关联关系为评价维度，并将客户价值也纳入考量的范围，较为全面地建立了一套商业模式评价体系。美中不足的是，关于这些评价变量选取的途径，以及评价指标的有效性，在文章中并没有做出特别的说明。

韩炜（2010）尝试以商业模式的角度来解析新企业的成长过程。她以价值创造与价值占有为目标导向，指出新企业的商业模式与新进入缺陷是一一对应的，商业模式的每一个要素（价值维度包括战略定位、顾客界面、价值网络三要素，过程维度包括组织结构、创造价值活动二要素，控制维度包括抵御风险的能力、成本控制二要素）都是用以克服每一项缺陷的工具。[149]她以新企业进入市场的障碍为分析视角，高度关注商业模式构建要素，为商业模式评价过程中通过结构解析主要构成要素提供了参考途径。

2011 年，在第 7 届最佳商业模式中国峰会上，由《商界评论》杂志提交的最佳商业模式评价条件提出了 4 个必备要素，即价值创造、收益获取、内部资源能力和外部合作生态，并提倡“打造最佳商业模式”，而不是“打垮对手”。[150]这一评价标准显然高度概括了当年国内商业模式评价的最新成果，因此具有一定的借鉴意义。

令人欣喜的是，关于评价理论的探索，研究者开始注意到仅仅关注商业模式功能存在与否只是走出了理论定性的第一步，而对于商业模式效能的研究，才是进行商业模式评价的关键性一步：Amit 和 Zott（2001）通过检验 59 家在美国和欧洲“新近上市”的电子商务公司如何创造价值，开发了一个来源于价值创造的模型。这一模型表明电子商务价值创造的潜能与 4 个相互依赖的维度相关联：有效性、互补性、锁定以及新颖性。[49] 他们从如何维持价值创造的持续性（persistence）角度来评价商业模式，较早地关注到了商业模式功能的持久性。Casadesus - Masanell 和 Ricart（2007）在工作文稿（working paper）中较早提出了在商业模式的设计中要考虑它的稳固性并要形成良性循环[27]，这一观点在他们 2011 年共同发表在《哈佛商业评论》上的文章中再次被提及[29]。Demil 和 Lecocq（2010）提出，对那些创造公司业绩的商业模式核心构件，创新并管理它们之间的交互作用，可以开启或加强有价值的良性循环。[32] Girotra 和 Netessine（2013）指出，有三大原因导致商业模式创新的持续性：“第一，改变现有的利润流/收入流模式以形成有效的激励；第二，以长期的关系替代原有模式的短期关系；第三，整合原有模式中与价值链上不匹配的部分。”[151] 以上理论探索，尽管都没有涉及实证研究，但上述观点的提出都包含了第二章第三节第一部分所提出的效能概念，并建议将战略影响纳入评估商业模式效能的范畴。

商业模式作为一个非具象的概念，对它的评价一定是从它的某个或某些属性上着手进行的。以上的理论探索分别从商业模式构成要素、商业模式结构、与战略的匹配等分析角度入手，展开了对商业模式功能的评估。但是可以看到，无论是基于要素的测评，还是基于结构的测评，抑或基于板块支撑因素的测评，虽然能从某个属性、在一定程度上来描述商业模式的优劣，但又显得不够充分和全面。可以说，当前的评价理论尚未形成一条统一且清晰的分析路线，以凭借它可以找到一个总揽性的结构分析框架来包容以上这些分析点。此外，对商业模式效能评估的探索尚处在起步阶段，国内外文献很少，且缺少定量研究。但无论如何，以上理论探索对于厘清商业模式效能的评估要素、测评变量及测评路径都起到了积极的推动作用。

二、现有商业模式测评方法介绍

Gordijn 和 Akkermans（2001）将严谨的 IT 系统分析方法和商业视角的经济价值联系在一起来进行电子商务的建模。他们将电子商务信息系统的发展分为 3 个视角：价值观点代表了经济价值在多行动者网络中创造、传递和消耗的方式；流程观点代表了业务流程条件下的价值观点；系统构建的观点代表了能支持电子商务流程的信息系统。[4] 基于以上 3 个视角，他们提取了电子商务的流程结点（如行动者、价值目标、价值端口、价值界面、价值交换、价值提供物、细分市场、联合行动者、价值活动）和流程路径（如情景路径、激励、组合模块、连接），然后像给 IT 系统做分析一样，给每个商业实践案例画出了系统分析图。本书认为这种设计和评价，是基于要素提炼和流程规划，针对电子商务案例所做的系统分析和概括[4]；这是研究者较早将商业模式的要素与企业利润相联系来评价商业模式，具有开创性的意义。Dubosson - Torbay、Osterwalder 和 Pigneur（2002）提出电子商务模式由产品创新、客户关系、基础管理和财务状况 4 个板块组成，并对应生成 12 个关键成功要素（KSF）和 13 个分类标准，再根据平衡计分卡（BSC）的原理，可以将首席信息官（CIO）工作委员会 1999 年颁布的绩效指标与这些板块、要素和分类进行匹配，通过绩效指标的得分来测评模式的优劣。[5] 至此本书认为，研究者开始意识到要将商业模式的要素、板块和分类与代表不同目标的绩效指标相关联来评价商业模式。以上两篇较早关于测评的文献，主要针对的对象是电子商务模式，在测评方法上主要通过商业模式属性归类和与绩效指标建立联系来定性描述模式的优劣。

Malone 等（2006）根据年报收益的资产描述，按照“什么资产权利被出售”（本书认为其实质是价值链定位）和“涉及哪种资产”（资产类别）两个分类标准，将美国 1998—2002 年 10 970 家上市公司的商业模式划分为 16 种商业模式（实存 14 种，其中两种为法律所禁止被剔除，见表 4 - 1），然后对它们的市场价值、利润和运营效率三大业绩指标进行分析。结果发现没有一个模式在所有的维度上优于其他模式，但同时也发现一些模式的确在财务业绩上优于其他模式，这些发现有助于大量的坚固性检验[75]。虽然作者对这 14 个模式的测评主要站在资产属性及其所有者的角度，但已有的发现揭示了商业模式的多维度功能。

表 4－1　　基于资产种类和权利的商业模式种类

资产种类	什么权利被出售			
	创造者	分配者	拥有者	中介商
金融资产	公司孵化器、创投	银行、投资公司	贷款人、保险公司	保险或股票经纪人
实物资产	制造厂商	批发/零售企业	实物出租人	实物交易中介商
无形资产	投资人	知识产权交易商	1. 软件报纸数据出版商； 2. 品牌管理者如连锁公司； 3. 注意力创造者如电视节目网页内容制造商	知识产权中介商
人力资源	（法律禁止）		服务提供商	猎头公司

李东和王翔（2006）基于 Meta 方法对商业模式的基本要素进行了识别和确认。[152]王翔和李东等（2010）利用方差分析（ANOVA）方法，以中国有色金属上市公司为样本，通过实证证明了商业模式会导致明显的企业间绩效差异，但对于不同方面的绩效指标具有差异化的影响。[153]李东和王翔等（2010）首次提出了商业模式的总体结构：容器模型。他们设定容器模型由定位板块、利益板块、收入板块和成本板块组成，并指出容器的大小会影响企业经营绩效。[71]但由于方差分析方法只能判别相关关系的成立与否，对于这种影响关系的大小和持续性尚待进一步探索。

Zott 和 Amit（2007）开发并分析了一套在美国和欧洲上市的 190 家新兴成长导向公司的独特数据，实证结果显示以新颖性为中心设计的商业模式对企业业绩大部分有效。另外，分析还显示这一正向关系经过时间考验依然具有非常好的稳定性，甚至在变动环境体制下依然如此。[25]这一研究补充了商业模式有效性、互补性、锁定以及新颖性与公司战略和业绩的关系。为了分析产品市场战略和商业模式机会对公司业绩的权变效果，他们又于2008年开发了一个正式的模型，来检验了一个公司产品市场战略和商业模式的匹配性。他们调查了一组独特的用手工收集的数据，并发现以新颖性为中心的商业模式与强调差异性、成本领先或早期市场进入的产品市场战略相联系能加强公司业绩。他们的数据建议商业模式和产品市场战略是互补的，而不是相互替代的。[52]这是首次有学者通过实证检验了商业模式与战略匹配后如何共同影响公司的业绩，向商业模式的测评迈出了坚实的一步。但他们也没有详细论述如何对组成商业模式的多个板块进行度量。

叶利生（2008）将客户价值、内部价值和供应链价值3个层面放置到X、Y、Z轴上构成三维立体模型，并在每个轴向取m种影响因素，而每个影响因素取n个可评分指标；然后，通过层次分析法获得每个评分指标的影响因子，算出每个层面的综合得分；最后，测算每个商业模式在三维立体模型中的定位点与最优点之间的空间距离，距离最小者为测评对象中的最佳商业模式。[154]该文献首次运用层次分析法——“定性和定量相结合的方法”[155]，来测度商业模式的优劣，所以使人觉得简洁形象、便于比较和分析。只是文献在指标的选取、影响因子的测算上没有做具体说明。

针对平衡计分卡只是关注企业内外的平衡而忽略其他市场参与主体的缺陷，刘卫星和丁信伟（2010）在平衡计分卡“学习与成长、内部业务流程、客户、财务”4个维度基础上又增加了社会层面和伙伴层面两个维度，构成对公司业绩的6个纬度评价；他们又借鉴原磊（2008）提出的商业模式分类方法，引入价值主张、价值网络、价值维护和价值实现4个单元；然后，将前述两者结合建立起一个二维表，来分析6个层次在4个不同价值单元中起的作用；最后，通过筛除掉明显没有交集的部分，将剩余的13个交集项作为对商业模式的评价指标。[156]该方法简单明了，便于操作，但遗憾的是他们在文献中并没有做实证分析，而且他们也认为这是一种对商业模式的静态评价方法。

针对静态性商业模式评价方法的不足，孙连才和王宗军（2011）提出在复杂、动态和不确定条件下的商业生态系统中，必须基于动态能力理论来设计商业模式的指标体系。他们对商业模式的动态能力相关维度和指标进行了筛选，以6个维度、16个二级指标进行指标体系设计，并以IT类企业为例，应用层次分析法对上述构造模型的各个指标给出了权重；最后，他们将16个指标进行打分，乘以权重后得到每个商业模式的动态适应度分值，以此来评价商业模式。[157]该方法同样直观清晰，且增加了部分动态能力指标，但文献中对于动态能力相关指标的筛选方法、权重提取的过程以及IT类企业样本描述这些重要的实证过程都未做详细说明，无法让其他研究者做更深入的了解。

姚伟峰（2013）用模糊聚类分析法将商业模式创新的因素归纳为：市场的竞争因素、市场竞争公平性、政府和社会对商业模式创新的支持、外部市场对产品的需求程度4个外部因素，企业家和员工的创新意识和创新能力、企业文化、企业内部激励、企业的技术水平4个内部因素。[158]

秦志华和王永海（2013）提出了商业模式的企业价值测评结构包括价值主张（包括商业创意、核心团队二要素）、产品服务（包括基础设施、业务流程二要素）、目标客户（包括分销渠道、客户关系二要素）、合作伙伴（包括主要资源、关键业务二要素）和企业价值（包括成本结构、收入模式二要素）五大模块（对应十大要素），并通过对初创网络企业价值的案例分析，论证了上述五大模块和十大要素的功能。[159]

综合上述测评方法的介绍，现将已有商业模式测评方法的主要信息进行归纳，具体如表4-2所示。通过表4-2分析可知，对商业模式的测评，已经使用了大量科学的、定性和定量相结合的分析方法。例如：通过Meta方法和模糊聚类方法来获取商业模式的基本要素；用回归分析方法和方差分析方法来确定商业模式和企业绩效的关系；在确定要素或指标的基础上，通过层次分析方法获取权重，然后通过两者加乘后的得分来比较商业模式的优劣。但本书发现，在现有的评估方法中，尚未有大样本条件下使用结构方程模型来评估商业模式效能的文献，而结构方程模型又在对“效能”这样的潜变量（latent variable）的分析上具有明显的优势[74,160]，更多关于选用结构方程模型的说明，将在本章第三节第三部分做详细介绍。

在测评自变量的选取上，主要集中在商业模式的基本构成要素、结构板块、分类、效能特征4个主要分析点上。但学者们从各自的研究角度出发，基于不同的维度（3 个维度、4 个维度、5 个维度和 6 个维度）、不同的分类（4 类和 16 类）、不同的板块结构（4 个板块、5 个板块）、不同的构成要素（8 个要素、10 个要素、15 个要素、16 个要素）展开分析，尚未形成一条统一且清晰的分析路线，且尚未找到一个总揽性的结构框架可以包容以上分析点。

表 4-2　　现有商业模式测评方法的比较

序号	测评方法	论文发表时间	研究者	测评自变量	测评因变量
1	IT 系统分析	2001 年	Gordijn 和 Akkermans	电子商务模式的基本要素	公司利润
2	平衡计分卡（BSC）	2002 年	Dubosson - Torbay、Osterwalder 和 Pigneur	基于电子商务模式的板块，关键成功因素、分类	CIO 业绩指标
		2010 年	刘卫星和丁信伟	（4+2）维度×基于商业模式分类的 4 个价值单元 =24 个评价值（最终选用其中 13 个）	商业模式优劣
3	相关性分析	2006 年	Malone、Weill 和 Lai 等	基于资产属性和资产权利的商业模式分类	企业业绩
4	Meta	2006 年	李东和王翔	通过迭代获取商业模式策略要素	商业模式优劣
5	回归分析	2007 年	Zott 和 Amit	基于商业模式的效能特征	企业绩效
		2008 年	Zott 和 Amit	基于商业模式的效能特征	企业战略
6	层次分析（AHP）	2008 年	叶利生	商业模式要素×AHP 获取影响因子 = 矢量距离	商业模式优劣
		2011 年	孙连才和王宗军	16 个指标×AHP 获取权重 = 数值	商业模式优劣
7	方差分析（ANOVA）	2010 年	王翔和李东等	基于价值链、资产、目标市场、基本结构的商业模式分类	绩效差异
		2010 年	李东和王翔等	基于商业模式的结构和功能	企业绩效
8	模糊聚类	2013 年	姚伟峰	通过聚类法获取内外各 4 个要素	商业模式优劣

续表

序号	测评方法	论文发表时间	研究者	测评自变量	测评因变量
9	案例分析(Case Study)	2013 年	秦志华和王永海	通过案例分析获取 5 个模块和 10 个要素	商业模式优劣
10	路径分析	2014 年	Girotra 和 Netessine	决策内容、决策时间、决策人、决策依据组合	公司收入、成本和风险

资料来源：作者绘制。

当商业模式能对企业绩效产生正向作用时，才可以说其是好的商业模式，因此，评估的对象一定是指向商业模式发挥功能的作用领域的。所以说，许多测评方法的研究者将企业绩效作为测评的因变量是非常明智的。同时，战略也能对企业绩效产生影响，那么，战略和商业模式对企业绩效的作用该如何区分？这是关于战略和商业模式的功能定位问题，但是尚未引起商业模式评价的研究者的足够重视。最为关键的是，当前对商业模式与企业绩效的研究，只是确认了两者存在的相关性，但是对商业模式效能的评估，尚没有做过定性的测评。

三、当前商业模式效能评估研究的缺陷及问题解决思路

综合以上的文献分析，本书将当前商业模式效能评估研究的缺陷总结如下：

1. 对商业模式效能的内涵界定模糊或不一致。现有的研究，在商业模式的内涵、商业模式的组成要素、商业模式的结构、商业模式与战略的功能区别等方面所呈现出的多视角观点，导致了研究者在商业模式功能界定上的莫衷一是。尽管当前的研究在商业模式功能与企业绩效之间的相关性方面已经做出了一定的结论，但是对于商业模式为企业创造业绩的大小及其持续性，即本书所提出的效能概念，尚处在朦胧和探索阶段。

2. 技术路线缺失或明显不合理。鉴于结构决定功能的原理，对商业模式效能的测评，本书通过研究认为应该遵循如下的技术路线来进行剖析和解构：商业模式内涵和本质—商业模式构成要素—商业模式结构—商业模

式与战略的不同功能定位—商业模式效能—实证检验与结论—基于结论的应用策略指导。但现有关于商业模式测评的研究，要么缺少完整清晰的技术路线，要么专注于整个技术路线中的某一个环节，因此难以形成一套从理论到实证再到实践的研究体系。

3. 商业模式效能评估研究的基础不充分。效能研究是建立在结构研究的基础之上的。但是，现有关于商业模式的结构研究存在不系统、不严谨、无法检验等缺陷，这就导致有关的效能研究无论是在测评方法和研究结论，还是基于结论的策略设计等方面，均存在着明显的不足，难以对日新月异的管理实践提供有效的支持。

针对以上缺陷，本书的研究提出如下解决问题的思路：

对一个复杂事物的评价，最有效的办法是找到一个关键的测评变量。例如，评价一栋住宅的功能，可以通过测评它的设计结构来反映这栋住宅的通风、采光、私密性等宜居性能。商业模式作为一种框架设计和行为选择，本书认为一个基于容量的测评可以将商业模式的要素、结构、规则等基本属性有机整合起来（见图4－1），以有效地评估商业模式的效能。关于这个构念，通过建立容量、战略协同、效能三者的结构方程模型来实证检验它的可行性。

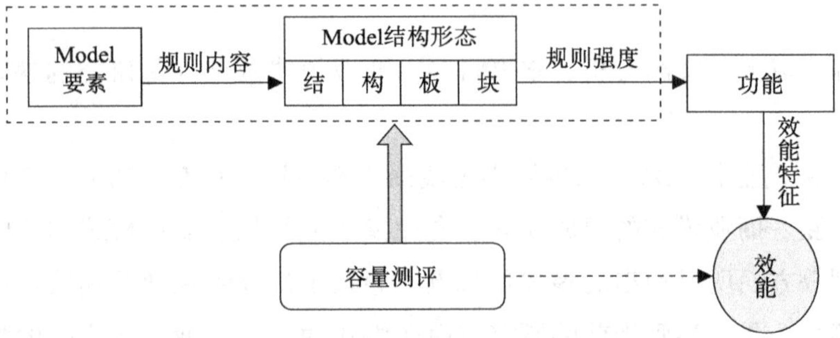

图4－1　商业模式容量测评的研究路线解析

资料来源：作者绘制。

第二节　规则的调节作用

行为（action）是受其背后的规则影响的，而规则（rule）是指行动的准则或惯例。规则的具体表现形式是千变万化、丰富多彩的。规则包括正式规则和非正式规则。正式规则，如发起人协议、战略联盟协议、技术标准等；非正式规则，如信念（优质优价、吃某种食物更有利于健康等）、习惯（每周或每天进行有氧锻炼、在网上购书或下载音乐等）。任何一项规则均具有两种基本属性：内容和强度。内容是指规则所作用的行为内容，也就是说该规则会诱导或强化什么样的行为。强度则是指规则所具有的约束力的大小，通常与规则的形式有关。例如，如果地下水富含矿物质营养从民间传说（正规化较低的规则）变更为国家标准（正规化较高的规则），那么，后一种形式的规则将对目标顾客的消费行为产生更显著的诱导或强化作用；同样地，当戒烟从一种被提倡的健康意识变成为政府法规时，后者对戒烟行为的影响要强得多，这种规则上的变化将对戒烟产品或香烟替代品的经营产生非常有利的影响。一般讲，规则形式越正规，其约束力越大，即强度越大。因此，一项新规则的建立或旧规则的改进，都会产生两种不同类型的后果也就是效应（effect）：第一，会诱导或促进某些新行为的产生，即内容效应；第二，对已经存在的行为的诱导或促进，即内容效应更加显著，此为固化效应。

与此对应，作为商业模式的板块规则，也同样具有两种效应，本书称为价值效应和固化效应。“价值效应就是规则所诱导或促进的新行为，有利于产生或促进新的顾客价值或企业收益；固化效应就是由于规则的建立，使原先确定性程度较低的行为，其确定性得以提高，即规则对行为具有支撑作用。”[71] 规则的分类和效应如表 4－3 所示。

表 4-3　　规则的分类和效应

规则属性	规则效应	板块规则效应
内容	内容效应	价值效应
强度	固化效应	固化效应

规则的作用力越强、越可靠，则行为的重复性、可预见性就越显著，商业模式之所以能够影响业务发展的可预见性，就是因为它对利益相关者行为所具有的诱导、强化作用。规则的强度，体现了一个商业模式结构的稳固性，并直接影响商业模式的效能。正如一个容器的效能，不仅在于它能装框定多大的容量，还在于它的牢固程度。Ghemawat（1991）定义了4个影响稳固性的一般威胁：模仿、以武力或暴力威胁抢劫、松懈（或者说是组织的自满）和替代[27]。

1. 模仿是竞争者复制一个公司的成功商业模式的动力。虽然由于固化效应的存在、各要素之间的相互强化以及商业模式自身的复杂性，商业模式复制非常难，然而这种危险的潜在模仿一旦成功，对于首创企业来说却是致命的。模仿将削弱消费者对顾客解决方案（容器底面）的满意度，一旦竞争对手在模仿的基础上进行创新，哪怕是微小的改进，都有可能重新定义客户价值主张的边界，并最终冲击到首创企业的业务定位。而最好的防御是进攻，企业以客户价值主张为引导实施持续的创新将主动地抵御模仿，提高定位规则的强度。

2. 以武力或暴力威胁抢劫是指消费者、供应商、替代组织或其他的产业参与者通过议价能力的训练来攫取由核心公司创造的价值。掠夺式的议价能力直接冲击收入规则，导致盈利和定价板块功能的削弱，减少板块框定的容量。而通过提高转换成本来锁定既定的盈利业务或定价方式能有效地保证稳定的收入，提高收入规则的强度。

3. 抵御松懈的方法来自激励和监控的正确组合。一旦公司放松对内部流程的激励与监控，势必影响利益板块的价值掘取，减少板块框定的容量。因此，持续改进企业内部工作效率可以更好地服务客户，提高利益规则的强度。

4. 替代是指由于其他产品的出现使得消费者觉察到了降低的价值。其他产品的出现，不仅会减少现有企业的收入，而且将导致产业内重新分配资源并重新组合合作关系，摧毁现有的合作网络。而打败竞争对手最有效的方式是收购竞争对手或者化敌为友、通过合作网络结成具有互补性的战略联盟，来提高资源规则的强度。

规则内容可以黏合商业模式基本要素，扩大商业模式结构板块的面积，使得板块框定的容量增大；规则强度可以固化商业模式结构板块，使得结构板块的功能得以持续发挥作用。以上两项规则效应，共同维护并固化结构板块持续发挥功能的作用，使特定的客户解决方案得以持续交易，不断创造出客户价值和企业价值。因此，本书认为规则对商业模式效能的影响体现在：第一，各商业模式要素在规则内容的作用下组合成结构板块，结构板块面积的大小框定了商业模式的容量，从而能反映企业绩效的大小；第二，板块主导规则的强度，影响了商业模式结构板块的稳固性，可以起到维持和固化现有容量的作用，从而能反映企业绩效的可持续性（见图4－2）。

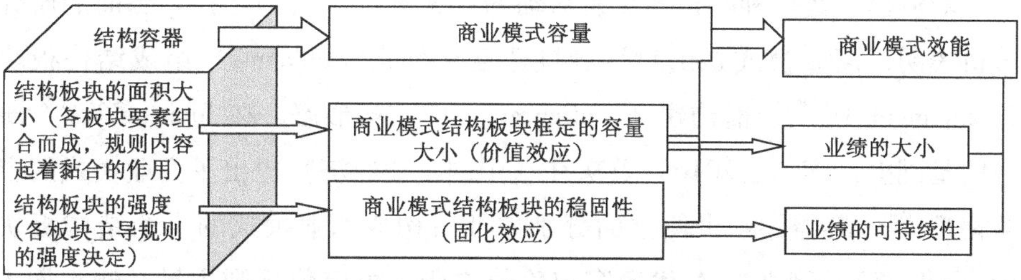

图4－2　规则影响商业模式效能的作用途径

资料来源：作者绘制。

第三节　基于容量测评的商业模式效能评估

一、商业模式容量及其测评

绩效是组织行为的结果[161]，因此，在企业成果没有达成之前，有时候并不能直接评估商业模式的效能。所以，当前的理论研究和商业实践迫切希望能够找到一种间接的测评方法，基于它能有效地评估商业模式的效能。本节容器模型的测评原理，为开展测评研究提供了思路；而基于容量的测评体系，既能有效地评估商业模式效能，又能通过结构方程模型实证检验测评结果的有效性。

（一）容量测评原理

商业模式是一种跨边界交易活动的框架设计和行为选择。当前的研究分析表明，商业模式是由设计者挑选若干要素（elenents）组成结构板块（components）[6,32,47]而构建（configurate）的结构形态。在 Johnson 等[162]研究的基础上，李东（2010）首次在《中国工业经济》提出了商业模式的容器模型[71]：容器的 4 个侧立面分别象征着构成商业模式的 4 个结构板块（见图 4 -3）。侧立面 A 代表客户价值主张，由定位规则主导；侧立面 B 代表企业为客户创造利益的内部工作流程，由利益规则主导；侧立面 C 代表企业盈利点（业务）选择以及定价方式，由收入规则主导；侧立面 D 面代表跨边界企业合作网络，由资源规则主导。A 和 B 板块共同决定为顾客创造的利益，而 C 和 D 板块则共同决定企业获取的价值。A、B、C、D 4 个板块的合围，可形成一定的空间。[71]

本书认为，容器模型的提出有 3 大贡献：第一，容器模型的提出为商业模式评价的研究，找到了一条通过结构分析来整合商业模式要素、板块和功能的研究路线。因为要素组成结构板块，板块构成框架结构并发挥结构效应实现价值创造的功能。第二，容器模型的提出，为商业模式定量测评找到了一个关键的测评变量——容量。容器4大板块合围的空间构成容量，体现了顾客利益与企业价值共同实现的部分，因此包含了功能大小的概念。正是根据这一分析思路，李东等从结构板块中提炼了商业模式的策略要素，通过对它们评分数值的加总（体现了商业模式的优劣），验证了商业模式对企业绩效的正向作用。第三，李东等提出特定规则（见表4－4）能维护结构板块的功能。规则效应的提出，为本书效能的评估，提供了一个有效的测评参数。

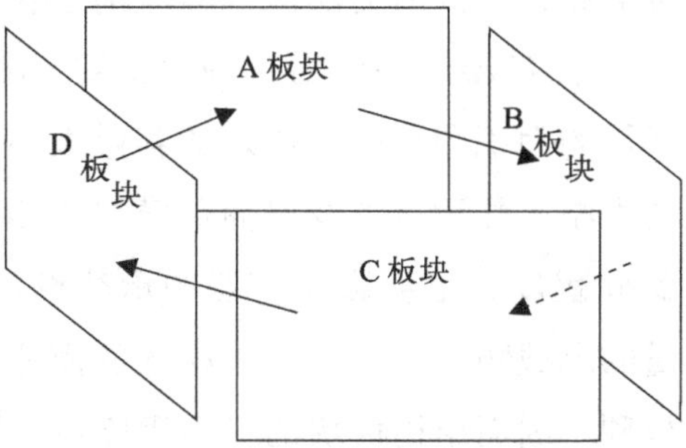

图4－3　商业模式容器板块构成

表4－4　容器模型价值创造功能、结构板块及其主导规则

价值创造功能	结构板块	结构板块主导规则
顾客价值	客户价值主张	A板块—定位规则
	企业内部工作流程	B板块—利益规则
企业价值	盈利点（业务）选择以及定价方式	C板块—收入规则
	跨边界企业合作网络	D板块—资源规则

资料来源：作者绘制。

本书第二章第一节关于商业模式成为研究焦点的三维解释，为商业模式结构分析提供了一个三维分析视角和理论支撑；第二章第三节商业模式功能研究支持了容器模型提出的四板块结构；商业模式研究公认的权威Zott和Amit（2008）鲜明地指出，商业模式是公司跨边界交易的结构设计，它描述了一个公司在要素和产品市场上与各种外部机构交易的结构化组织和管控[52]。而哈佛结构学派认为：结构决定功能[163]。因此，作为能表征结构状况的一个关键特性，对容量的测评可以评估功能发挥作用的程度。但是，本书也注意到容器模型对于效能评估来说，尚具有以下不足：第一，在测评路径上，容器模型只描述了商业模式结构板块直接影响企业绩效的单一路径，而对于商业模式通过调节战略协同对企业绩效所起的间接影响，缺少路径规划，对此将在本书第四部分的结构模型路径分析中予以完善。第二，容器模型并没有说明容器的底面代表了什么含义。本书认为，容器的底面代表了商业模式结构设计所获得的客户解决方案(customer solutions)，客户解决方案的不断“复制”造就了容器的容量，真正体现了商业模式创造企业价值和客户价值的功能，因而基于容量的测评可以评估商业模式的效能。第三，容器模型中对商业模式结构板块组成要素的加总，只测度了结构板块的面积和它们所框定的容量大小，因此只能说是评估了商业模式功能的大小，并没有涉及对商业模式功能持续性的评估，事实上，结构板块的稳固程度，也会影响容器的承载量。一个脆弱的容器，根本无法承受大容量的承载物。正如一个不稳固的商业模式设计，无法为企业提供持续性的盈利。因而结构板块的稳固程度也会影响商业模式的效能，对此本书已经在本章第二节中加以说明。第四，容器模型虽然描述了规则对构建结构板块所起的作用，但是并没有考虑规则强度对结构板块稳固性的影响，也没有将对规则强度的测度纳入整个测评过程，对此本书将在本节第二部分观察变量的测度中加以考虑。

（二）商业模式板块要素的选取

一所住宅的结构由地基、围墙和屋顶等结构板块构成，这些结构板块具有特定的功能，但它们仍旧可以再分解为基本的要素。例如，地基可以由钢筋和混凝土组成、围墙可以由砖块和水泥组成、屋顶可以由预制板和柏油粘布组成。同样地，从功能研究出发集结而成的商业模式结构板块，作为宽泛而抽象的概念，依旧无法被度量。对基于结构板块所构建起来的容量测评，还需要从结构板块出发，解析出构成商业模式结构板块的基本要素，把它们作为容量测评的基本测量参数。

李东和王翔（2006）认为商业模式的核心构件（components）是由重要的策略要素（strategic elements）组装而成的，他们针对 179 个样本，归纳了6大类40个商业模式策略，并基于Meta方法从中提炼了15个商业模式策略的主成分因子。本书根据它们的因子特征值大小整理成表4－5。

表4－5　　商业模式策略的主成分因子

第一组 序号	商业模式实践策略 重要主成分因子（降序排列）	第二组 序号	商业模式实践策略 相对重要主成分因子（降序排列）
1	顾客价值的识别与创造（价值曲线应用）	10	无形资产（专利等）
2	用户完整解决方案设计与实施	11	质量愿景与质量体系
3	客户关系管理（CRM）	12	技术储备
4	核心能力建设与外包策略	13	战略流程与能力获取方案
5	模块化组织建设	14	产品方案
6	投资者关系管理	15	协同工作系统解决方案
7	价值群（网）		
8	战略联盟		
9	（品牌）形象		

资料来源：作者绘制，内容参考李东和王翔（2006）[152]。

通过对1986—2013年精选的83篇（其中英文前沿期刊46篇，涉及61位第一作者）商业模式重要专题文献的研究，本书发现无论是对商业模式的研究还是对商业模式评估的探索，大部分学者基本将研究的视角聚焦在供方企业联盟、客户价值主张和市场交易模式3个维度，并可以按照客户价值主张、企业内部工作流程、盈利点（业务）选择及定价方式、跨边界企业合作网络4大板块来展开分析。鉴于上述Meta分析中没有包含规则的策略要素，因此，在文献分析的基础上，作者提炼了35个与效能高度相关的商业模式构建要素，然后采用德尔菲法（专家问卷表参见本书附录A和附录B），经过了两轮意见交换——32位参与调查的“专家”为管理学博士三年级学生，平均年龄33岁，且有工作经验的22人，其中12位是高校经济管理专业的教师，并将通过德尔菲法和Meta方法获取的要素进行筛选和归类，最终得到4大类14个基本要素作为观察变量，具体如表4－6所示。

表4-6　综合Meta方法和德尔菲法结果提取的商业模式基本要素

Meta方法 （15个策略要素）	德尔菲法 （28个要素）	结构板块及 效能特征	观察变量 （14个要素）
顾客价值的识别与创造（价值曲线应用）	清晰的目标顾客定位、产品面向大众	客户价值主张	主营产品所在产业的市场总容量
质量愿景与质量体系、产品方案	周转快、产品信誉好		产品受欢迎程度
客户关系管理（CRM）	资金充裕、售后体系完善		用于改善产品和服务的支出情况
战略联盟、战略流程与能力获取方案	组织学习能力强、路径依赖少、设计隔离机制、防模仿能力强	企业内部工作流程	产出互补性
协同工作系统解决方案	流程高效、具有关键业务、掌控业务渠道		现金回笼情况
无形资产（专利等）、（品牌）形象	无形资产保护好、低成本、高利润、无替代品	盈利点（业务）选择及定价方式	企业独特性状况
用户完整解决方案设计与实施	掌控定价权、转换成本高、具有锁定效应		定价模式
技术储备、战略流程与能力获取方案	拥有互补性资源	跨边界企业合作网络	关键资源的运营支持
核心能力建设与外包策略	拥有自主知识产权		核心能力的扩张支持
价值群（网）、投资者关系管理	市场交易成本低、信息不对称状况低、进入产业早		企业在行业内网络关系状况
—	技术研发导向	定位规则的强度	研发投入高
	掌控产业标准	利益规则的强度	具有差异化的流程
	拥有网络平台	收入规则的强度	拥有网络平台和锁定效应
	协作方多	资源规则的强度	非核心业务大量外包

（三）商业模式容量测评的内涵

按照达尔文的进化理论，凡是具有生存功能的肌体要素才被有效地保留下来，而由要素构建成的结构又直接影响着对外界反应的有效程度。对结构了解得越精细，则从其中推导出功能信息的可能性就越大，准确性越高。现有对商业模式结构的研究，其实质是试图通过对商业模式结构的解析，来探究商业模式效能的“真容”。

结构由基本元素组成；结构板块具有各自的板块功能并支撑整体功能的实现；对于像商业模式这样的结构设计和行为选择来说，规则的强度决定结构板块的稳固性，反映了效能的特征；结构空间框定的容量能有效地反映功能发挥作用的状况。因此，结构分析在商业模式效能评估研究中居于核心地位，以结构为中心，沿着构建路线解析商业模式的主要属性，正是商业模式效能评估的分析路线。依据这一路线，本书提出“3—2—4—14”结构分析体系，它涵盖了3个维度分析视角、商业模式的2大功能、4个结构板块及其对应的规则和效能特征、14个基本要素。“3—2—4—14”结构分析体系的具体内容如表4－7所示，本书对结构分析体系展开论述的对应章节序号列明在表中最后一行。

表4－7　“3—2—4—14”结构分析体系及本书对应章节

3	2	4			14
（作为分析视角的）维度	功能	结构板块	效能特征	规则	基本要素
供需（逆向价值链思维下是客户起主导作用）	客户价值	客户价值主张	新颖性	A板块——定位规则	10个参数测评大小
企业与市场交易的内部条件和外部条件（网络技术是代表性力量）		企业内部工作流程	效率	B板块——利益规则	
	企业价值	盈利点（业务）选择以及定价方式	锁定	C板块——收入规则	4个参数测评持续性
企业		跨边界企业合作网络	互补性	D板块——资源规则	
第二章第一节	第二章第三节第二部分	第四章第三节第一部分	第二章第四节第二部分	第四章第二节	第四章第三节第一部分

容器模型涵盖了维度、要素、结构、规则等商业模式基本属性。商业模式基本要素构建了结构板块，结构板块的合围造就了结构容量，反映了商业模式功能的大小；而高强度的规则提高了结构板块的稳固程度，体现了商业模式功能发挥作用的持续性。商业模式的结构容量及其稳固程度表征了商业模式发挥结构效应创造价值的程度，因此对容量的测评，可以从

商业模式结构板块及其组成要素（包括规则）入手。由此，对商业模式效能的评估，就可以简化为以下 3 个问题：（1）如何设计测评变量的观察变量？（2）如何度量这些观察变量？（3）如何整合变量数据以建立模型？

Zott 和 Amit（2010）鲜明地指出，“商业模式调节技术输入和经济输出，一种商业模式朝着为所有参与方总价值创造的方向加速，它通过共同定义（沿着公司产品和服务的方向）整个‘价值蛋糕的尺寸’，或在交易中创造的总价值——它能被当作公司价值捕获的上限，来为核心公司的价值捕获奠定基础”。[18]这一论断深刻地揭示了商业模式的结构框定了企业商业模式的容量，商业模式的容量表征了商业模式发挥结构效应创造企业价值和客户价值功能的程度，因此能反映商业模式的效能状况。

二、容量测评变量与测评模型

（一）观察变量的测度标准及相关说明

商业模式的结构容量由客户价值主张（A 板块）、企业内部工作流程（B 板块）、盈利点（业务）选择及定价方式（C 板块）和企业跨边界资源合作网络（C 板块）4 个板块构成，其中：顾客价值由客户价值主张板块和企业内部工作流程板块共同创造，并产生顾客价值效应；企业价值由盈利点（业务）选择及定价方式板块和企业跨边界资源合作网络板块共同创造，并产生企业价值效应。但盈利的持续性有赖于板块的稳固程度，根据本书的观点，规则在其中起了极其重要的维持和强化作用，称之为固化效应。正如第二章第二节第五部分关于规则的基础理论回顾和本章第二节关于规则的作用所分析的那样，规则对顾客和企业的交易行为以及市场的交易条件都有着约束力，约束力越强，发挥作用的持续性越强，效能就越大。规则的强度越高，就越能长效固化 A、B、C、D 结构板块（components，有的文献称为组件或构件）的功能。因此，对 4 大结构板块的度量，除了板块主要构成要素（A1 + A2 + A3）组成 A 板块面积、（B1 + B2）组成 B 板块面积、（C1 + C2）组成 C 板块面积、（D1 + D2 + D3）组成 D 板块面积外，还需要分别加乘对规则强度的观察值（Z1—Z4）作为板块强度系数，即如增加了板壁厚度来提高板块的强度：针对客户价值主张板块（A1—A3）的固化效应，本书主要度量了定位规则的新颖性程度（Z1）；针对企业内部工作流程板块（B1—B2）的固化效应，本书主要度量了利益规则发挥效率的高低程度（Z2）；针对盈利点（业务）选择及定价方式板块（C1—C2）的固化效应，本书主要度量了对收入规则的锁定程度（Z3）；针对企业跨边界资源合作网络板块（D1—D3）的固化效应，本书主要度量了资源规则的互补程度（Z4）。通过对各板块要素和规则强度的加乘，分别获得了作为潜变量“商业模式容量”的4个观察变量值：A结构板块为X1、B结构板块为X2、C结构板块为X3、D结构板块为X4。以上价值效应、板块、潜变量、观察变量、结构板块构建要素的关系如表4－8所示。

表4－8　商业模式效应、结构板块、潜变量、观察变量、结构板块构成要素关系

效应	结构板块及效能特性	潜变量	观察变量	结构板块构建要素标识	结构板块构建要素（观察子项）
顾客价值效应	客户价值主张（A板块）	商业模式容量	A结构板块X1 =（A1 + A2 + A3）×Z1	A1	主营产品所在产业的市场总容量
				A2	产品受欢迎程度
				A3	用于改善产品和服务的投资情况
	企业内部工作流程（B板块）		B结构板块X2 =（B1 + B2）×Z2	B1	产出互补性
				B2	现金回笼情况
企业价值效应	盈利点（业务）选择及定价方式（C板块）		C结构板块X3 =（C1 + C2）×Z3	C1	企业独特性状况
				C2	定价模式
	企业跨边界资源合作网络（D板块）		D结构板块X4 =（D1 + D2 + D3）×Z4	D1	关键资源的运营支持
				D2	核心能力的扩张支持
				D3	企业在行业内网络关系状况
固化效应	定位规则新颖性	—		Z1	客户价值主张板块规则强度
	利益规则效率性			Z2	企业内部工作流程板块规则强度
	收入规则锁定性			Z3	盈利模式板块规则强度
	资源规则互补性			Z4	企业资源合作网络板块规则强度

注：本量表中的结构板块由基本要素评分值加乘规则强度评分值后获得，因此其作为容量的观察变量的含义不同于容器模型中单纯的板块面积大小。

对商业模式板块要素的测度，依据本节第一部分中商业模式构成要素的选取，并针对商业模式效能特征增加了对应规则强度的设置。以下就商业模式容量结构板块构成要素的度量标准做出补充说明：

1. 对客户价值主张板块的构成要素，本书分别采用主营产品所在产业的市场总容量（A1）、产品受欢迎程度（A2）、用于改善产品和服务的投资情况（A3）3 个观察子项来考察。对于 A1 来说，经济学的常识表明，当企业的产品为大众消费者日常所必需的时候，客户的需求总量总是非常大的，因此这些产品也最能体现客户的价值主张。例如，零售业巨头沃尔玛一直稳居“世界 500 强”企业前三甲。再如，20 世纪 60—70 年代，自行车一直是城市家庭的必需品，因此企业对消费者关于自行车款式、功能和价格等的关注总是非常在意并积极进行改善。而到了 21 世纪，当汽车成为城市居民的出行必需品时，汽车消费者的诉求总是为汽车制造商们所关注。同样地，对于 A2 来说，产品的受欢迎程度很大程度上体现了对客户价值主张的关注。例如，宜家公司所出售的家居产品，最大程度上进行了符合人体工程学的款式设计和提高人体舒适度的功能设计，使得公司的产品行销世界，并始终保持快速的周转和较低的库存水平。对于 A3 来说，如果公司乐意在所提供的产品或服务上增加投资，也在很大程度上说明了企业对客户整体让渡价值的高度关注。例如，国内家电连锁第一品牌苏宁，早在 2010 年规划优化家电零售实体店、尝试拓展百货网店之前，就于 2006 年开始加大对国内大区物流集散中心的投资和建设，当 2013 年网店销售规模几乎与实体店并驾齐驱的时候，已经投入运营的物流配送中心及时承担起了支撑苏宁集团超常规发展的重任，苏宁集团无论是线上还是线下的客户也因此而获得了及时和满意的服务。

定位规则的新颖性程度（Z1）反映了客户价值主张板块规则的强度。Zott 和 Amit 通过实证证明：公司的商业模式设计越关注新颖性，获得的公司业绩也越高。[25]例如，在关注男士日常的剃须用具方面，吉列公司放弃了对传统刀架的盈利模式，从互补性产品的损耗率角度切入，开创了吉列公司的刀架刀片模式（参考表 2 - 5 典型商业模式案例中的角色模型、比例模型及主要效能特征）。吉列公司创始人曾说，每天晚上当其想到世界上正有数以千万计的用户在使用吉列刀片，就会兴奋地睡不着觉。当然，除了形成产品的互补体系，企业还需要持续加大对产品的研发，以维持和加强这一互补体系。当企业对产品的研发进行持续投入之后，客户的价值主张在原有定位的基础上，将获得不断地满足。仍就拿吉列公司为例，它的刀架刀片模式创造了新的盈利点，但这一模式并不难复制，为此，吉列公司在刀片的研发上投入了巨资，使用过吉列刀片的人都知道，吉列刀片在钢材硬度和韧性、刀刃锋利度和平整性、刀片镀膜防锈等方面都比同类产品要出色许多，为此吉列公司还持有与之相关的许多产品专利。由此，本书定义 A 结构板块为：X1 =（A1 + A2 + A3）× Z1

2. 对企业内部工作流程板块的构成要素，本书分别采用产出互补性（B1）和现金回笼情况（B2）两个观察子项来考察。产出互补性（B1）是指，在企业供应链环节上有一个或多个企业特色的环节，企业有意识地组织一个互补产品或服务的供给体系，来使顾客获得差异化的服务。例如，戴尔公司当初作为一个没有任何电脑产品技术专利的 PC 销售商，它非常清楚摩尔定律，即对电脑硬件销售商来说，高库存就意味着高度的产品贬值。因此，戴尔公司在互联网技术（IT）行业首创直销模式（参考表 2 – 5 典型商业模式案例中的角色模型、比例模型及主要效能特征），通过特色供应链软件与终端客户建立实时需求更新系统，基本消灭了中间批发环节和中间环节的库存，使得公司的采购、生产、销售成为一个高效的物流、信息流和现金流的综合系统。这个系统的相互补充，又形成了企业内外的“良性循环”[27]：商品快速周转所带来的低成本和低费用推动销售价格的降低，而销售价格的大幅度降低又带来了销售数量和销售收入的急剧增加。而采用现金回笼情况（B2）作为企业的内部工作流程板块功能的观察子项目，则基于一个基本的财务常识：当一个企业的内部工作流程在高效运转，它需要有良好的现金回流来作为保障。可以假设，如果戴尔公司这套高效运作体系，一旦某个环节出现资金链断裂，就无法保持原有的良性循环。事实上，戴尔公司后来在供应链上的衰败，正是源于急剧膨胀的业务量，它寻求了备库存的老路，正应了“成也萧何败也萧何”。

利益规则发挥效率的高低程度（Z2）反映了企业内部工作流程板块规

则的强度。一旦企业的生产或服务具有差异化的技术功能、工艺流程或特殊的质保规则，就使得整个供应链流程上的高效协作体系得以长久维持，供应链下游的顾客需求得到持续满足甚至不断延伸。从企业视角来看，集中体现在人均创利值持久保持在高于行业平均水平之上。例如，20 世纪 10 年代老福特在他的汽车公司推行流水生产线，这一在当时全新的生产组织方式，彻底改变了以加工设备专业化分工为主体的传统生产组织方式（生产组织和流程规则），极大地提高了福特汽车工厂的生产效率和人均效率，并使得汽车的加工制造成本急剧降低。以 T 型车为例，1912 年的售价为 600 美元，而到了 1914 年在维持利润不变的情况下，由于实行了流水线作业，同型号的汽车售价快速下降到 360 美元。如果福特公司不是遭遇到了 20 世纪 20 年代由斯隆所领导的通用汽车公司，后者在积极响应客户的价值主张并在组织管控方式上进行了卓有成效的变革，那么老福特想要让工薪阶层都开上他的 T 型车的梦想也许真的能够实现。同样地，戴尔公司的直销模式，使得戴尔公司在人均创利能力上将其他同行业竞争对手远远地抛在后面，也使得其所建立的良性循环持续不断地为企业和客户创造利益。由此，本书定义 B 结构板块为：$X2 = (B1 + B2) \times Z2$

3. 对盈利点（业务）选择及定价方式板块的构成要素，本书分别采用企业独特性状况（C1）和定价模式（C2）两个观察子项来考察。对于 C1 来说，当企业的市场竞争地位受到某种特殊因素（如技术保护、政策保护等）的支持时，企业将拥有比较强势的定价权。例如，分别掌握 PC 硬件和软件核心技术的微软公司和英特尔公司、将触摸屏技术应用到手机上的苹果公司、具有国企和石油储备双重政策保护的中石油公司和中石化公司，都属于这种情况，它们的定价模式极少采用成本加成法（Cost Plus）。但是也不得不承认，在许多竞争非常激烈的“红海”之中，由于企业重新定义了新的价值曲线，由此发现了利润丰厚且竞争者稀少的“蓝海”[60]。例如，以澳大利亚特色和简单易识别的从众多葡萄酒产品中脱颖而出的“黄尾”牌葡萄酒公司和以低成本模式但提供贴心服务著称的美国西南航空公司等（参考表 2－5 典型商业模式案例中的角色模型、比例模型及主要效能特征）。因此，本书不得不考虑在企业独特性状况（C1）的基础上，再增加定价模式（C2）结构板块构建要素来综合度量盈利点（业务）选择及定价方式板块的功能。

收入规则的锁定程度（Z3）体现了盈利模式板块规则的强度。当前有一种比较通行的说法：网络时代，企业最有效的商业模式应该是塑造具有双向控制力的交易平台。其实，这一说法从一个侧面揭示了企业塑造对下游客户的锁定效应对于企业持续性收益的重要性。例如，苏宁集团作为电器交易的中间平台，凭借平台下游众多的零售网点和广大的客户群作为谈判条件，从上游电器供应商获取了上游集中采购的定价权——格力空调为了打破这种定价权不得不花巨资建立自己品牌的电器专营店；同时，苏宁集团又以具有竞争力的价格和宽广的产品范围（范围经济）牢牢地锁定了广大的下游消费者，并且不断地强化着这个平台。另外，特定的工艺、标准和技术要求，也能对收益规则产生巨大的锁定效应。并且，下游客户的长期习惯性采购或为了节省成本而采取的集中化采购，都能在一定程度上锁定交易。由此，本书定义 C 结构板块为：$X3=(C1+C2)\times Z3$

4. 对企业跨边界资源合作网络板块的构成要素，本书分别采用关键资源的运营支持（D1）、核心能力的扩张支持（D2）、企业在行业内网络关系状况（D3）3 个观察子项来度量。对于 D1 来说，如果企业对主要原材料、配套协作件（含专项服务费、专利费）的价格控制程度高，就意味从市场获取关键资源的交易成本相对低廉，这也是为什么生产企业乐意与上游供应商结成产业联盟的主要原因之一。科斯的交易成本理论已经证明：对于能从市场直接获取的资源，如果获取成本加上交易成本之和仍旧小于企业自行生产的成本，那么就应该直接从市场获取。这也就可以解释：为什么在 20 世纪 90 年代中后期中国实行国有企业改制时，大量原来由企业负责经营管理的工厂幼儿园、工厂医务室、工厂培训学校、工厂食堂、工厂车队等，改制后被从企业中剥离出去，或解散或转为市场化运营；相反，企业在改制过程中，与上级主管部门反复“讨价还价”的所谓改制优惠政策，很大一部分集中在改制后是否能继续获得企业生存所必需的关键性资源上。例如，煤炭和石油贸易企业改制，它们最关心的是：是否还能维持与煤矿、炼油厂的代理业务关系，是否能继续获得原来国有企业所能获得的优惠进货价格。对于支持企业扩张的核心能力（D2）而言，它是企业所特有的且不可复制的或很难从市场交易中获得的。例如，耐克作为运动品牌的领导者，摈弃了传统经营理念将生产运作管理作为企业核心能力的观念，把竞争激烈且已经高度市场化运作的成衣制造、鞋类制造外包出去，自己专心做好运动用品的研发工作，在运动用品产业中塑造了独特的核心能力。有关企业关键资源与核心能力的研究表明，在所有核心能力中，有专业技能的人才（如企业家、职业经理人等）是最具有创造性和活力的资源，他们所发挥的作用在所有核心能力中居于首要的位置。如，失去了乔布斯的苹果公司还能再创苹果公司的第三度辉煌吗？因此，把核心能力的扩张支持作为企业跨边界资源合作板块功能的第二个构建要素。对于 D3 而言，企业在行业内网络关系的状况，直接影响到企业的跨边界资源合作质量。社会学家经过研究发现，企业的发展壮大，伴随着企业对外部合作关系的不断优化。例如，新建企业与外部协作企业存在着大量的结构性空洞[164]，通过长时间的交易与合作行为，企业逐渐填补掉了原先的结构性空洞，并通过不断的试错来优化并找到最佳合作路径。所以一般来讲，成立年限比较久的企业，在行业内的网络关系状况会比较好。

资源规则的互补程度（Z4）体现了企业资源合作网络板块规则的强度。基于交易成本的合作关系，在市场利益规则之下，其实并不稳固。从这个角度出发，如果产品的核心部分全部来自企业的自主知识产权或者企业的无形资产率水平较高的时候，企业对互补性资源的依赖性会减弱。但这种封闭式的经营管理方式，在网络经济条件下，会面临许多不可预测的经营风险。而建立在大量外包协议基础上并伴以长期互补性的协作，则使企业的跨边界资源合作关系将非常牢固。例如，生产智能手机的苹果公司和三星公司，按照常理应该是竞争关系，但是令人惊奇的是，三星公司还为苹果公司的部分智能手机产品代工。显然，苹果公司弥补了三星公司对规模化生产的需求，而三星公司则能为苹果公司提供低廉但技术先进的高端产品——这一互补性关系的强度甚至超越了两者的竞争关系。由此，本书定义 D 结构板块为：$X4 = (D1 + D2 + D3) \times Z4$

5. 对于结构板块构成要素（A1—D3）部分，表 4-9 根据上市公司披露的信息，分别以0.33、0.66、0.99 3个等级选择打分的评分值。之所以没有采用0、0.33、0.66、1的李克特（Likert）4级度量法，在于本书希望在运用加乘方法计算观察变量结构板块［例如X1 =（A1 + A2 + A3）× Z1）］的时候，避免有可能出现的集体归零现象。此外，之所以在这部分没有采用李克特（Likert）5级度量方法：一是表4 -9中许多评分标准所依赖的信息，不属于上市公司法定披露的信息范畴；二是在较大样本条件下，即使各上市公司披露了相关信息，但其详尽程度也各不相同，因此如果过大拉开评分值的区分度，将使得在对那些信息披露相对模糊的公司进行打分时，很难给出准确公允的分值。但是在对板块规则（Z1—Z4）部分进行打分时，就不存在以上问题，因此，对这部分的打分就完全采用了李克特5级（1—5分）度量方法。

6. 对于B和C两个板块，本书采用了两个结构板块构建要素；但对于A和D两个板块，本书采用了3个结构板块构建要素。这是因为本书认为A和D两个板块分别对于客户价值和企业价值来说更为重要，它们的优劣会影响到B和C两个板块；而B和C两个板块对于客户价值和企业价值来说更多表现为操作层面的影响。综合来看，A和B板块5个要素对应的客户价值与C和D板块5个要素对应的企业价值是可以对等比较的。

在做出以上说明的基础上，现将商业模式结构板块构成要素的度量标准列表，具体如表4 -9所示。

表4 -9　　　　商业模式容量测评量表

观察变量子项目标识	结构板块构成要素	结构板块构成要素评分度量标准	结构板块构成要素评分赋值
A1	主营产品所在产业的市场总容量	（1）主要顾客是家庭个人等最终消费者，且为基本必需品（高）；（2）主要顾客是家庭个人等最终消费者，非必需品（中）；（3）其他（低）	高 -0.99 中 -0.66 低 -0.33
A2	产品受欢迎程度	（1）产品非常受欢迎，热销，存货周转快（高）；（2）产品能被消费者接受，存货周转正常（中）；（3）部分品种滞销，存货周转慢（低）	高 -0.99 中 -0.66 低 -0.33

续表

观察变量子项目标识	结构板块构成要素	结构板块构成要素评分度量标准	结构板块构成要素评分赋值
A3	用于改善产品和服务的投资情况	(1) 用于产品、物流改善等方面的投资支出率高（高）；(2) 用于产品、物流改善等方面的投资支出与行业水平相当（中）；(3) 无用于产品、物流改善等方面的投资或支出率低（低）	高 -0.99 中 -0.66 低 -0.33
B1	产出互补性	企业销售产品给顾客（“下家”）的过程： (1) 标准化的，没有特别之处（低）；(2) 从接受订单到获得产品或服务再到消费等环节上有一个或多个有企业特色的环节，但没有专门的互补产品或服务（中）；(3) 在 (2) 的基础上，企业有意识组织了一个互补产品或服务的供给体系，使顾客获得差异化服务（高）	低 -0.33 中 -0.66 高 -0.99
B2	现金回笼情况	(1) 企业业务流程精简高效，现金流量充裕程度超出行业水平（高）；(2) 企业业务流程顺畅，现金流量正常（中）；(3) 企业业务流程不畅，现金滞压（低）	高 -0.99 中 -0.66 低 -0.33
C1	企业独特性状况	企业的市场竞争地位受何种因素的支持： (1) 技术保护：企业产品或关键技术拥有知识产权如专利等（高）；(2) 政策保护：拥有许可证、国家重点企业称号、产业基金扶持以及财经优惠政策（中）；(3) 其他：（低）	高 -0.99 中 -0.66 低 -0.33
C2	定价模式	(1) 传统型——主营业务产品单独销售，没有配售产品或服务（低）；(2) 赠品型——主营业务产品销售中配有赠品（售后服务、销售积分等），但这些赠品的吸引力一般，且较为普通（已成为行业规范或流行）（中）；(3) 炒地型——“赠品”有特色，具有较高吸引力，企业促销方面，除了宣传以外，还有其他吸引顾客的措施，这些措施包括特定服务等，可为顾客带来他们感兴趣的利益（高）	高 -0.99 中 -0.66 低 -0.33

续表

观察变量子项目标识	结构板块构成要素	结构板块构成要素评分度量标准	结构板块构成要素评分赋值
D1	关键资源的运营支持	关键资源对现有运营的低成本支持水平—企业对主要原材料、配套协作件（含专项服务费、专利费）的价格控制程度： （1）高（高）；（2）中（中）；（3）低或不确定（低）	高－0.99 中－0.66 低－0.33
D2	核心能力的扩张支持	企业最核心的能力是： （1）企业家或其他专业人员的才能（低）；（2）专用设备等有形资源（中）；（3）资金及其他（高）	低－0.33 中－0.66 高－0.99
D3	行业内网络关系状况	（1）企业成立年限长，对行业内网络关系熟悉情况高（高）；（2）对行业内网络关系比较了解（中）；（3）企业成立年限短，行业内网络关系结构空洞较多（低）	高－0.99 中－0.66 低－0.33
Z1	客户价值主张板块规则强度	（1）企业产品研发投入高且产品形成互补体系（高）；（2）企业有产品研发投入且产品新颖程度高（较高）；（3）企业有产品研发投入但产品互补性不强（中）；（4）没有报告产品研发情况（较低）；（5）产品研发费用持续降低（低）	高－5 较高－4 中－3 较低－2 低－1
Z2	企业内部工作流程板块规则强度	（1）企业生产或服务具有差异化的技术功能，流程协作效率非常高，创造顾客需求，体现在人均创利水平高（高）；（2）企业生产或服务具有差异化的工艺流程，工作流程效率高，顾客满意度高，体现在人均创利水平较高（较高）；（3）企业生产或服务具有差异化的质保规则，售后反馈好，顾客满意，体现在人均创利略高于行业水平（中）；（4）企业生产或服务采用行业传统方式，人均效率与行业持平（较低）；（5）企业生产或服务流程不畅，效率低下（低）	高－5 较高－4 中－3 较低－2 低－1
Z3	盈利模式板块规则强度	（1）控制上下游的平台型企业，盈利水平非常高（高）；（2）主要客户采购产品需要符合本单位特定工艺、标准和技术要求，锁定效应较高（较高）；（3）需要集中采购（中）；（4）长期存在的习惯性采购（较低）；（5）随意性采购（低）	高－5 较高－4 中－3 较低－2 低－1

续表

观察变量子项目标识	结构板块构成要素	结构板块构成要素评分度量标准	结构板块构成要素评分赋值
Z4	企业资源合作网络板块规则强度	(1) 产品核心部分全部来自企业自主知识产权，企业无形资产率高，对互补性资源的依赖性弱（低）；(2) 产品主要由企业自行研制，有少量非关键部件外部采购（较低）；(3) 通过市场惯例交易（中）；(4) 企业有专门的供货机构且合作良好（较高）；(5) 大量外包，对原材料、协作件等关键资源的获取有稳定且长期的协议（高）	低 -1 较低 -2 中 -3 较高 -4 高 -5

（二）商业模式容量的测量模型

假设：ξ 为“商业模式容量”潜变量；$X1$—$X4$ 为观察变量；λ_{x1}—λ_{x4} 分别为估计的参数；δ_1—δ_4分别为测量的误差。4 个观察变量与潜在变量的测量模型如图 4 -4 所示。

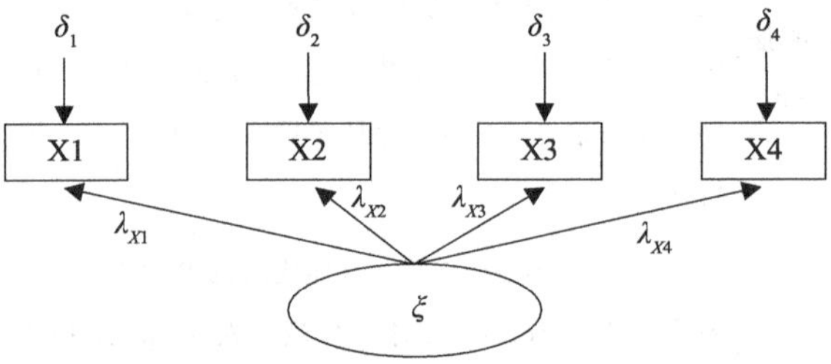

图 4 -4 商业模式容量测量模型

上述测量模型的回归方程式如下：

$$X1 = \lambda_{X1}\xi + \delta_1$$

$$X2 = \lambda_{X2}\xi + \delta_2$$

$$X3 = \lambda_{X3}\xi + \delta_3$$

$$X4 = \lambda_{X4}\xi + \delta_4$$

上述的回归方程可以矩阵方程式表示如下：

$$X = \Lambda_X\xi + \delta$$

其中，ξ 与 δ 互不相关；Λ_X 为观察变量 X 的因素负荷量（loading，又称为回归系数或权重）；δ 为外显变量的测量误差。

测评团队对结构板块构成要素的评分值，经加乘运算后获得 X1—X4 数值，代入以上测量方程后，潜变量“商业模式容量”通过了信度检验，参见本节第五部分说明；经过结构方程模型软件运算和测量模型的修正，可以获得标准化后的 λ_{x1}—λ_{x4} 和 δ_1—δ_4 数值，具体输出结果参见图 4 - 8；因素负荷量和测量误差通过显著性检验，参见本节第五部分说明；此外，表 4 - 13 显示结构方程模型通过整体模型适配度检验也从另一方面证实了容量测量模型的效度。

三、容量测评体系的构建

（一）测评系统的组成内容

本书测评的目的，在于通过对商业模式容量的测评，能评估商业模式的效能，最终提升商业实践活动中商业模式设计、构建和创新的质量。

对事物的测评，需要一个有效的测评系统。测评系统一般由两部分组成，即测评主体和测评客体。测评主体指参与测评的人的群体，测评客体指测评的直接对象。在着手测评时，还需要考虑测评环境，测评环境指测评系统以外且与之联系较紧密的其他部分，它是测评系统的外部环境。测评主体、测评客体和测评环境三者一起，构成了一个复杂的开放系统。测评系统就其本质来说，是一个信息处理系统，开展测评的过程，是一个将无序信息有序化的过程。测评主体可分成两个子系统，即由专家群体组成的智囊子系统和由领导集体组成的决断子系统。智囊子系统的主要任务在“谋”。具体来说，一是要设计体现目的要求的测量指标；二是要选择有代表性的测评方法，计算出测评结果（也称测评方案），提交决断子系统做决策。[165] 测评系统示意如图 4 - 5 所示。

商业模式容量测评主体的智囊子系统由商业模式的研究团队组成，具体成员情况将在本节第五部分“数据收集”中作介绍。3 个潜变量的观察变量已经分别在第二章第四节第三部分、第二章第四节第四部分和本章本节第二部分中做出了说明，测评方法的选用将在下一小节做出说明。

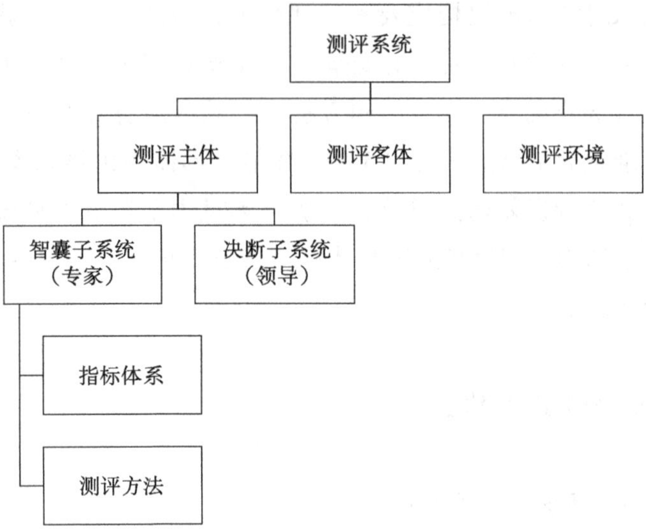

图4-5 测评系统示意

测评主体的决断子系统，正是关注商业模式效能的研究者和商业活动的实践者。通过对商业模式容量的测评和商业模式效能评估的实证检验，企业投资人、企业决策管理者可以运用容量测评的研究成果，来设计、构建或发现高效能的商业模式，以实现企业绩效的持续增长、降低商业活动的投资风险、发现商业模式设计中的短板并设置相应的预警机制等。

本书的评估对象（评估客体）是商业模式效能。本书提出基于结构容量的测评来评估商业模式效能的构念，需要通过效能的观察指标来进行实证检验。因此，在测评过程中，还需要增加实证检验这一环节。

测评环境与科学、技术、政治、经济、社会、文化、教育、人口、生态、气候等因素密切联系着。[166]此外，商业模式作为一个开放的系统，对商业模式容量的测评一定有其应用的情景。本书所选取的293家产品平台型上市公司样本，均来自中国战略性新兴产业。因此，本书的测评一定会受到测评技术和测评样本等因素的影响。

此外，对于像商业模式容量这样的潜变量测评问题，需要有一定的观察变量来反映潜变量，并通过一定的数学模型（如测量模型、结构模型），来获取潜变量值和潜变量间的路径系数（回归系数）。因此，一个测评系统还应包括测量模型及其计算机的实现。[166]

就评估流程而言，本书第一步在第二章第二节进行文献回顾和分析，提出问题，以确定评估目的和评估对象。第二步在第二章第四节讨论了潜变量商业模式效能、战略协同的观察指标并构建了它们的测量模型。第三步在本章第一节针对现有的评估方法指出其贡献和不足之处，以确认当前的评估研究现状。第四步在本节第二部分讨论了潜变量商业模式容量的观察变量并构建了其测量模型，随后在假设了各潜变量（容量、战略协同、商业模式效能）之间关系和作用路径的基础上，在本节第五部分构建了验证性的结构方程模型，并实施了实证检验和分析。具体工作包括：介绍了样本选择和收集情况、实施了潜变量信度和量表效度的检验、分析了AMOS软件输出结果并实施了结构方程模型的评估、实证检验了测评构念、测试了结构方程模型的稳定性、进行了探索性因子分析、讨论了评估结果。第五步在第六章中探讨了商业模式效能评估的应用领域。第七步在第七章中对整个测评和评估进行了总结。

就评估类型而言，可将评估分为事前评估和事后评估、定量评估和定性评估、相对评估和绝对评估。商业模式的事前评估更多地指向商业模式的设计评价——依靠专家系统对既定的设计标准进行定性打分，并依据一定的数量方法获得对各个设计标准的权重度量，然后加乘后获得综合得分；而事后评估更多指向商业模式的实施效果，本书验证性分析部分，就是在获得样本企业业绩指标数据后所做的事后评估。由于商业模式跨越了产业的界限，以往对商业模式的评价，大量学者往往是在特定行业内所做的定性评估，而本书从三维分析视角，尝试对商业模式容量等进行量化测评。由于商业模式的动态演化性、容量和效能的潜变量特性，因此对于商业模式容量的测评，只能是在有限指标、有限评估方法和有限评估对象条件下的相对评估；对于商业实践活动来说，考虑到绝对评估所需要付出的巨大成本因素（时间、技术、资金等），相对评估作为有限条件下的最优解，可以基本满足实际的评估需要。

（二）测评和验证方法的选用

就测评系统而言，天津大学管理学院原院长刘豹（1986）指出，测评方法大抵可以分为两类，一类是数学模型方法，另一类是非数学模型方法。当测评问题所涉及的因素以及它们之间的相互关系能够定量加以表示时，我们一般用数学模型对这种定量关系进行抽象处理，此时测评问题转化为对数学模型求解。非数学模型方法强调人的思维判断在测评过程中的作用，通过一定模式使决策思维过程规范化，它适合于定性与定量因素相结合特别是定性因素起主导作用的测评问题。[155]

测评体系主要说明“由谁评和评什么”的问题，而测评方法则需要回答“怎么评”的问题。因此，作为向决断系统提供决策依据、由专家组成的智囊系统，在指标的建立和评估方法的选择上，既可以采用思维判断的定性方法，也可以采用数学建模的定量方法。而对于像商业模式容量和效能这样的复杂系统，则比较适合采用定性与定量因素相结合的评估方法，例如工程测评中经常运用的层次分析法（AHP）、绩效测评中经常运用的模糊数学模型[167]、社会科学经常使用的结构方程模型（SEM）[74]、指标综合中经常运用的功效系数法、因子分析法和指标规划法[168]。

部分研究者利用回归方程对商业模式功能和企业绩效进行了相关性分析。但是，商业模式容量、战略协同性、商业模式效能作为 3 个潜变量[74]，回归方程很难进行准确、直接测量。对于现存定性和定量因素相结合的评估方法，考虑到本书的创新性要求，因此剔除本章第一节第二部分“现有商业模式测评方法介绍”中提及的前人已经应用过的方法。在综合考虑了测评体系的复杂程度、潜变量的路径系数（回归系数）获取方法等因素后，本书决定采用结构方程模型（SEM）的 AMOS 软件来对商业模式效能进行评估。运用结构方程模型具有以下优点[74]：

（1）许多社会、心理研究中设计的变量，都不能准确、直接地测量，这种变量称为潜变量，如智力、学习动机、家庭社会经济地位等。我们只能退而求其次，用一些观察指标间接测量这些潜变量。传统的统计分析方法不能妥善处理潜变量，而结构方程模型则能同时处理潜变量及其指标。

（2）许多流行的传统方法（如回归分析），虽然允许因变量含测量误差，但需要假设自变量是没有误差的。当自变量和因变量都不能准确测量时，理论上来讲，回归方程不能用来估计变量之间的关系。而结构方程模型可通过观察指标的协方差矩阵（covariance matrix）来求解。

（3）如果用5个题目测量学生的“外向性格”，用4个题目测量学生的“自信”，则要分析“外向性格”与“自信”的关系。传统上，我们先分别计算“外向性格”题目的总分（或平均分）和“自信”题目的总分（或平均分），再计算两个总分的相关性。这样计算所得两个潜变量（“外向性格”和“自信”）的关系，不一定恰当，但结构方程模型能提供更佳的解答。

（4）结构方程分析经常用于比较不同模型。简单来说，结构方程模型可分为测量方程（measurement equation）和结构方程（structural equation）两部分。测量方程描述潜变量与指标之间的关系，结构方程描述潜变量之间的关系，指标含有测量误差（随机误差和系统误差）。若因子可以直接测量（因子本身就是指标），则结构方程分析就是回归分析。若只考虑因子之间相关，不考虑因子之间的因果关系，即没有结构模型这部分，则结构方程分析就是因子分析。此时，若要检验数据是否符合某个预先设定的先验模型，结构方程分析便成为验证性因子分析（Confirmatory Factor Analysis，CFA）。

综上所述，针对商业模式容量、战略协同性、商业模式效能3个潜变量，运用结构方程模型来进行分析和验证，非常适合、有效，其具有十分明显的优势。而且，通过结构方程模型，既可以用SPSS软件的可靠性分析功能[169]来检验3个潜变量的信度，也可以用结构方程分析的验证性因子分析来检验所开发量表的结构效度，还可以用结构方程分析做一般探索性因子分析（Exploratory Factor Analysis，EFA）。

（三）指标权重的确定方法

如何确定权重系数，是测评中的核心问题，也是令人头痛的问题。概括地说，权重系数的确定方法可分为3大类：一是基于“功能驱动”原理的赋权法（主观赋权法）；二是基于“差异驱动”原理的赋权法（客观赋权法）；三是综合集成赋权法。[170]对于同一个测评问题来说，主观赋权法和客观赋权法各有千秋，对它们归类如表4-10所示。

表 4－10　　赋权方法归类[170]

原理	类型	方法	特点
功能驱动	指标偏好型	集值迭代法、特征值法，G1－法和 G2－法	直接表达测评者主观信息
	方案偏好型	基于方案序偏好的赋权法、基于方案偏好强度的赋权法	突出测评者直觉判断能力
差异驱动	整体差异型	拉开档次法、逼近理想点法	突出方案可辨别或方案的自由竞争性原则
	局部差异型	均方差法、极差法、熵值法	突出指标可辨识性原则

而本书采用的结构方程模型，可以通过协方差矩阵的运算，由测量方程自动计算出观察变量因素负荷量（权重）、由结构方程自动计算出潜变量之间路径系数（又称为回归系数或权重），再通过模型的整体适配度评价等来检验权重值的显著性和可靠度。其这一优点也是本书优先选择结构方程模型作为评估方法的主要原因之一。

四、商业模式容量、战略协同与商业模式效能的路径分析模型

（一）研究假设与结构模型路径分析

迈克尔·波特在其著名的“竞争三步曲”著作中论述了企业如何运用战略进行定位来改善企业在行业内的业绩，以及如何通过增强企业内部的战略协同水平来塑造核心竞争力的问题。战略协同（strategic synergy）主要通过资源和能力的整合，来识别和实现协同效应（synergy effect），获得竞争优势。[53,54]但对于战略协同对企业绩效的这种正向作用如何来度量，波特并没有做定量的分析。本书通过对中国战略性新兴产业上市公司的实证分析，来尝试对这一关系之间的作用进行度量。因此，本书提出路径假设一：

假设 H1：战略协同（η_2）对商业模式效能（η_1）有正向的促进作用。

H1 用公式表示为：$\eta_1 = \beta \eta_2 + \zeta_1$

其中，β 为潜变量（η_1 与 η_2）间关联的系数矩阵；ζ_1 为内因潜变量（η_1）的残差值。

Zott 和 Amit（2007）聚焦于组织的一整套跨边界交易的设计——商业模式设计，并且探寻商业模式设计是如何影响新兴成长导向公司的业绩的。他们开发并分析了一套在美国和欧洲上市的 190 家新兴成长导向公司的独特数据，实证结果显示以新颖性为中心设计的商业模式对企业业绩大部分有效，而且分析还显示这一正向关系经过时间考验依然具有非常好的稳定性，甚至在变动环境体制下依然如此。[25] 王翔、李东和张晓玲（2010）基于中国有色金属上市公司的方差分析（ANOVA），证明商业模式导致明显的企业间绩效差异，但对于不同方面的绩效指标具有差异化的影响。[153] 因此，本书在本章第一节第一部分关于现有商业模式评价理的论探索和第二章第四节第一部分关于商业模式效能定义和理论分析的基础上，试图通过实证来回答：在商业模式对绩效的正向作用已经明确的条件下，商业模式容量对企业绩效的大小以及持续性，即本书定义的商业模式效能有直接的影响，因此本书提出路径假设二：

假设 H2：商业模式容量（ξ）对商业模式效能（η_1）有直接的正向影响，或者说基于商业模式容量的测评可以直接用来评估商业模式的效能。

H2 用公式表示为：$\eta_1 = \gamma_1\xi + \zeta_1$，此为直接路径效应。

其中，γ_1 为外因潜变量（ξ）与内因潜变量（η_1）间关联的系数矩阵；ζ_1 为内因潜变量（η_1）的残差值。

Magretta（2002）认为，战略思考发端于良好的商业模式，而商业模式作为一个设计框架和行为选择系统，则是完成组织特定目标的经营体系，商业模式与战略的匹配和互补会让新的商业模式产生难以复制的竞争力，使企业获得成长发展和业绩的持续改善。[30] Yip（2004）认为环境变化引起的激进战略变革会在以下方面促成商业模式创新：价值主张、投入的本质、如何改造投入、产出的本质、垂直和水平的范围、地理范围、客户的本质、如何去组织。[171] 马君（2007）指出，商业模式重视价值创造和价值获取，而战略通过价值主张向顾客提供独特价值，两者对价值创造主题的关注导致商业模式的诸多要素与战略元素匹配并互补。[172] 吕鸿江（2011）指出商业模式与战略匹配是实现企业持续竞争优势的重要途径：可以通过设计商业模式的包容性，来提高战略的主动性和增强战略的灵活性；商业模式能超越战略的路径依赖，通过培育战略柔性和打破战略惯性来促进战略变革与创新。[173] Casadesus – Masanell 和 Ricart（2011）指出，一个好的商业模式的一个重要特性是它是否和公司的战略目标相匹配。[29] 在以上研究的基础上，结合第二章第三节第四部分商业模式调节企业绩效的功能实现途径的理论分析，本书尝试探索商业模式容量和战略协同如何共同对商业模式效能产生影响，因此本书提出路径假设三和路径假设四：

假设 H3：商业模式容量（ξ）对企业战略协同（η_2）有正向的影响。

H3 用公式表示为：$\eta_2 = \gamma_2\xi + \zeta_2$

其中，γ_2为外因潜变量（ξ）与内因潜变量（η_2）间关联的系数矩阵；ζ_2为内因潜变量（η_2）的残差值。

假设 H4：商业模式容量（ξ）通过优化企业战略协同（η_2），对商业模式效能（η_1）有正向的促进作用。

用联列公式表示为：

$\eta_1 = \beta\eta_2 + \zeta_1$ ……H1

$\eta_2 = \gamma_2\xi + \zeta_2$ ……H3

将 H3 代入 H1 后，H4 用公式表示为：$\eta_1 = \gamma_2\beta\xi + \zeta$，此为间接路径效应。

其中，$\gamma_2\beta$ 为外因潜变量（ξ）通过内因潜变量（η_2）与内因潜变量（η_1）间关联的系数矩阵；ζ 为内因潜变量的残差值。外因潜变量（自变量）为因，内因潜变量（因变量）为果。[76]

根据以上假设建立结构模型如图 4 – 6 所示。

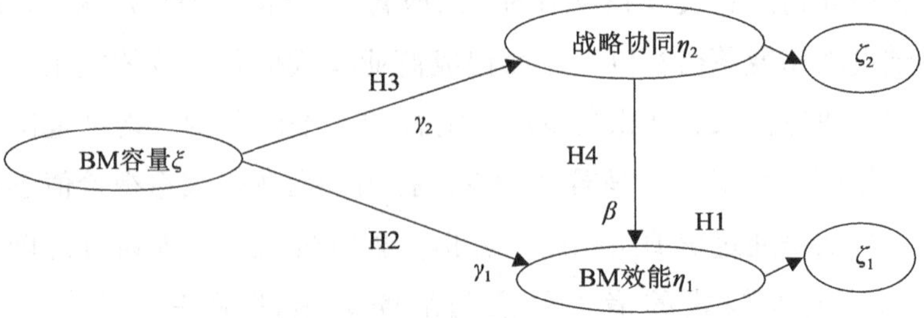

图 4 – 6　3 个潜变量的结构模型示意图

上述潜在变量间的回归方程式（结构方程）如下：

$\eta_2 = \gamma_2\xi + \zeta_2$ ……H3

$\eta_{1总} = \beta\eta_2 + \gamma_1\xi + \zeta_1$

将 H3 代入上式后得：$\eta_{1总} = (\gamma_2\beta + \gamma_1)\xi + \zeta$

此为商业模式容量经过 H2 和 H4 两条路径对商业模式效能的总效应。

此外，Zott 和 Amit（2008）通过使用分层级的普通最小二乘回归技术，发现商业模式和产品市场战略共同作用，当通过市场的资本化来度量时，显著地影响公司的可感知化业绩；更为特别地是，他们发现在以新颖性为中心的商业模式和各种（单个）产品市场战略之间，如成本领先策略，则都有正向的相互作用。[52]因此，本书还试图利用结构方程模型进行探索性因子分析，来检验商业模式效能在单一竞争策略下对商业模式效能的影响，并就此提出两个补充路径假设：

假设 H4a：商业模式容量（ξ）通过调节企业单一的低成本策略（S1），对商业模式效能（η_1）起到正向的促进作用。

假设 H4b：商业模式容量（ξ）通过调节企业单一的差异化策略（S2），对商业模式效能（η_1）起到正向的促进作用。

关于假设 H4a 和 H4b 结构方程模型示意图直接参阅 AMOS 输出效果（见图 4－12 和图 4－13）。

（二）基于验证性分析的结构方程模型构建

与建筑构造[174]和生物分类[33]类似，商业模式的成型同样沿着“要素—结构—功能—效能”的构建路线。商业模式的优劣，主要体现在效能上。因此，对商业模式效能的评估需要找到一条分析路线，能将商业模式要素、结构板块、功能、效能特征等有机整合到一个结构分析系统内，基于对可以表征结构关键特性的容量的测评，就能比较全面地来评估商业模式的效能。

当然，关于以上测评思路，尽管本书做了大量的文献研究并展开了充分的理论分析和论证，但是它作为一个构念（construct）[175]，始终有赖于大样本的实证检验。而商业模式功能所指向的作用对象，是企业的绩效。因此，基于容量测评的评估效果，可以通过商业模式效能的观察指标来验证。此外，对于商业模式容量通过影响战略协同来间接影响商业模式效能的路径规划，也需要一并纳入相关的实证检验之中。容量测评效果的验证思路和路径分析如图 4－7 所示。

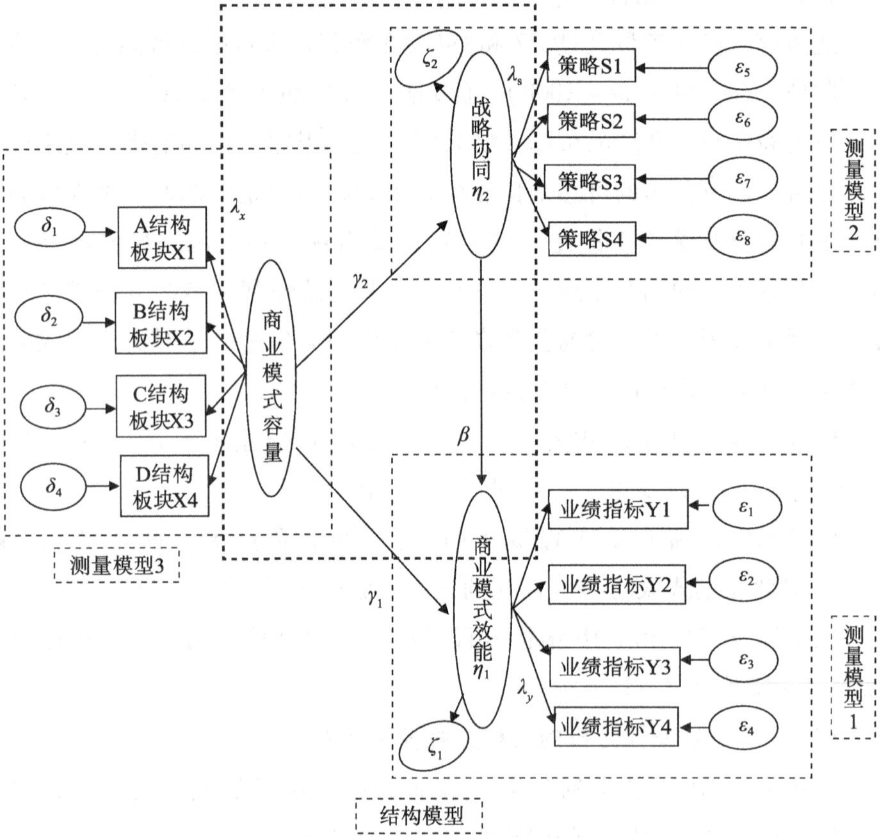

图 4－7　结构方程模型示意图

本书构建的结构方程模型（见图 4－7）由 3 个测量模型和 1 个结构模型组成（见表 4－11），3 个测量模型分别负责观察变量与各潜变量之间关系的构建，1 个结构模型负责 3 个潜变量之间关系的构建。当采集样本企业数据、根据观察变量的设计录入结构方程模型软件后，一旦如图 4－7 所示的结构方程模型通过整体模型的适配度评价，那么就实证检验了本小节提出的研究假设，因而得出基于容量的测评可以评估商业模式效能的结论。

表 4-11　　结构方程模型的组成

模型	潜变量	观察变量（指标）数量（个）	本书章节
测量模型 1	商业模式效能	4	第二章第四节第三部分
测量模型 2	战略协同	4	第二章第四节第四部分
测量模型 3	商业模式容量	4	第四章第三节第二部分
结构模型	商业模式效能、战略协同、商业模式容量	—	第四章第三节第四部分
结构方程模型	商业模式效能、战略协同、商业模式容量	12	第四章第三节第四部分

当以上 3 个测量模型代入所有 12 个观察变量的样本企业数据后，经过结构方程模型软件运算和整体模型的修正，可以获得标准化后的 γ_2、β、γ_1 和 ζ_1、ζ_2 数值，具体输出结果参见图 4-9；潜变量间路径系数（又称为标准化回归系数或直接效果值）通过显著性检验，参见本节第五部分说明；3 个潜变量和 12 个观察变量通过了信度检验，参见本节第五部分说明；结构方程模型通过整体模型适配度检验证实了结构方程模型的效度。

五、实证检验及分析

本章提出的 3 个潜变量需要通过信度检验，12 个观察变量需要通过量表的结构效度检验；3 个测量模型需要输出因素负荷量和测量误差并通过显著性检验，1 个结构模型需要输出路径系数和残差值并通过显著性检验；结构方程模型需要通过整体模型的适配度检验以证实测量模型和结构模型的效度；4 个研究假设（包括基于容量的测评能有效测评商业模式效能的构念）也需要获得实证检验。因此，在一定数量的样本数据下运用结构方程模型软件来实施实证检验和分析显得尤其必要。

（一）实证研究设计

1. 样本选择。考虑到本书所研究的问题与商业模式、企业战略和企业绩效高度关联，因此，在样本的选择上，本书将样本的选取对象聚焦在归属战略性新兴产业的产品平台型上市企业。战略性新兴产业是以重大技术突破和重大发展需求为基础，对经济社会全局和长远发展具有重大引领带动作用，知识技术密集、物资资源消耗少、成长潜力大、综合效益好的产业。截至2010年6月，全国登记的节能环保、信息网络、新医药和生物育种、高端装备制造、新能源、新材料、新能源汽车等战略性新兴产业中内资企业有5 045户，注册资本达146.8亿元。其中，在国内上市企业709家，在上述7大战略性新兴产业中的分布情况如下：

（1）节能环保产业的企业145家；

（2）新一代信息技术产业的企业171家；

（3）新生物产业的企业54家；

（4）高端装备制造产业的企业77家；

（5）新能源产业的企业122家；

（6）新材料产业的企业94家；

（7）新能源汽车产业的企业46家。

本书根据研究所需信息资料披露情况的完整程度，无针对性地选择了其中293家在沪深两地上市的A股企业作为研究样本，占国内上市战略性新兴产业企业数量的41.3%，占截至2011年年底沪深上市公司总数量2 656家的11.0%。

样本企业地域覆盖了除青海外的全国30个省、自治区、直辖市：安徽（14家）、北京（30家）、福建（7家）、甘肃（5家）、广东（29家）、广西（2家）、贵州（5家）、海南（3家）、河北（6家）、河南（5家）、黑龙江（3家）、湖北（13家）、湖南（10家）、吉林（7家）、江苏（30家）、江西（6家）、辽宁（9家）、内蒙古（7家）、宁夏（2家）、山东（20家）、山西（4家）、陕西（6家）、上海（27家）、四川（12家）、天津（3家）、西藏（1家）、新疆（4家）、云南（3家）、浙江（18家）、重庆（2家）。

样本企业按照行业门类代码分类，覆盖了除金融业外的所有行业，即A类农林牧副渔业（8家）、B类采掘业（3家）、C类制造业（195家）、D类能源电力业（22家）、E类建筑业（1家）、F类交通运输业（3家）、G类电子通信业（35家）、H类批发零售业（5家）、J类房地产业（5

家)、K 类社会服务业（2 家)、L 类传播文化业（4 家)、M 类综合（10 家)，迄今以上企业都建立了产品平台来推广其产品。

所有样本公司股票代码和公司简称参见本书附录 C。293 家样本上市公司其他特性分布情况如表 4－12 所示。

表 4－12　　293 家样本上市公司其他特性分布情况

特性描述	特性分布	数量（个）	样本占比（%）
上市地点	上海	194	66.2
	深圳	99	33.8
上市标识	A	276	94.2
	A \ B	10	3.4
	A \ H	7	2.4
中小企业板标示	是	19	6.5
	否	274	93.5
行业门类代码	C 类制造业	195	66.6
	其他	98	33.4
2011 年年末员工数量	极值 13—89 786 人；均值 4 823 人	293	100
截至 2011 年成立年限	极值 10—28 年；均值 16.02 年	293	100
截至 2011 年上市年限	极值 6—22 年；均值 13.20 年	293	100

2. 数据收集。本书的数据收集主要来自：《一般企业财务数据库数据字典》（CCER)、《CSMAR + 中国上市公司财务报表 2011V》（GTA)、《中国上市公司治理结构研究数据库 2012V》（GTA)。如果数据缺失，则参照 Wind 资讯金融终端提供的数据；若仍无法获得缺失数据，为了保证数据的精准度，本书没有使用 SPSS 软件中的“置换缺失值”功能来进行缺失数据修补，而是采取直接剔除样本的处理办法。

本书打分的依据主要来自：(1) 招股说明书；(2) 公司年报；(3) 投资者分析报告；(4) 样本公司网站；(5) Wind 资讯金融终端；(6) 其他相关信息（包括著作、论文等)。其中以招股说明书为主，如果信息缺失，则参照其他信息来源，若遇到经过讨论仍无法确定的，则直接剔除样本。

以上工作由1名管理科学与工程专业博士生、4名企业管理专业三年级硕士生和3名企业管理专业二年级硕士生，利用2个月的暑假时间分组完成。需要特别说明的是，分组后人员按照2、3、3配置后不再做任何人员变动，每组专门负责某一个潜变量的信息收集和打分工作，以保证评分的信度。本书作者和导师负责进行打分前的培训、打分后的数据校验和最终数据的汇总。

3. 样本的信度和效度。信度（reliability）指测量结果（数据）一致性或稳定性的程度。因为本书的实证数据并不需要进行多次重复测量，所以主要采用反映内部一致性的指标 Cronbach α 值来测量数据的信度。经过应用 SPSS 软件“分析—度量—可靠性分析”功能，测得商业模式容量潜变量的 Cronbach α 系数为 0.666、战略协同潜变量的 Cronbach α 系数为 0.642、商业模式效能潜变量的 Cronbach α 系数为 0.639，12（4×3）个观察变量整体的 Cronbach α 系数为 0.675。“通常，在探索性研究中，要求 Cronbach α 系数至少达到 0.6，量表 Cronbach α 系数达到 0.7 或更高认为一致性信度较好。”[169]

效度（validity）是指测量工具能够正确测量出所要测量的特质的程度，分为内容效度（content validity）、标准—相关效度（criterion - related validity）、表面效度（face validity）、结构效度（construct validity）。[176] 因为本书开发的量表主要参考和借鉴了以往学者相关的研究问卷，并根据容量测评和效能评估的特性进行了部分修改，所以本书量表具有一定的内容效度。但考虑市场环境和应用情景等因素的影响以及本书研究的适用性，仍以验证性因子分析来检验本书量表的结构效度。结构效度的实现方法是先构建理论模型，通过验证性因子分析的模型拟合情况来对量表的结构效度进行考评。因此，数据的效度检验就转化为结构方程模型评价中的模型拟合指数评价。

4. 分析软件介绍。本书运用结构方程模型来分析变量间整体的相互影响关系，所用统计软件为 IBM 公司的 AMOS（Version 21）。“结构方程模型（Structural Equation Modeling，SEM）是当代行为与社会领域量化研究的重要统计方法，它融合了传统多变量统计分析中的‘因素分析’与‘线性模型之回归’的统计技术，对于各种因果模型可以进行模型辨识、估计与验证。在量化研究取向之多变量统计方法中，有越来越多的研究者使用SEM进行各种测量模型或假设模型图的验证，SEM渐成为数据分析的一门显学。”[76]适用于SEM的统计软件最常为研究者使用的有LISREL与AMOS，两大统计软件包各有其优劣与特色。AMOS是矩结构分析（Analysis of Moment Structures）的简称，能验证各式测量模型、不同路径分析模型。之所以选择AMOS统计软件，有以下原因：（1）AMOS软件为SPSS系列之一，皆为IBM公司所拥有，两者数据文件完全可以互通；（2）AMOS软件中的Graphics绘图区完全以图像钮为工具，只要使用者熟悉工具箱图像钮的使用，就可以快速绘制各种假设模型图；（3）AMOS输出的报表数据对使用者而言，解读较为简易。

本书实证检验首先根据描述性统计和相关系数矩阵对样本变量特征及相互关系进行初步探讨；其次，评估并修正结构模型，对理论假设进行检验；再次，进行验证性因子分析，验证潜变量的逻辑结构；最后，根据结构模型探讨变量间的相互关系。

（二）实证分析

1. 描述性统计和相关分析。本书在对研究假设进行检验之前首先运用SPSS软件对各观察变量进行了“双变量相关”分析，获得了这些变量简单的描述性统计量（均值、标准差）及相关系数，具体输出报告参考本书附录D。由变量描述性统计和相关分析结果可知，这些观察变量之间的相关性比较显著。

2. 结构模型的评估与修正。打开AMOS 21版本软件，导入已经输入了全部观察变量的SPSS. sav数据文件，根据本节第四部分所做理论假设以及图4-7所构建的结构方程模型，运用AMOS Graphics绘图工具按钮，绘制完毕结构方程模型图。点击“计算估计值”（calculate estimates）按钮后发现模型不收敛，随后使用AMOS“模型界定搜索”（specification search）功能，在e1和e6之间建立相关联系后，模型执行结果为“OK”——e1和e6之间的共变关系符合企业执行差异化策略对消费者价值主张的积极响应这一基本理论。点击“浏览输出结果路径图”（view the output path dia-

pram）按钮后，呈现如图4－8所示结构方程模型（初始模型）标准化估计输出图。

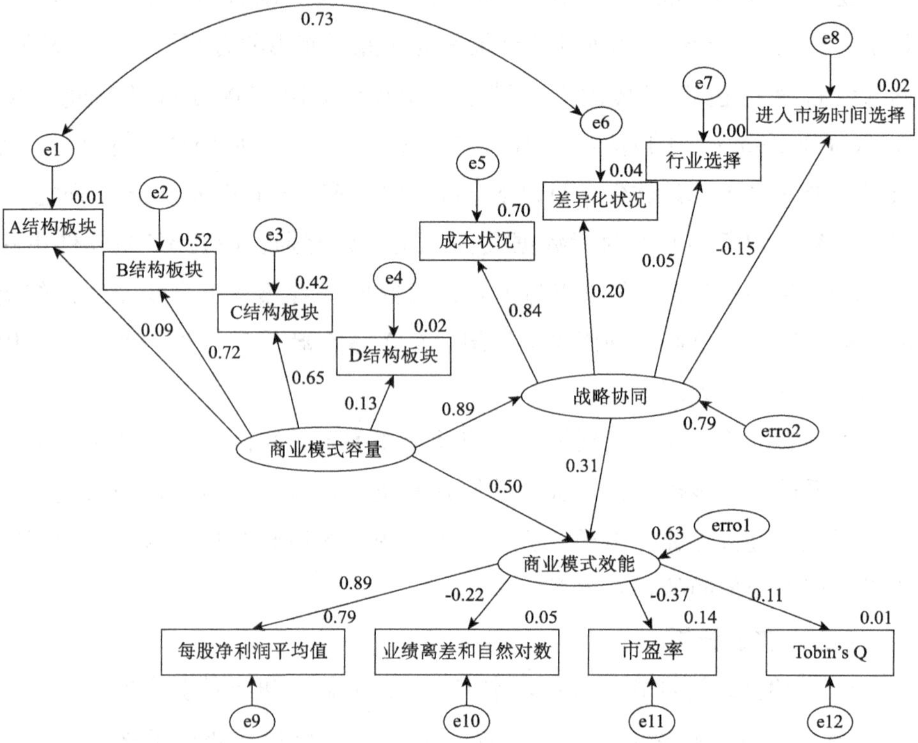

图4－8　结构方程模型“初始模型”标准化估计输出图

在进行整体模型适配度估计之前，需要查核参数估计值的合理性，以确保模型的基本适配指标。经核查，未发现模型违反估计的4种严重情形[76]：（1）估计参数中出现负的误差方差；（2）大量误差变异未达到显著水平；（3）估计参数统计量彼此间相关的绝对值接近1（通常可接受的最高“门坎”值为0.95）；（4）有很大的标准误差。

然后，进行整体模型适配度指标（模型外在质量的评估）的校验。“初始模型”的模型拟合适配输出指标参见表4－13第3列。尽管模型的适配度已经基本达到合理水平，但仍可利用“浏览文字（view text）——修正指标（modification indices）”功能不断优化结构方程模型，最终获得如图4－9所示结构方程模型（修正模型）标准化估计输出图。

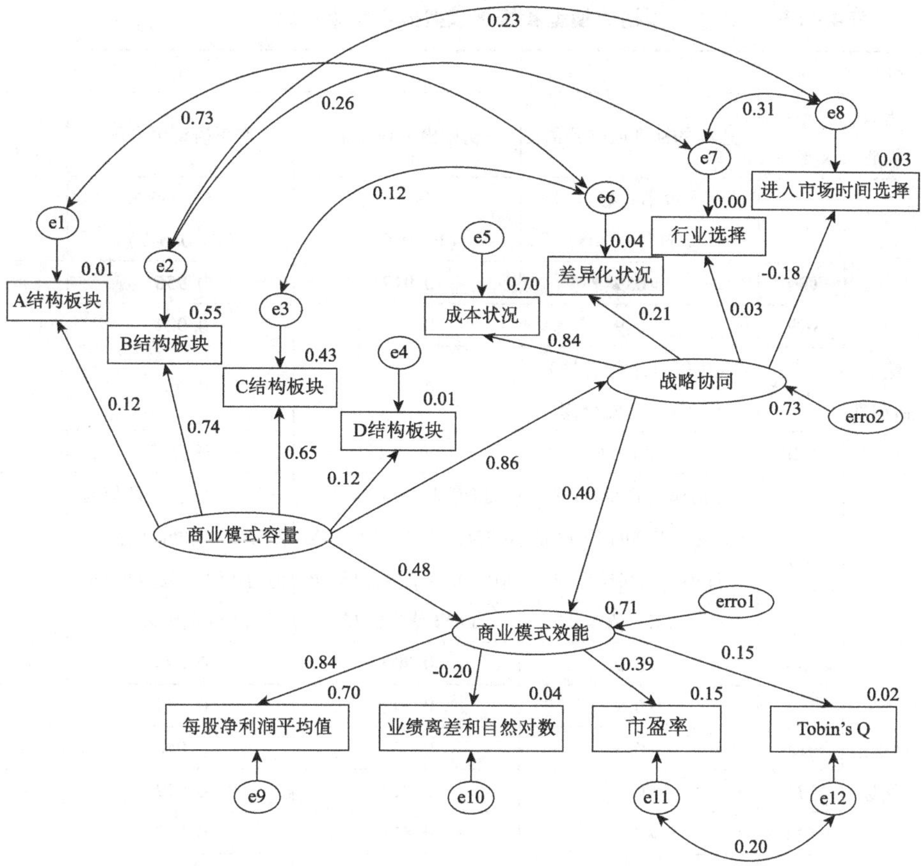

图 4-9 结构方程模型"修正模型"标准化估计输出图

"修正模型"的模型拟合适配输出指标及评价结果参见表 4-13 第 4 列和第 5 列。"初始模型"和"修正模型"拟合结果的对照同样参见表 4-13。

3. 验证性因子分析(CFA)。

(1)各观察变量与潜变量间的因数负荷量 λx、λs、λy 标准化回归系数估计值参考图 4-9,权重基本通过显著性检验。

需要说明的是:观察指标"业绩离差和的对数"(Y2)和"市盈率"(Y3)分别与潜变量"商业模式效能"(η_1)成负相关关系符合这两个指标的意义,即业绩增长的离差和越大,绩效的稳定性越差;市盈率值越大,企业市场价值越小。

表 4－13　　初始模型和修正模型拟合结果对比

列号	1	2	3	4	5
指数性质	统计检验量	适配的标准或临界值	初始模型报告值	修正模型报告值	评价结果
绝对适配度指标	χ^2	愈小愈好（模型 P＞0.05）	149.691（P＝0.02）	83.335（P＝0.047）	0
	GFI	＞0.9	0.917	0.956	＋＋
	AGFI	＞0.9	0.870	0.924	＋＋
	RMSEA	＜0.05（适配良好）＜0.08（适配合理）	0.083	0.054	＋
	NCP	愈小愈好	99.691	38.335	＋
	ECVI	理论模型的 ECVI 值小于独立模型的 ECVI 值，且小于饱和模型的 ECVI值	理论模型的 ECVI 值为 0.704；饱和模型的ECVI 值为0.534；独立模型的 ECVI 值为2.771	理论模型的 ECVI 值为 0.511；饱和模型的ECVI 值为0.534；独立模型的 ECVI 值为2.771	＋＋
增值适配度指标	NFI	＞0.9	0.809	0.894	0
	RFI	＞0.9	0.748	0.844	0
	IFI	＞0.9	0.864	0.948	＋＋
	TLI	＞0.9	0.817	0.922	＋＋
	CFI	＞0.9	0.861	0.947	＋＋
简约适配度指标	PGFI	＞0.5	0.588	0.551	＋＋
	PNFI	＞0.5	0.613	0.609	＋＋
	NC（χ^2/df）	1＜NC≤2（适配良好）2＜NC＜3（适配合理）	2.994	1.852	＋＋
	AIC	理论模型的 AIC 值小于独立模型的 AIC 值，且小于饱和模型的 AIC 值	理论模型的 AIC 值为 205.691；饱和模型的 AIC 值为 156；独立模型的 AIC 值为 809.057	理论模型的 AIC 值为 149.335；饱和模型的 AIC 值为 156；独立模型的 AIC 值为 809.057	＋＋
	CAIC	理论模型的 CAIC 值小于独立模型的 CAIC 值，且小于饱和模型的 CAIC值	理论模型的 CAIC 值为 336.736；饱和模型的 CAIC 值为 521.053；独立模型的 CAIC 值为 865.219	理论模型的 CAIC 值为 303.781；饱和模型的 CAIC 值为 521.053；独立模型的 CAIC 值为 865.219	＋＋

续表

列号	1	2	3	4	5
指数性质	统计检验量	适配的标准或临界值	初始模型报告值	修正模型报告值	评价结果
适配度达标条件下的最小样本数	HOELTER (0.05)	实际样本数 293 个大于报告值	132 个	217 个	++

注：评价结果栏“++”代表适配良好，“+”代表适配合理，“0”代表接近临界值。

(2) 各误差项的方差除 e5 和 e9 外，全部通过显著性检验，参见 AMOS输出表 4－14。

表 4－14　Variances：[修正模型 (Default model)]

	Estimate	S. E.	C. R.	P	Label
e1	0. 311	0. 026	12. 044	***	par_ 22
e2	0. 072	0. 010	7. 467	***	par_ 23
e3	0. 089	0. 009	9. 509	***	par_ 24
e4	0. 349	0. 029	12. 039	***	par_ 25
e11	4 583. 110	399. 266	11. 479	***	par_ 26
e10	36. 192	3. 042	11. 899	***	par_ 27
e9	0. 018	0. 006	3. 066	0. 002	par_ 28
e5	0. 591	0. 279	2. 116	0. 034	par_ 29
e6	0. 889	0. 073	12. 092	***	par_ 30
e7	0. 675	0. 056	12. 078	***	par_ 31
e12	0. 336	0. 028	11. 947	***	par_ 32
e8	1. 621	0. 136	11. 906	***	par_ 33

注：*** 代表在 0. 1 水平上显著相关。

(3) 误差项 e1 与 e6、e2 与 e7、e7 与 e8 的协方差显示它们两两相关性显著性，参见 AMOS 输出表 4－15：

表 4-15　Covariances：[修正模型（Default model）]

	Estimate	S. E.	C. R.	P	Label
e1 ↔ e6	0.382	0.038	10.022	***	par_ 13
e7 ↔ e8	0.323	0.064	5.008	***	par_ 14
e3 ↔ e6	0.032	0.013	2.494	0.013	par_ 15
e2 ↔ e7	0.057	0.016	3.658	***	par_ 16
e2 ↔ e8	0.080	0.025	3.228	0.001	par_ 17
e11 ↔ e12	7.790	2.440	3.193	0.001	par_ 18

注：*** 代表在 0.1 水平上显著相关。

4. 潜变量的路径分析。各潜变量之间的路径系数（又称为直接效果值）β、γ_1、γ_2标准化回归系数估计值参考图 4-9，路径回归权重全部通过显著性检验，参见 AMOS 输出表 4-16。

表 4-16　Regression Weights：[修正模型（Default model）]

			Estimate	S. E.	C. R.	P	Label
战略协同	←	商业模式容量	15.407	8.745	1.762	***	par_ 12
商业模式效能	←	商业模式容量	0.655	0.703	0.932	***	par_ 7
商业模式效能	←	战略协同	0.030	0.031	0.976	***	par_ 11
X1	←	商业模式容量	1.000				
X2	←	商业模式容量	4.580	2.556	1.792	***	par_ 1
X3	←	商业模式容量	3.949	2.208	1.789	***	par_ 2
X4	←	商业模式容量	1.048	0.847	1.237	***	par_ 3
Y4	←	商业模式效能	1.000				
Y3	←	商业模式效能	-317.383	161.017	-1.971	***	par_ 4
Y2	←	商业模式效能	-14.002	8.284	-1.690	*	par_ 5
Y1	←	商业模式效能	2.278	1.115	2.043	***	par_ 6
S1	←	战略协同	1.000				
S2	←	战略协同	0.169	0.057	2.954	*	par_ 8
S3	←	战略协同	0.021	0.049	0.424	*	par_ 9
S4	←	战略协同	-0.202	0.085	-2.375	***	par_ 10

注：*** 代表在 0.1 水平上显著相关，* 代表在 0.05 水平上显著相关。

5. 假设检验。

（1）假设检验结果。通过建立结构方程模型，本书对中国战略性新兴企业293家样本产品平台型公司进行了实证分析。运用AMOS软件，对本节第四部分中所作的假设进行了检验，检验结果分析如下：

假设H1成立：战略协同对商业模式效能有正向的促进作用。但标准化后的回归系数为0.40，这说明中国的产品平台型上市公司在运用战略协同来提高商业模式效能方面还有非常大的潜力可挖（如表4－18第2行所示）。

假设H2成立：商业模式容量对商业模式效能有正向的影响。就单一路径而言，其标准化后的回归系数为0.48，接近0.50的中度相关程度，可以说，基于商业模式容量的测评可以评估商业模式的效能（如表4－18第2行所示）。

假设H3成立：商业模式容量对产品平台型企业战略协同有显著的正向影响。标准化后的回归系数为0.86（如表4－18第2行所示）。

假设H4成立：商业模式容量通过优化产品平台型企业战略协同，对商业模式效能（η_1）有正向的促进作用。标准化的综合回归系数$\gamma_2\beta$为0.34（参见图4－9）。

将H2直接路径和H4间接路径的效应合并后，发现商业模式容量对商业模式效能的综合影响效应达到0.815。因此，实证检验证实：用商业模式容量来判断商业模式效能是可靠和合理的。

（2）变量之间的效应分析。根据本节第四部分的分析，商业模式容量对商业模式效能两条路径的总效应为：

$$\eta_{1总} = (\gamma_2\beta + \gamma_1)\xi + \zeta$$

实证分析结果显示，商业模式容量对商业模式效能的总效应显著为正，前者标准化值发生一个单位的变化会引起后者标准化值同方向0.815个单位的变化。作用机制包括直接促进作用和以战略协同为中介而产生的间接促进作用。其中，直接促进作用非常明显，标准化路径系数为0.476；而间接促进作用也很明显，达到0.339（0.855×0.396）。但比较而言，中国上市公司在提高商业模式效能方面，运用商业模式结构容量的直接效应

（0.476，四舍五入为0.48）要略优于运用战略协同的间接效应（0.396，四舍五入为0.40），参见 AMOS 输出表4－17。

表4－17 Standardized Total Effects［修正模型（Default model）］

	商业模式容量	战略协同	商业模式效能
战略协同	0.855	0.000	0.000
商业模式效能	0.815	0.396	0.000
S4	－0.157	－0.183	0.000
S3	0.025	0.030	0.000
S2	0.176	0.206	0.000
S1	0.716	0.837	0.000
Y1	0.681	0.330	0.835
Y2	－0.167	－0.081	－0.205
Y3	－0.316	－0.153	－0.388
Y4	0.125	0.061	0.153
X4	0.115	0.000	0.000
X3	0.654	0.000	0.000
X2	0.745	0.000	0.000
X1	0.116	0.000	0.000

（3）特定群体的分析及模型稳定性的测试。为了分析商业模式容量对不同样本群体的效应，本书用同样的结构方程模型又对样本各特定群体进行了分析，如表4－18所示。

表4－18 结构方程各假设模型潜变量路径系数输出值对比

行号	结构方程模型	样本数量（个）	战略协同→商业模式效能（β）	商业模式容量→商业模式效能（γ_1）	商业模式容量→战略协同（γ_2）
1	初始模型	293	0.31	0.50	0.89
2	修正模型（基准模型）	293	0.40	0.48	0.86
3	A股（人民币发行）模型	276	0.49	0.33	0.86
4	主板市场模型	274	0.30	0.53	0.80
5			单一策略→商业模式效能	商业模式容量→商业模式效能	商业模式容量→单一策略

续表

行号	结构方程模型	样本数量（个）	战略协同→商业模式效能（β）	商业模式容量→商业模式效能（γ_1）	商业模式容量→战略协同（γ_2）
6	单独低成本策略模型	293	0. 12	0. 73	0. 74
7	单独差异化策略模型	293	0. 11	0. 84	0. 12

①对 293 个整体样本中只发行 A 股（人民币发行上市，没有 B 股和 H 股）的 276 家公司进行分析，各潜变量路径系数运算结果参见表 4－18 第 3 行，修正优化过的结构方程模型输出结果图参见图 4－10，模型整体适配度指标参见表 4－19 第 4 列。

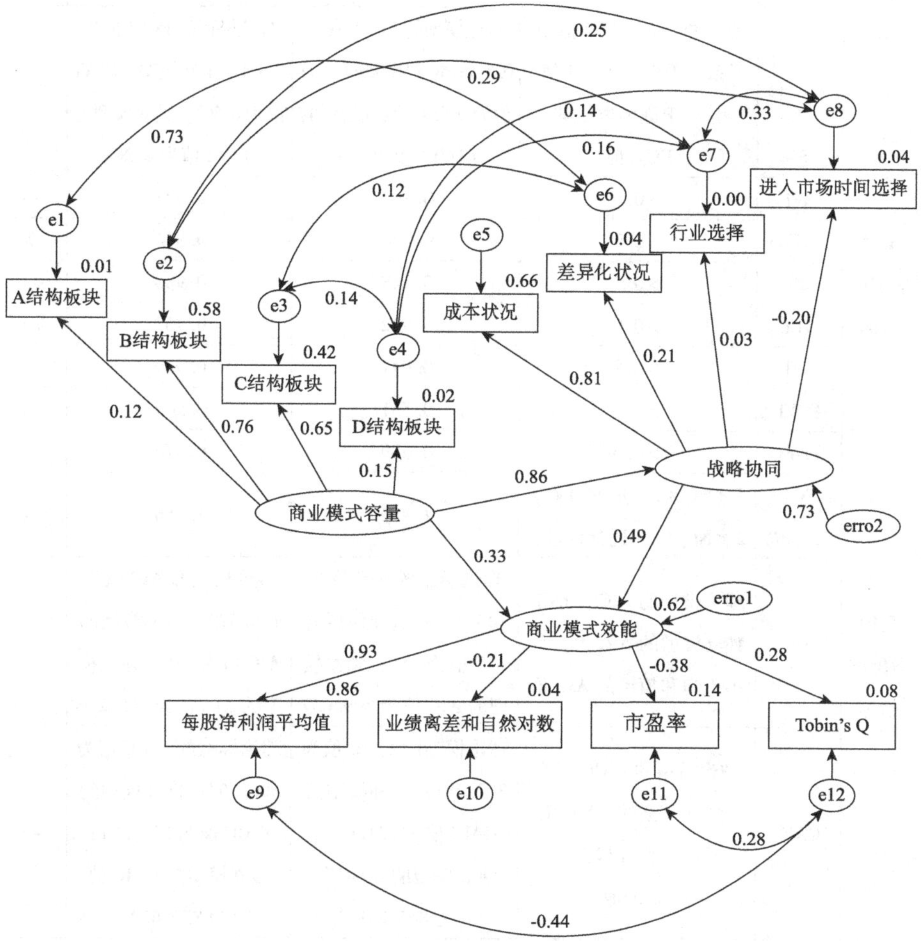

图 4－10　结构方程"A 股模型"标准化估计输出图

表 4-19　　修正模型和 A 股模型拟合结果对比

列号	1	2	3	4	5
指数性质	统计检验量	适配的标准或临界值	修正模型报告值	A 股模型报告值	评价结果
绝对适配度指标	χ^2	愈小愈好（模型 P＞0.05）	83.335（P＝0.047）	55.599（P＝0.064）	++
	GFI	＞0.9	0.956	0.968	++
	AGFI	＞0.9	0.924	0.940	++
	RMSEA	＜0.05（适配良好） ＜0.08（适配合理）	0.054	0.036	++
	NCP	愈小愈好	38.335	14.599	++
	ECVI	理论模型的 ECVI 值小于独立模型的 ECVI 值，且小于饱和模型的 ECVI值	理论模型的 ECVI 值为 0.511；饱和模型的ECVI 值为 0.534；独立模型的 ECVI 值为 2.771	理论模型的 ECVI 值为 0.471；饱和模型的ECVI 值为 0.567；独立模型的 ECVI 值为 2.580	++
增值适配度指标	NFI	＞0.9	0.894	0.928	++
	RFI	＞0.9	0.844	0.884	0
	IFI	＞0.9	0.948	0.980	++
	TLI	＞0.9	0.922	0.967	++
	CFI	＞0.9	0.947	0.979	++
简约适配度指标	PGFI	＞0.5	0.551	0.509	++
	PNFI	＞0.5	0.609	0.576	++
	NC（χ^2/df）	1＜NC≤2（适配良好） 2＜NC＜3（适配合理）	1.852	1.356	++
	AIC	理论模型的 AIC 值小于独立模型的 AIC 值，且小于饱和模型的 AIC 值	理论模型的 AIC 值为 149.335；饱和模型的 AIC 值为 156；独立模型的 AIC 值为 809.057	理论模型的 AIC 值为 129.599；饱和模型的 AIC 值为 156；独立模型的 AIC 值为 795.214	++
	CAIC	理论模型的 CAIC 值小于独立模型的 CAIC 值，且小于饱和模型的 CAIC值	理论模型的 CAIC 值为 303.781；饱和模型的 CAIC 值为 521.053；独立模型的 CAIC 值为 865.219	理论模型的 CAIC 值为 300.554；饱和模型的 CAIC 值为 516.391；独立模型的 CAIC 值为 850.659	++

续表

列号	1	2	3	4	5
指数性质	统计检验量	适配的标准或临界值	修正模型报告值	A 股模型报告值	评价结果
适配度达标条件下的最小样本数	HOELTER（0.05）	实际样本数大于报告值	217 个	282 个	0

注：评价结果栏“ ++ ”代表适配良好，“ + ”代表适配合理，“0”代表接近临界值。

模型揭示：商业模式容量对战略协同的正向促进作用与整体样本时没有任何变化，都高达 0.86；但商业模式容量对商业模式效能的正向影响作用减弱；而战略协同对商业模式效能的正向促进作用获得增强。对此本书认为可能的解释是：当股份公司只需面对国内投资者的时候，运用商业模式来推动公司绩效持续增长的动机会削弱；但在制定重大战略决策方面，由于不再会受到境外投资者更多的制肘，因此在战略实施（主要面向国内市场）过程中的协同性方面会大大加强。

②对 293 个整体样本中剔除了在创业板上市公司后的 274 家进行分析，各潜变量路径系数运算结果参见表 4－18 第 4 行，修正优化过的结构方程模型输出结果参见图 4－11，模型整体适配度指标参见表 4－20 第 4 列。

模型揭示了，商业模式容量对战略协同的正向促进作用比整体样本（293 个）时略有下降，但仍高达 0.80；商业模式容量对商业模式效能的正向影响获得增强；而战略协同对商业模式效能的正向促进作用却下降很快。对此本书认为可能的解释是：创业板公司在运用商业模式来推动公司业绩持续增长方面的能力尚显不足，因此，在整体样本中一旦剔除创业板公司，商业模式容量对商业模式效能的正向促进作用就获得了提高；而创业板公司在战略协同对商业模式效能的正向促进作用中对整体样本贡献颇多，造成一旦剔除创业板公司，战略协同对商业模式效能的正向促进作用就下降很快。尽管这一实证结果看似很难理解，但是，如果将中国推行“二板”市场时间不久、证监会和交易所对“二板”上市对象进行了比较审慎的挑选（尽管比主板市场的审核要宽松不少）、上市融资后对这些公司的绩效产生了巨大的促进作用等能优化战略协同的因素考虑进去的话，得出以上解释也就不难理解了。

以上两个特定群体样本（A股、主板）的模型运行结果全部收敛，模型整体适配度达到合理水平。这一结果除了可以帮助研究者探讨商业模式在不同情景下的效能，而且也有效地验证了本书所建立结构方程模型的稳定性（model stability）——“模型稳定的目的主要是评价一个已经适配良好的单一模型，被应用在相同总体中的其他样本时是否也可以适配得很好。

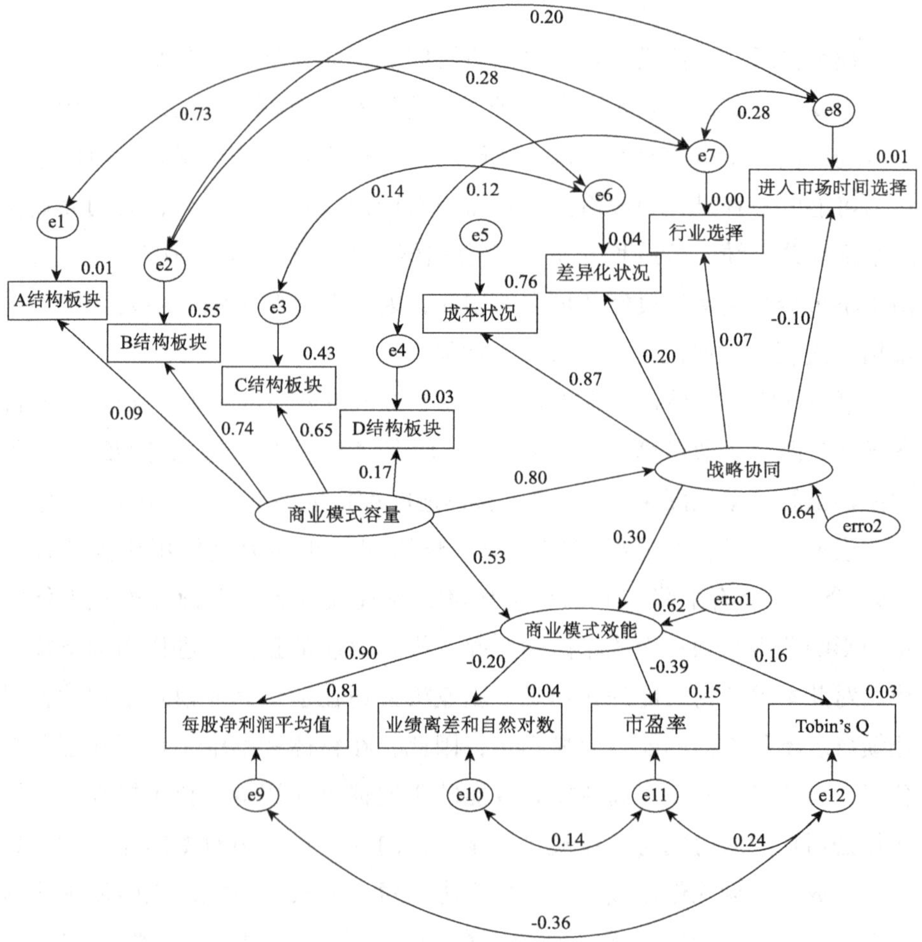

图4－11　结构方程“主板市场模型”标准化估计输出图

表 4－20 修正模型和主板市场模型拟合结果对比

列号	1	2	3	4	5
指数性质	统计检验量	适配的标准或临界值	修正模型报告值	主板市场模型报告值	评价结果
绝对适配度指标	χ^2	愈小愈好（模型 P＞0.05）	83.335（P＝0.047）	58.302（P＝0.048）	0
	GFI	＞0.9	0.956	0.966	++
	AGFI	＞0.9	0.924	0.938	++
	RMSEA	＜0.05（适配良好） ＜0.08（适配合理）	0.054	0.038	++
	NCP	愈小愈好	38.335	16.302	++
	ECVI	理论模型的 ECVI 值小于独立模型的 ECVI 值，且小于饱和模型的 ECVI值	理论模型的 ECVI 值为 0.511；饱和模型的ECVI 值为 0.534；独立模型的 ECVI 值为 2.771	理论模型的 ECVI 值为 0.477；饱和模型的ECVI 值为 0.571；独立模型的 ECVI 值为 2.758	++
增值适配度指标	NFI	＞0.9	0.894	0.920	++
	RFI	＞0.9	0.844	0.874	0
	IFI	＞0.9	0.948	0.976	++
	TLI	＞0.9	0.922	0.961	++
	CFI	＞0.9	0.947	0.975	++
简约适配度指标	PGFI	＞0.5	0.551	0.520	++
	PNFI	＞0.5	0.609	0.585	++
	NC（χ^2/df）	1＜NC≤2（适配良好） 2＜NC＜3（适配合理）	1.852	1.388	++
	AIC	理论模型的 AIC 值小于独立模型的 AIC 值，且小于饱和模型的 AIC 值	理论模型的 AIC 值为 149.335；饱和模型的 AIC 值为 156；独立模型的 AIC 值为 809.057	理论模型的 AIC 值为 130.302；饱和模型的 AIC 值为 156；独立模型的 AIC 值为 793.059	++
	CAIC	理论模型的 CAIC 值小于独立模型的 CAIC 值，且小于饱和模型的 CAIC值	理论模型的 CAIC 值为 303.781；饱和模型的 CAIC 值为 521.053；独立模型的 CAIC 值为 865.219	理论模型的 CAIC 值为 296.374；饱和模型的 CAIC 值为 515.824；独立模型的 CAIC 值为 808.417	++

续表

列号	1	2	3	4	5
指数性质	统计检验量	适配的标准或临界值	修正模型报告值	主板市场模型报告值	评价结果
适配度达标条件下的最小样本数	HOELTER(0.05)	实际样本数 274 个大于报告值	217 个	273 个	++

注：评价结果栏“++”代表适配良好，“+”代表适配合理，“0”代表接近临界值。

模型稳定是最基本的复核化分析形式，通常它不是从独立样本中选择一组数据，就是将原先总样本以随机分割或使用分割样本的做法”[76]。

6. 利用结构方程模型进行探索性因子分析（EFA）。整合竞争战略理论认为，企业可以兼具低成本和差异化两种优势，并获得高于平均水平的利润。但波特的夹在中间理论[53]认为，同时追求低成本和差异化竞争优势容易使企业陷于夹在中间的困境而只能获得低于平均水平的利润。因此，本书利用现有的数据文件，尝试分别用低成本策略和差异化策略作为单一变量替代原先模型构建中的战略协同潜变量，来对商业模式容量影响商业模式效能做探索性分析。

（1）用低成本策略作为单一变量替代原先模型构建中的战略协同潜变量对整体 293 个样本进行分析，各潜变量路径系数运算结果参见表 4－18 第 6 行，结构方程模型输出结果参见图 4－12，模型整体适配度指标参见表 4－21 第 4 列。

模型揭示了，商业模式容量对低成本策略的正向促进作用与基准模型（本书的修正模型）中商业模式容量对战略协同的正向促进作用相比较下降了 0.12；但商业模式容量对商业模式效能的正向影响相对于基准模型（本书的修正模型）大大增强，上升了 0.25；而低成本策略对商业模式效能的正向促进作用相对于基准模型（本书的修正模型）中战略协同对商业模式效能的正向促进作用急剧下降了 0.28。根据企业管理理论，特别是处

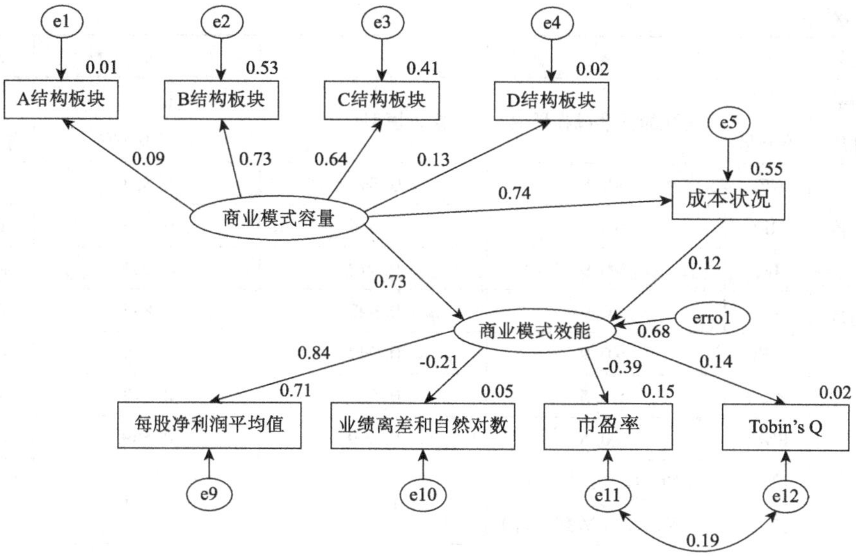

图4-12　单独低成本策略结构方程模型标准化估计输出图

表4-21　　修正模型和单独低成本策略模型拟合结果对比

列号	1	2	3	4	5
指数性质	统计检验量	适配的标准或临界值	修正模型报告值	单独低成本策略模型报告值	评价结果
绝对适配度指标	χ^2	愈小愈好	83.335	54.497	0
	GFI	>0.9	0.956	0.961	++
	AGFI	>0.9	0.924	0.928	++
	RMSEA	<0.05（适配良好） <0.08（适配合理）	0.054	0.066	+
	NCP	愈小愈好	38.335	30.497	+
	ECVI	理论模型的ECVI值小于独立模型的ECVI值，且小于饱和模型的ECVI值	理论模型的ECVI值为0.511；饱和模型的ECVI值为0.534；独立模型的ECVI值为2.771	理论模型的ECVI值为0.33；饱和模型的ECVI值为0.308；独立模型的ECVI值为1.661	0

续表

列号	1	2	3	4	5
指数性质	统计检验量	适配的标准或临界值	修正模型报告值	单独低成本策略模型报告值	评价结果
增值适配度指标	NFI	>0.9	0.894	0.883	0
	RFI	>0.9	0.844	0.825	0
	IFI	>0.9	0.948	0.931	++
	TLI	>0.9	0.922	0.894	0
	CFI	>0.9	0.947	0.929	++
简约适配度指标	PGFI	>0.5	0.551	0.513	++
	PNFI	>0.5	0.609	0.589	++
	NC (χ^2/df)	1<NC≤2（适配良好） 2<NC<3（适配合理）	1.852	2.271	+
	AIC	理论模型的 AIC 值小于独立模型的 AIC 值，且小于饱和模型的 AIC 值	理论模型的 AIC 值为 149.335；饱和模型的 AIC 值为 156；独立模型的 AIC 值为 809.057	理论模型的 AIC 值为 96.497；饱和模型的 AIC 值为 90；独立模型的 AIC 值为 485.009	0
	CAIC	理论模型的 CAIC 值小于独立模型的 CAIC 值，且小于饱和模型的 CAIC值	理论模型的 CAIC 值为 303.781；饱和模型的 CAIC 值为 521.053；独立模型的 CAIC 值为 865.219	理论模型的 CAIC 值为 194.78；饱和模型的 CAIC 值为 300.608；独立模型的 CAIC 值为 527.13	++
适配度达标条件下的最小样本数	HOELTER (0.05)	实际样本数 293 个大于报告值	217 个	196 个	++

注：评价结果栏“++”代表适配良好，“+”代表适配合理，“0”代表接近临界值。

于市场经济初级阶段的中国企业实践证明，运用低成本的恶性竞争手法，往往能为企业获得一时的业绩增长，但却无法支撑企业绩效的稳定和持续性增长。本书的实证模型揭示：当企业运用商业模式并且与低成本策略配合使用时，商业模式调节战略对业绩发生作用的效能依然存在，但与它和战略协同共同作用时相比较，其效能大为衰减（本例中间接效应衰减为0.089），在单一策略模型中，对商业模式效能产生影响的主要是商业模式容量（本例中直接效应为0.730）。

（2）用差异化策略作为单一变量替代原先模型构建中的战略协同潜变量对整体293个公司进行分析，各潜变量路径系数运算结果参见表4－18第7行，结构方程模型输出结果参见图4－13，模型整体适配度指标参见表4－22第4列。

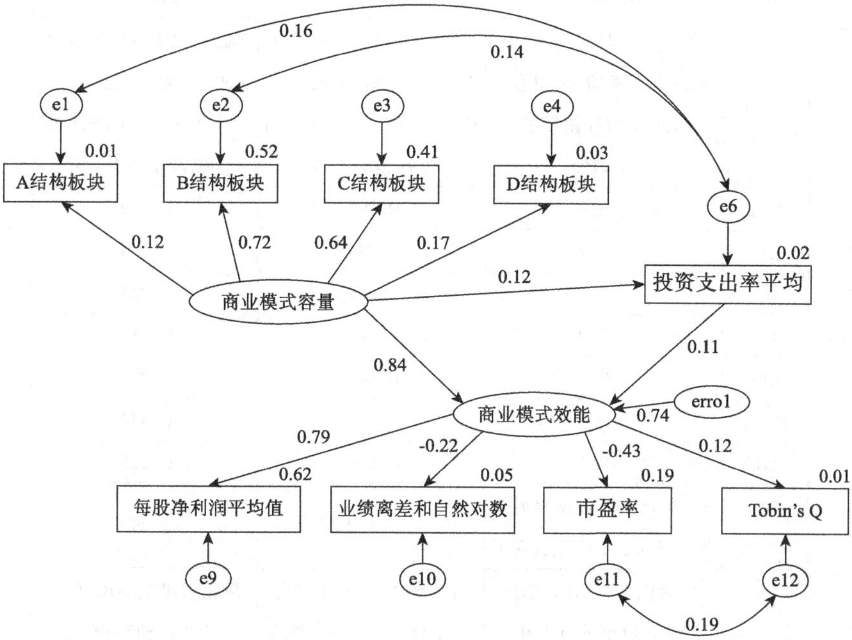

图4－13　单独差异化策略结构方程模型标准化估计输出图①

① 说明：在评判商业模式容量对单一“差异化”策略的调节作用时，为了避免以偏概全和先前指标信息量的不足，对差异化状况（S2）这一观察变量，本书没有采用第二章第四节第四部分中的“研发销售收入占比”作为题项，而是采用了“企业投资支出率”作为题项，以综合度量企业的差异化程度。企业的投资支出率越高，说明企业越是在有意识地塑造自身与同行业竞争者的差异性。

表 4-22　修正模型和单独差异化策略模型拟合结果对比

列号	1	2	3	4	5
指数性质	统计检验量	适配的标准或临界值	修正模型报告值	单独差异化策略模型报告值	评价结果
绝对适配度指标	χ^2	愈小愈好	83.335	43.776	0
	GFI	>0.9	0.956	0.969	++
	AGFI	>0.9	0.924	0.936	++
	RMSEA	<0.05（适配良好） <0.08（适配合理）	0.054	0.058	++
	NCP	愈小愈好	38.335	21.776	++
	ECVI	理论模型的 ECVI 值小于独立模型的 ECVI 值，且小于饱和模型的 ECVI值	理论模型的 ECVI 值为 0.511；饱和模型的ECVI 值为 0.534；独立模型的 ECVI 值为 2.771	理论模型的 ECVI 值为 0.307；饱和模型的ECVI 值为 0.308；独立模型的 ECVI 值为 1.125	++
增值适配度指标	NFI	>0.9	0.894	0.859	0
	RFI	>0.9	0.844	0.769	0
	IFI	>0.9	0.948	0.925	++
	TLI	>0.9	0.922	0.870	0
	CFI	>0.9	0.947	0.921	++
简约适配度指标	PGFI	>0.5	0.551	0.474	0
	PNFI	>0.5	0.609	0.525	++
	NC（χ^2/df）	1<NC≤2（适配良好） 2<NC<3（适配合理）	1.852	1.990	++
	AIC	理论模型的 AIC 值小于独立模型的 AIC 值，且小于饱和模型的 AIC 值	理论模型的 AIC 值为 149.335；饱和模型的 AIC 值为 156；独立模型的 AIC 值为 809.057	理论模型的 AIC 值为 89.776；饱和模型的 AIC 值为 90；独立模型的 AIC 值为 328.438	++
	CAIC	理论模型的 CAIC 值小于独立模型的 CAIC 值，且小于饱和模型的 CAIC值	理论模型的 CAIC 值为 303.781；饱和模型的 CAIC 值为 521.053；独立模型的 CAIC 值为 865.219	理论模型的 CAIC 值为 197.42；饱和模型的 CAIC 值为 300.608；独立模型的 CAIC 值为 370.559	++

续表

列号	1	2	3	4	5
指数性质	统计检验量	适配的标准或临界值	修正模型报告值	单独差异化策略模型报告值	评价结果
适配度达标条件下的最小样本数	HOELTER（0.05）	实际样本数 293 个大于报告值	217 个	227 个	++

注：评价结果栏“++”代表适配良好，“+”代表适配合理，“0”代表接近临界值。

模型揭示了，商业模式容量对差异化策略的正向促进作用与基准模型（本书的修正模型）中商业模式容量对战略协同的正向促进作用相比较急剧下降了 0.74；但商业模式容量对商业模式效能的正向影响相对于基准模型（本书的修正模型）大大增强，上升了 0.36；而差异化策略对商业模式效能的正向促进作用相对于基准模型（本书的修正模型）中战略协同对商业模式效能的正向促进作用急剧下降了 0.29。本书的实证模型揭示：当企业运用商业模式并且与差异化策略配合使用时，商业模式容量调节单一战略对商业模式效能发生的作用微乎其微（本例中间接效应衰减为 0.014），在单一策略模型中，对商业模式效能发挥作用的主要是商业模式容量（本例中直接效应为 0.841）。这一实证结果令人费解，经过作者仔细校对数据和反复验证模型操作无误后，通过小范围的与研究同行进行讨论后，本书认为可能的解释是：（1）中国的上市企业商业模式基本趋同，在这一条件下，企业施行的差异化策略往往在很大程度上与行业内趋同的商业模式不匹配，造成差异化策略对商业模式效能提升的极大削弱；（2）即使商业模式与差异化策略非常匹配的企业，能暂时获得企业绩效的提升，但是在中国对知识产权保护相对较弱（弱规则条件）的市场竞争环境下，这种优势无法获得长效保持。

以上两个单一策略（低成本、差异化）模型的运行结果全部收敛，模型整体适配度达到合理水平。这两个有效的结构方程模型帮助研究者探索了商业模式容量与单一策略结合时，对商业模式效能所产生的影响。由此本书进一步得出假设检验结论：

假设 H4a 不成立：对于中国产品平台型上市企业来说，商业模式容量通过调节企业单一的低成本策略，对商业模式效能起到的间接效应并不明显（0.089）；当企业执行单一的低成本策略时，对商业模式效能起主要作用的是商业模式容量，或者说，有效的商业模式结构设计能帮助企业摆脱低价竞争的恶性循环，使企业获得长久的利润（参见图 4－12）。

假设 H4b 不成立：对于中国产品平台型上市企业来说，商业模式的容量通过调节企业单一的差异化策略，对商业模式效能起到的间接效应微乎其微（0.013）；当企业执行单一的差异化策略时，对商业模式效能起主要作用的是商业模式容量，或者说，只有在商业模式的结构设计与企业差异化策略高度匹配的情况下，中国企业实施的差异化策略才有可能对业绩的持续性增长发挥重要影响（参见图 4－13）。

（三）实证结果讨论

1. 通过本书的验证性分析可以证实：用商业模式容量来判断商业模式效能是可靠和合理的。

2. 通过本书的实证研究发现：商业模式容量直接并通过战略协同的间接效应，对企业的持续性盈利产生重大促进作用。

3. 通过本书对特定群体样本的实证研究发现：增加上市企业中外国投资者的参与，能促进企业更加有效地利用商业模式来推动绩效的持续性增长；此外，中国科技创业企业运用商业模式来实现持续性盈利的能力尚待提高。

4. 通过本书利用结构方程模型进行探索性因子分析后发现：中国企业需要审慎地使用单一竞争战略与商业模式的匹配，来推动绩效的持续性增长，特别是在中国目前竞争激烈但竞争规则又相对弱化的环境下。企业的持续性增长应更多地依赖于商业模式和战略协同的有效结合。

5. 中国应加大知识产权保护力度，保护企业有形或无形的差异化成果，以实现企业的错位竞争和商业模式的不断创新。

当然，本书也意识到以上结论的得出，均来自中国战略性新兴产业产品平台型上市公司的样本，因此有一定的局限性。此外，在量表的效度、模型整体适配性等方面，还有很大改善余地。在此也欢迎各位专家学者的批评和指正。

本章小结

容器模型开创了三维结构分析的道路。本书沿着“定义—要素—结构—功能—效能”构建路线进行解析，提出了商业模式的“3—2—4—14”结构分析体系。

规则内容可以黏合商业模式基本要素，扩大商业模式结构板块的面积，使得板块框定的容量增大；规则强度可以固化商业模式结构板块，使得结构板块的功能得以持续发挥作用。以上两项规则效应，共同维护并固化结构板块持续发挥功能的作用，使特定的客户价值创造和企业价值获取得以持续和重复。

结构板块在规则作用下框定了商业模式的容量，表征了商业模式发挥结构效应创造企业价值和客户价值功能的程度，对商业模式容量的测评，其实质内涵就是对商业模式效能的评估。

本书在完成以上理论分析之后，运用文献分析法、Meta 方法、德尔菲法，汇总并筛选了从商业模式结构板块中提取出的基本要素，作为测评的观察变量；随后设计了商业模式容量测评量表，构建了商业模式容量的测量模型。

针对基于容量测评可以评估商业模式效能这一构念，规划了测评体系，说明了选用结构方程模型的优点。随后提出了研究假设，并构建了实证检验商业模式效能、战略协同、商业模式容量三者关系的结构方程模型。

基于第二章第四节商业模式效能测量模型、战略协同测量模型和本章第三节商业模式容量的测量模型，本章实施了结构方程模型的验证性分析。具体步骤包括：介绍了样本选择和收集情况，实施了潜变量信度和量表效度的检验，对结构方程模型软件的输出结果进行了说明，实证证实了第三章提出的关于商业模式效能、战略协同、商业模式容量三者之间的路径假设并提供了路径系数，表明基于商业模式容量测评可以有效评估商业模式效能。此外，本章还进行了模型稳定性测试，并利用结构方程模型做了探索性分析，最后讨论了实证结果。

第五章

商业生态型平台企业的商业模式评估

第一节　商业模式的动态多维演变

一、商业模式的动态演变

表4－2关于商业模式评价的探索，大多选择了不同的自变量（测评变量），使用了不同的评价方法。但是，它们大多秉承的是静态的观点，而且这种以绩效测评为中心的评价方法显然是后验式的、滞后的。事实上，当前的理论和实践都呼吁：在复杂、多样和快速变化的环境中[177]，急需先验性的或者至少是同步的测评变量及其观察指标，来动态地监测处于不同演化阶段的商业模式状况。

Casadesus－Masanell 和 Ricart 建议企业适时改变和转换它们的商业模式以适应新的复杂的竞争环境，并通过达成战略匹配、自我增强、良性循环和稳健性来实现持续有效的商业模式[29]；Demil 和 Lecocq 设计了 RCOV 动态框架模型，并建议“通过聚焦商业模式核心板块的交互作用，来研究商业模式演化”[32]；Sosna 等认为商业模式是一个不断迭代和试错学习（trial－and－error learning）的过程[178]；李东和苏江华将商业模式动态演化分解为创意主导、效率主导、规则主导、匹配主导4个阶段，并探讨了进化各阶段商业模式的功能特征、构建重点和进化动力[179]；李永发建议基于商业模式生命周期中的关键属性来开展商业模式动态测评[180]。

其中，Demil 和 Lecocq 设计的 RCOV 动态框架模型[32]较为典型（见图5－1），它包括了需要被估价或整合的公司资源和能力（RC）、价值网络中或公司边界内的业务组织（O），以及通过其产品或服务来体现的价值主张（V）。在逆向价值链思维推动下，图4－3所示的商业模式容器的各个板块进入动态演变过程。

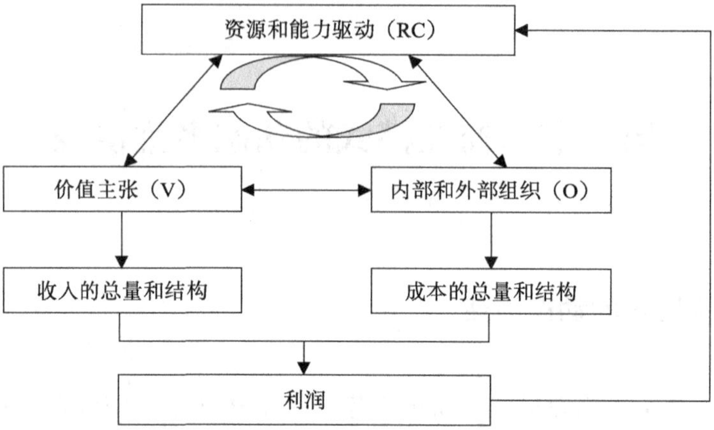

图 5－1 RCOV 动态框架[66]

客户的价值主张（CVP）成为企业创造客户价值和企业价值、在商业生态环境下实施商业模式创新的主要驱动力。大数据挖掘技术逐渐替代统计抽样，在交易记录和消费行为记录中有效地挖掘客户需求，扫描并不断寻找消费“痛点”。对客户价值主张的正确定位框定了企业所能创造价值、获得营业收入的上限。

单个企业的资源和能力毕竟是有限的，平台生态系统下大量客户价值主张及需求被发掘后，为了获得业务增长和利润，跨边界的企业合作网络通过组织的不断“试错”逐步磨合形成。以淘宝网为例，一单交易囊括了产品制造商、分销商、交易平台企业、第三方支付企业、移动服务提供商、第三方物流公司、各类银行和金融服务企业等组织或机构。在大量跨边界的组织合作网络中，产学研的协同创新贯彻了“从科学试验室的创造发明（invention）到技术创新（innovation）再到产业化（industrialization）或商业化（commercialization）”[181]的标准路径，因而获得了政府和研究学者的大力推崇。相应地，组织参与价值创造，就会产生相应的成本并按照相应的投入产生对应的成本结构。

平台企业内部工作流程折射了企业掌握资源和能力的水平。一方面，良好的企业内部工作流程能保障平台业务的可持续性[151]；另一方面，企业优质的资源和充足的能力也能促进平台企业联合更多的外部组织以更好地满足客户不断增长的需求，保证 RCOV 的运作框架步入良性循环。

一个商业模式赢利点选择和定价方式反映了该项业务的利润水平，并且与收入和成本的总量和结构相关联。合作过程中最主要的问题是利润分配问题，它决定了平台合作的效率以及盈利的可持续性。正因为如此，所有的风险投资公司都高度重视一项业务“从哪儿赚钱”和“定价方式”这两个重要的问题。

因此，在RCOV模型下，大数据分析作为一项IT技术，促进商业模式设计和创新在商业生态中实现发现客户需求、发掘客户价值主张的功能；产学研协同创新作为平台企业跨边界合作网络的一种形式，有赖于商业模式创新来促进克服合作障碍、促进合作机制的有效性和持续性；企业的资源和能力水平决定了平台企业内部工作流程的执行水平；赢利点选择和定价方式，反映了平台组织的收入和成本的总量和结构，决定了一项商业模式的利润水平。此外，RCOV模型作为一个动态模型，客户价值主张的新发现、新进组织参与到原先的合作平台、企业资源和能力的优化组合都可能导致新交易框架（商业模式）功能的变革和创新。

二、商业模式多维性研究回顾

2010年以来，随着中国平台经济的不断发展，许多学者对商业模式实践的认识不断加深，逐渐认识到商业模式演变的多维性。

汪寿阳、乔晗和胡毅等（2016）利用文献计量等研究方法对国内外商业模式研究的发展进行梳理和剖析，进而分别对制造业、汽车行业、能源行业、建筑行业、房地产业、服务行业、电视传媒行业、银行业八大行业的商业模式进行了综述。[182]

王琴（2010）建议“从价值网络的视角，将企业置于一个由多个利益相关者构成的网络体系中，了解跨国公司（大型公司）经营过程中的治理协同，通过商业模式与网络治理相结合，辨析企业、顾客与伙伴在合作发展中的获益、价值创造与分配”[183]；胡奇英（2016）则认为“供应链是商业模式的核心与骨架，从而可以用供应链管理的方法来分析商业模式的性能，并进而设计、改进商业模式”[184]。本书认为他们的全球供应链的分析视角其实是契合第二章第二节第二部分所分析的（全球）价值链对商业模式的推动作用的，并且使得商业模式的评价趋向多维和过程研究。

文亮（2011）综合运用创业过程理论、社会网络理论、价值链理论、资源基础观以及扎根理论，通过探讨初创期中小企业存活率低的问题，揭示了中小企业创业环境、创业能力、创业机会与商业模式的内在联系以及它们对初创企业绩效的影响[161]；陈明和余来文（2011）分析了商业模式在创业型企业成长和价值创造过程中的作用[185]；刘振（2020）从合法化视角对社会企业成长的机制进行了研究[186]。这些学者分别从创业的不同阶段或企业的不同性质入手，探讨了商业模式演变在企业成长过程中所起的作用，而相关的影响因素则逐渐构筑起对商业模式不同阶段进行评价的指标体系。

李东（2019）在其商业模式三部曲——《商业模式原理》《商业模式构建》和《商业模式测评》[187]中提出，应该基于“商业模式的类别、结构和强度”来开展测评。

扬西蒂和莱维恩（2006）指出，“生物生态系统或许比其他任何形式的网络都更适合用来比拟我们所要探究的商业网络[188]。与商业网络类似，生物生态系统的特征是，具有大量松散联结的参与者，其中每个参与者都依赖其他的参与者，以取得各自良好的生存能力和效果”；斯考伯和伊斯雷尔（2014）分析了作为五大技术力量的移动设备、社交媒体、大数据、传感器和定位系统，在构建商业场景所发挥的巨大作用[189]。本书认为商业生态和商业场景既反映了商业模式构建的复杂性和系统性，又揭示了商业模式动态演化的趋势。

以上文献回顾表明，商业模式是一个分阶段动态演化的过程，因而从研究视角呈现出了多维度性。但是，关于商业模式动态评价的研究几乎难有突破，究其原因主要是因为商业模式自身以及演化环境的复杂性，使得研究者很难析出一个有效的测评变量来开展动态评价研究。

第二节 商业模式的试错和迭代演变

决策学派的代表人物赫伯特·亚历山大·西蒙认为，人们在决定过程中寻找的并非是“最大”或“最优”的标准，而只是“满意”的标准。因此，人们的决策过程只能追求有限理性（bounded rationality）。但本书认为，这种基于有限理性的决策并不意味着决策结果将被固化下来，相反较多情况下，随着决策变量的演变，决策者可以根据新的条件，再次做出新的决策。尽管再次做出的决策仍然基于有限理性，但相比最初的决策，它进行了一次试错，这种试错过程有可能是一次失败，也有可能是一次进化。显然，不断的试错学习（trial - and - error learning）会导致决策的不断优化，这种不断优化的正向过程导致了产品、服务、平台、决策等迭代演变。

本书以我国改革开放后城市居民日常的买菜方式为例进行说明：城市居民长期以来习惯到菜市场买菜，但菜的品种和价格很大程度上受制于供应商和供应量；20 世纪 90 年代出现的超级市场，使得居民购买的可选择性和购买时间大大增加；随后城市大型农贸市场逐渐由仅向商贩开放转为同时向居民开放，促进了生鲜食品向居民小区物流配送服务的发展；进入 21 世纪后，随着电子商务的发展，线下的产业不断被“ + 互联网”，如网上书店平台当当网、网上百货平台京东网等，买菜也进入了 B2C 商务模式下的激烈竞争。

下文以经营生鲜类食品的四家电子商务公司为例，分析它们主要在配送模式上的试错和迭代演变过程：

1. 本来生活网。2012 年，由十多位来自国内外大型网络公司、报业集团、国际零售连锁机构的中高层管理人员组成核心团队创建。其服务模式主要是从国内优质食品供应基地、国外优质食品供应商中精挑细选，剔除中间环节，提供冷链配送、食材食品直送到家服务。它基本采用了与普通快递包裹相同的配送模式，缺陷是忽略了生鲜食品不能过多中转等候，需要全程冷链运输的特性。

2. 食行生鲜（买菜宝）。2009 年由一群房地产投资人转行生鲜食品电商业创立了江苏随易信息科技有限公司，2013 年起他们以苏州市政府重点扶持项目“菜篮子”工程为切入点，通过自主研发的位置信息服务终端、互联网及 3G 无线网络等技术手段和信息服务平台，为居民小区提供生鲜食品的配送服务。关于食行生鲜的配送模式，作者倾听过该公司副总特别有意思的说明：“在投资之前，我们做了大量的调研，发现许多生鲜食品电商的配送模式都是‘人等菜’，这忽略了生鲜配送的特点，结果是许多配送的生鲜食品因为收件人不在家被搁置在小区物业，或者是事先电话联系确定了配送时间，但收件人在家‘左等也不来，右等也不来’！因此我们特别为各个小区设计了智能集中冷藏柜，公司将菜品配送到小区冷藏柜，订菜者凭借接收到的到货密码到给定的冷藏柜取货，真正实现了‘菜等人’。我们公司的大量固定资产投资，都投放在了小区的智能冷藏柜上了。”该公司同时还在繁华商圈、高校、商超等人群较为集中的地方布置了终端取货柜。由于在配送方式上更好地服务了用户，使得用户获得了更佳的购买体验，截至 2017 年该公司获得了 C + 轮风险投资，分别为苏州、无锡、上海的各个居民小区提供生鲜食品配送服务。随着经营规模的不断扩大以及居民消费积累数据的挖掘，该公司甚至可以反向指导农业基地蔬菜的具体收成时间。

3. 叮咚买菜。由上海壹佰米网络科技有限公司于 2017 年 5 月上线，主打前置仓生鲜电商模式，目前已在上海、深圳、杭州、苏州、北京等 9 个城市开通。2021 年 6 月，叮咚买菜宣布完成了 D + 轮融资并拟在美国 IPO 上市。该公司 2019 年年末前置仓数量为 550 个，并整合了现有的城市配送资源，提出“下单 29 分钟内新鲜送到家”的口号。相比较食行生鲜“当天下单，第二天到货”的配送方式，叮咚买菜满足了居民即时性或临时性做饭的需求，尤其在 2020 年上半年国内新冠肺炎疫情严重、居民大多居家买菜做饭期间，公司业务获得了快速发展。

4. 盒马鲜生。2017 年由阿里巴巴创立，着力探索对线下超市完全重构的新零售业态。消费者可到店购买携带回家，也可以在店内购买生鲜食材代为加工当堂食用，还可以在盒马 App 下单实现远程购买。因此，盒马鲜生既是超市，又是餐饮店，也是菜市场。盒马鲜生店铺大多开在居民聚集区，线上下单的门店附近 3 公里范围内 30 分钟即可送货上门。此外，盒马鲜生还运用自身的线上支付和数据挖掘技术，开设了不少机器人餐厅。这种全方位的购物体验，大大满足了用户的各类消费需求，使得生鲜电商逐渐发展成了一种新的商业生态。

毫无疑问，小到配送模式，大到商业模式，这类试错和迭代构建了各种模式的动态演变，并且推动其向更高阶段进行演化。因此，对于那些能推动商业模式试错或迭代的资源，我们有理由相信，可以通过对它们的测评来动态评价商业模式的优劣。

第三节　合法性的内涵

组织活动的利益相关方（如投资人、内部管理层、政府、媒体、特定消费群体等）对组织某个活动（如一种想法、一个主张、一个特定的解决方案如商业模式设计、一种战略、一个愿景）的合适性、合理性、必要性等所做出的判断形成组织的合法性判断（legitimacy judgments）。[190,191] 例如，战略制定期间，股东要做出合法性判断以确定是否启动新的项目；制定商业计划、设计商业模式的时候，外部风险投资公司会做出合法性判断以确定是否为新项目进行投资；产品推向市场，消费者会做出合法性判断以确定是否会重复购买。而以上判断达成的共识越显著，合法性水平就越高。[192]

一、合法性概念的视角

合法性（legitimacy）的概念最初是作为韦伯（Weber）思想的一种实现方式引入组织研究的，是组织制度主义的一个基本概念。合法性可以与声誉和威望的概念相提并论，但三者的侧重方向却不同。声誉强调组织之间的比较，是外界对该组织的情绪化表现；威望是指组织在其所在领域内“德高望重”的形象。随着该研究领域的发展，合法性对许多组织理论产生了重大影响，包括制度理论（Meyer 和 Rowan，1977）[193]、资源依赖理论（Pfeffer 和 Salancik，1978）[194]和组织生态学（Carroll 和 Hannan，1989）[195]。这一概念的频繁出现促使 Suchman（1995）通过研究指出合法性是指在社会构建的规范、价值、信念和定义的体系中，实体组织的行为被认为是可取的、恰当的、合适的一般感知或假定。[192]

对组织合法性内涵的研究大致可以分为制度和战略两个视角。[192]

（一）制度视角

制度视角是从社会看向组织，它强调一个社会规范、价值观如何嵌入组织。根据制度理论，组织的生命周期各阶段都与合法性高度相关，其生存取决于组织从各方利益相关者那里获得的支持。在这种视角下合法性机制反映了制度力量对组织的影响。一个完全合法的组织是一个不容置疑的组织。反过来说，当一个组织不合法时，这个组织就会遭受到社会各方面的评论和攻击[194]。制度学者对组织合法性的定义如表 5-1 所示。

表 5-1　　制度视角下组织合法性的内涵

学者	内涵
Parsons[196]	合法性意味着一个组织与当前社会法律、规范和价值观的一致性
Arnold、Handelman 和 Tigert[197]	组织经营结果与制度规范要求的一致性
Meyer、Scott 和 Strang[198]	社会环境对一个组织的文化支持程度
Knoke[199]	公众和行业领头组织接受一个组织并以其选择的方式经营生存
Scott[200]	合法性不是一种有形商品，而是反映文化一致性、规范性支持或与法律法规相一致的条件
Kostova 和 Zaheer[201]	社会环境对组织的接受程度
Zimmerman 和 Zeitz[202]	组织的活动和言论是否与社会环境所认可的言论相一致
Deephouse 和 Carter[203]	合法性是一个组织在规则、价值、规范和定义方面对社会系统的感知适当性

（二）战略视角

战略视角是从组织看向社会，它强调如何管理合法性以协助实现组织持续高效的发展，战略管理的观点主要集中在将合法性看作为一种资源。[204]合法性作为一项无形资产，代表着外界对于组织的集体评价。从这个角度来看，组织通过设计条件性策略和向利益相关者传递信息来获得合法性。Suchman 指出管理者会有目的且谨慎地部署这种信号，试图获得利益相关者的认可和支持。[192]这些观点都是将合法性视为以组织为中心的资源。总之，战略阵营注重组织主观能动性的发挥，主张通过战略行为使组织合法化，从而获得关键利益相关者的合法性认可。战略学者对组织合法性的定义如表 5 -2 所示。

表 5 -2　　战略视角下组织合法性的内涵

学者	内涵
Meyer 和 Rowan[193]	将合法性与资源放在同一个地位
Hybels[205]	合法性是组织必须从其社会环境中获取的诸多资源之一
Ashforth 和 Gibbs[206]	社会对组织及其活动的接受，是组织的重要资源
Suchman[192]	合法性是组织从其竞争性环境中提取出来的运作资源
Press 等[207]	合法性是通过与市场的接触来创造的，因此是一种核心商业生态系统中的管理者，可用于其自身机会主义目的的资源

基于以上梳理，我们不难发现，不论是从制度视角还是战略视角，组织合法性都有以下几个特点：首先，合法性是在社会建构中产生的，反映了在当下情景中社会群体对该组织文化信仰、价值观的接受程度。其次，虽然合法性是由个人的感知和行为来调节的，但它从根本上说是一个集体过程。某个人的恶意判断并不会撼动整个组织的合法性。最后，合法性没有物质形态，它是一种利益相关者基于组织所发生的历史事件做出的认知，且该认知具有普遍性。

二、合法性的多个维度

（一）社会规则维度

组织合法性按社会规则维度可分为规制合法性、规范合法性和认知合法性，此种分类又称为Scott[200]的三支柱合法性。规制合法性是指组织遵守相关法律法规的程度，它来源于政府、资格认证协会、专业机构，甚至是行业内的领头组织所制定的规则、标准或期望。[202]通常情况下，在组织创立时就应该积极获取规制合法性，并在后续的发展阶段中一直维持。未能获得规制合法性不仅会阻碍组织资源的进一步获取，还可能随时被政府叫停。相较于严格的规制合法性，规范合法性是从社会的价值观和规范或从与新组织相关的社会环境水平中衍生出来的，因此它被定义为组织的行动、特征和结构与它所在的更广泛的社会环境的信仰和文化价值观之间的一致性或契合度[208]。一个组织证明它是适当的和可取的——通过解决规范和价值的一致性问题，如提升盈利能力、公平对待员工——可以获得规范合法性，并由此获得资源。而认知合法性，是指人们对特定社会活动的边界和存在合理性的共同感知，认知合法性越强，组织能从利益相关方中获取的有利资源就越多。[209]

例如，在“网约车”出现前，国内的出行者普遍认为出租车是主要的租车方式，乘出租车对于广大出行者来说具有普遍的认知合法性；当“滴滴打车”这种寻呼约车方式出现后，对原先出租车形式的认知产生了冲击，有必要进行规范，因此原先的出租车被规范称为“巡游车”；当巡游车、寻呼约车、代驾等出行服务形式不断涌现并形成一定规模后，国家相关部门陆续出台了规制性的法规，整个出行服务行业因而获得了规制合法性，凡是不符合国家强制性法规的都将遭受处罚。

3种合法性的关系如图5-2所示，图中横轴表示制度规则对组织的约束程度，纵轴表示组织可以自行发挥战略性创新的空间大小。随着制度力量越来越大，规制合法性的作用逐渐显著，组织的创新弹性也逐渐减弱；认知合法性受制度约束程度最小，创新性空间相应也就越大。

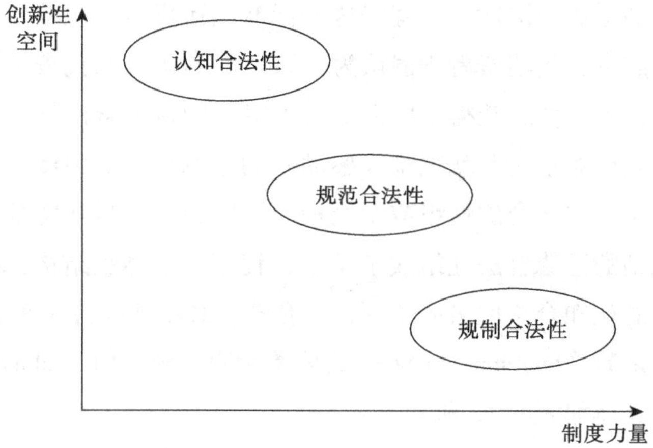

图 5－2　3 种合法性的关系

（二）利益相关者态度维度

组织合法性按利益相关者态度维度可分为实用合法性、道德合法性和认知合法性，此种分类又称为 Suchman[192] 的三维度合法性。实用合法性来自社会各方之间纵横交错的利益关系。在一种组织与其周围环境的关系中，当利益相关者认为组织正在有条不紊地推进自己的目标时，就会为其提供资源与支持。也就是说，当组织的经营目标与利益相关者的利益高度一致时，组织就获得了实用合法性。因此，从本质上看，可以归结为实用合法性是一种交换关系[210]。道德合法性则是站在社会价值观和道德规范的视角，以组织经营活动是否是“正确的事”来判断，这种判断是基于企业的行动是否有利于增进社会福利、是否符合广为接受的社会价值观和道德规范。从内涵就可看出道德合法性与 Scott 的规范合法性相同。当一个组织在当下的社会环境中以公正合理的方式对待员工和客户时，也就自然而然地获得了道德合法性。因而道德合法性的核心反映了一种利他主义的逻辑，它与纯粹的实用性考虑相比，道德合法性通常更能抵制利己主义者。而认知合法性与 Scott 的认知合法性相同。

例如，当消费者愿意为了饮用某厂商提供的纯天然矿泉水付出溢价时，该厂商就获得了来自消费者的实用主义合法性；当整个矿泉水生产行业觉得需要对矿泉水的生产制定标准后，凡是遵从这一生产标准的厂商就获得了外部的道德合法性，不遵守这一标准既违反行业规范，又要遭受全社会道德的谴责；当消费者普遍认为，该厂商的矿泉水代表了矿泉水的最高质量水平，该厂商就获得了广大消费者对其的认知合法性，一旦认知合法性形成，其他竞争对手就很难去撼动它的市场地位。因此，基于旁观者自我利益的实用主义合法性组成了交换、影响力、兴趣和特征；基于认可的标准或规则的道德合法性组成了结果、程序、个体和结构；基于易理解或理所当然的认知合法性组成了预言、有理、必然性和持久性。[192,211]

从整体来看，Suchman 与 Scott 的分类大同小异，但 Suchman 做了更细致的划分，具体如表 5 -3 所示。

表 5 -3　　Suchman 合法性维度细分类

维度	子维度	内涵
实用合法性	交换合法性	组织给了能赋予其合法性的利益相关者等相应的回报
	影响合法性	当组织采纳成员的建议时所产生的合法性
	处置合法性	组织通过一系列的表现表明其是公正合规的组织时所获得的合法性
道德合法性	结果合法性	表明组织或者经营活动被视为对社会福利最大化的一种结果
	程序合法性	组织通过采用一种可接受的方法和程序来实现组织目标
	结构合法性	
	个人合法性	当组织的领导者以社会的最大利益行事时就获得了个人的道德合法性
认知合法性	基于可理解的	组织的叙述尽量与群众日常生活的经验现实相结合
	基于理所当然的	没有组织社会就会杂乱无章，可以通过为无序的事物提供秩序来获得此种合法性

（三）组织内外维度

组织合法性从组织内外可分为内部合法性和外部合法性，此种分类又称为 Singh[212] 的二维度合法性。Drori 和 Honig（2013）提出了一个重要的问题："不同类型的合法性如何出现，并且它们是如何相互作用塑造组织进化?"。通过引入一个分阶段的流程模型，他们"证明了组织合法性是行动的产物，组织成员通过与外部合法化活动相协调的方式不断地复制和重构组织合法性。合法性通过显现、验证、传播扩散和达成共识的进程来演化，当不平衡导致冲突和摩擦时，有时重复循环这一进程”，“通过研究合法性的外部和内部来源，组织才能更加有效地构建整个合法性体系”。[213]通常大部分的合法性研究都是指向外部合法性，它直接来源于监管机构或行业协会，因此外部合法性是利益相关者对组织行为的可取性与适当性的评价。虽然大部分合法性都是从外部环境中获取的，但它也会随着管理者在组织内部的操纵而向内生化演变。所以，可以将内部合法性定义为组织全员对内部规章制度、发展战略和目标的认同，这是一种可以加强组织实践、动员组织成员的工具，这种看法强调了权威和治理的重要性。[213]研究表明，内部和外部的合法性是独立发展的，不一定是相辅相成相互兼容的。当外部行为者试图使内部活动偏向于自身利益时，外部合法性就可能会削弱内部合法性。[201,214]从组织开始成立之后，创始企业家一直试图发展壮大外部合法性，以获得必要的资源。因此，为了获得足够的外部合法性来支持新资本的注入，管理者有必要进行与组织既定规范价值观等相冲突的文化变革。[213]

例如，2009 年 6 月京东网上线电视、空调、冰洗等大家电产品线，苏宁认为京东侵入了其传统的经营领域，因此其被迫在 2011 年通过内部思想的统一和数轮集团战略规划的磨合，最终达成组织内部合法性，开始实施以实体店经营为主转为线上线下 O2O 模式的战略变革和转型。再如，新东方除了现场授课培训外，一直试图开辟线上教育和线上课堂，当时普遍遭到冷遇。但 2020 年由于新冠肺炎疫情，久未接受培训的学生家长们强烈要求培训机构开课，而政府也出台政策，严格限制现场授课的人数并鼓励在线教育。因此，对于像新东方这样的培训机构，它们原先一直引导的网上授课和培训形式，无形中获得了组织的外部合法性支持。而且，不仅是培训机构，各类大学在疫情期间也催生了大量网络课程。此外，大量网络课程平台和网络直播软件也像雨后春笋般涌现出来。然而，2021 年，中共中央办公厅、国务院办公厅印发的《关于进一步减轻义务教育阶段学生作业负担和校外培训负担的意见》规定，“各地不再审批新的面向义务教育阶段学生的学科类校外培训机构，现有学科类培训机构统一登记为非营利性机构”，该措施无疑对培训机构发展的合法性带来巨大影响。

（四）战略联盟维度

组织合法性从战略联盟角度可分为市场合法性、关系合法性、社会合法性、投资合法性和联盟合法性。这是 Dacin 等[215]提出的，上述五类合法性均围绕组织加入商业生态环境下战略联盟的收益展开。市场合法性可以说是组织进入市场的一个壁垒，只有获得市场合法性才有资格运营下去。当组织进入了激烈竞争的合法市场之后，想要快速获得资源支持的方法之一就是寻求与合法组织的战略联盟关系，这就是关系合法性。被视为有能力的合作伙伴的组织获得了关系合法性，这使其能够证明自己作为联盟合作伙伴的可行性，并可能提高其获得和选择更多高质量联盟成员的能力。当结成联盟之后，就需要投资合法性来证明整个组织的业务是有价值的、值得利益相关者投资的。战略联盟除了有着优势互补、强强联合的优点外，还可以在组织的制度环境中发挥重要的合法化功能，缺乏社会认可的组织可能会面临抵制、制裁、失去政府补贴的机会，所以这时加入战略战盟是最好的选择，通过利用社会合法性来发展其与政府、公众的关系。联盟合法性有着统筹的功能，它是指在一定条件下，需要确立战略联盟作为一种商业交易形式的有效性或适当性以确保商业成功。也就是说，首先要让投资者相信联盟合法性是实现经济利益的可行手段，才能陆续获得其他四类合法性。

（五）合法性的组织维度

从组织性质来看，有盈利性组织、非盈利性组织（NGO）、创新企业、社会型组织等，它们有共通的合法性问题，也有因其不同特性所导致的特有的合法性问题。譬如：新创企业会遇到“新进入陷阱”问题；社会企业会遇到成长的动力问题[186]；等等。

从组织演变角度来看，企业可以划分为新创企业、成长性企业、变革的大型企业等。而合法性问题也始终伴随着组织演变的全过程，如：前文中本来生活、食行生鲜、叮咚买菜、盒马鲜生 4 家平台型公司在物流配送方面的变革不断更新着消费者对它们的合法性判断；苏宁易购“+互联网”的战略变革需要企业内部达成统一的合法性判断；新东方网络课程的推广随着外部合法性资源的不断变化导致其或发展或受阻。

（六）其他维度

虽然上述合法性类型包含了一般通用的情况，但并非所有的维度都是相关的，所以又有学者们根据特殊的研究问题选择了他们需要的维度，表 5－4 列举了其中一部分。

表 5－4　　特殊类型的合法性

学者	合法性类型	内涵
Ruef 和 Scott（1998）[216]	管理合法性	基于效率逻辑来对组织合法性进行管理
Deephouse（2005）[203]	媒体合法性	即公众的合法性，公众可以参与评价组织合法性
Vergne（2011）[217]	环境合法性	组织与环境相关规范之间的一致性（如有没有隐藏的有毒废物）
	竞争合法性	组织和竞争规范之间的一致性（如有没有操纵投标）
	交易合法性	组织领导者在与工作相关的交易中是否为利益滥用组织权利
Press（2019）[207]	关联合法性	组织可以利用关联合法性发展与其关联内容相一致的项目
Díez－Martín（2021）[218]	技术合法性	一个组织的行动是以尽可能最好的方式进行的

三、合法性判断过程

合法性的评价者包括“专家、组织、利益集团（如工会）、规则制定者（如行业协会）、社会机构（媒体、政府、司法系统）等”。[219]合法性判断的内容包括影响个人对一个实体适合其社会环境的程度的评估的实质性信念和看法，理解合法性判断背后的内容有助于学者理解影响个人对组织、团体、社会结构、程序和领导人合法性判断的因素[190]。

对合法性判断的社会心理学研究指出了合法性背后的三个维度：工具性、关系性和道德性。Tost（2011）认为这也是合法性判断的三个维度。[190]当一个组织努力推进利益相关者的利益或帮助员工实现自身发展时，它被视为具有工具性的合法组织；当一个组织尊重社会群体，致力于创造社会福利最大化时，它被视为具有关系性的合法组织；当一个组织被认为与评估者的道德价值观契合度较高时，它被视为具有道德性的合法组织。

具体来说，如图 5－3 所示，一般的合法性判断过程都是指 Tost（2011）的三阶段循环过程[190]。首先是判断形成阶段，评价者可以在不同条件下选择主动模式或被动模式。被动模式，顾名思义就是在评价者有足够有效的信息基础上直接做出的合法性判断。相反的，在主动模式中，是构建了工具、关系和道德的体系来对组织的合法性进行判断。无论是采用被动模式还是主动模式，判断形成阶段的结果都是一种模糊的合法性判断。其次是判断使用阶段，合法性判断起着关键的认知作用，此时评价者可以基本确定该实体是合法的还是非法的：若一个组织被判断为是合法性的，它将得到利益相关者的支持，继续长期有效的发展；若一个组织被视为是非法的，那么外界将会施加一些压力迫使组织符合制度环境。最后就到了判断再评估阶段，主要是组织发生的某些事项引起了评价者的关注，使其重新进行判断。此时评价者往往采用主动模式，个人积极尝试沿着工具性、关系性和道德合法性的维度来评估实体，这也再次推动了对广义合法性的判断。

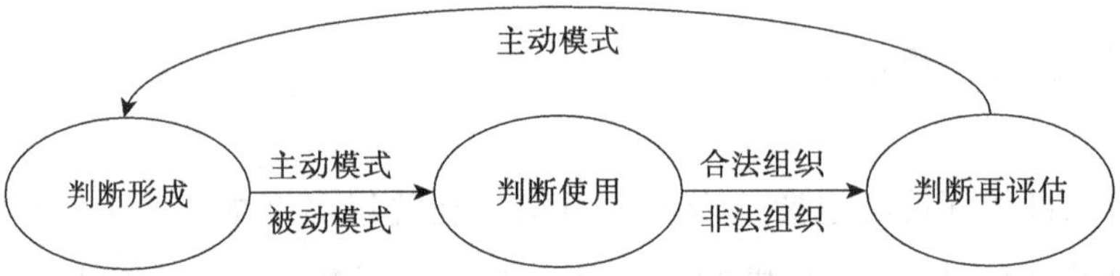

图 5－3　合法性判断循环过程

“组织需要合法性来吸引利益相关者的支持。然而，合法性总是有问题的。因此，各组织经常通过各种实质性或象征性地管理行为来追求合法性。”[206] Zott 和 Huy（2006）指出，“四个象征性的行动类型能有助于资源获得：（1）传递企业家个人的可靠性；（2）专业化的组织工作；（3）组织的绩效；（4）利益相关者关系的亲疏”[51]。例如，上海盛大集团聘请了知名的职业经理人唐骏担任首席执行官（CEO）、苏州西门子电器公司全球采购部被西门子自动化和驱动集团德国总部评估为“World Class”管理水平、贵州茅台股份公司优秀的公司业绩、强生公司多年获评在华外资企业“最佳雇主”称号，以上组织的实质性或象征性管理行为构成了对组织正面的合法性判断，因此有助于组织获得更多的资源。

四、合法性在商业领域的文献回顾

事实上，合法性这一原先属于社会学研究范畴的概念，已经逐步浸入商业管理研究的领域。表 5－5 列举了 2011—2016 年国家自然科学基金管理学部 15 个“合法性”研究的获批项目。

表 5－5　2011 年到 2018 年国家自然科学基金管理学部 18 个“合法性”研究的获批一般项目清单

序号	批准年度	申请代码 1（中文）	项目名称
1	2011	创业与中小企业管理	组织合法性对创业企业商业模式创新的影响机制研究
2	2012	竞争力与竞争优势	网络制度视角下高管团队企业合法性行动网络及与组织学习能力关系研究
3	2012	创业管理	嵌入集群内的中国非正规经济组织创业成长中的合法性和生存性研究
4	2012	创业管理	制度多元性与新企业合法性威胁形成及管理机理研究
5	2013	战略管理	制度落差、社会资本与中国跨国公司海外子公司合法性
6	2013	战略管理	技术创新的双元平衡对中国企业国际化的影响：基于组织合法性视角
7	2013	农业产业管理	农业龙头企业产品质量责任行为的合法性机制和基层政府推进政策研究——以江西为例
8	2014	创业管理	制度和资源视角下创业企业合法化战略响应研究
9	2014	创业管理	中国“绿色管理”制度创业研究：场域合法性构建与组织应对策略
10	2015	战略理论与决策	中国民营企业合法性战略及其反哺机制研究——基于组织与制度协同演化的视角
11	2015	企业理论	国有企业多元治理逻辑、董事会行为合法性与企业可持续成长

续表

序号	批准年度	申请代码1（中文）	项目名称
12	2016	战略制定、实施与评价	在华跨国公司企业社会责任行为机制及其权变策略研究：基于组织合法性的视角
13	2016	农林经济管理	农村社区参与、企业合法性与农业创业企业成长研究
14	2016	创业管理	贫困地区情境下创业者网络能力对新创企业组织合法性的影响机制研究
15	2016	创新管理	新兴跨国企业的组织合法性、技术资源获取与创新本土化
16	2018	市场营销	权力合法性对营销渠道绩效的影响研究——基于弱势方合作的视角
17	2018	创新管理	企业间网络与制造企业服务创新：基于合法性视角的研究
18	2018	企业理论	中国组织管理研究的严谨性、相关性与合法性：理论分析与经验证据

注：本表资料通过 https：//isisn. nsfc. gov. cn/egrantindex/funcindex/prjsearch - list#逐年检索统计汇总获得。

关于将合法性研究应用于商业管理领域的国际前沿文献，本书将其大体分为三个研究阶段。

第一阶段（1986—2000 年），关注合法性在商业组织管理中的内涵，以 Suchman（1995）的《管理合法性：战略和制度的方法》为标志[192]。

例如，Singh 等指出，外部合法性比内部争议协调机制可以更为显著地降低创新组织的“死亡率”[212]；Suchman 将合法性定义为“对可取的、恰当的、或者在一些由标准、信念和定义组成的社会建构体系中能获得赞扬的实体行为做出的概括性感知和推测”[192]，并较早研究了合法性和组织战略的关系，他指出，制度化的环境越强，对各种认知合法性与基于程序和结构的道德合法性的需求就越大；Ruef 和 Scott 认为合法性来源于那些观察组织并做出合法性评估的内部和外部观众，并指出合法性自身具有多维性[216]。

第二阶段（2000—2008 年），重点关注合法性作为战略资源对新创企业生存和成长的影响及作用，以 Zimmerman 和 Zeitz（2002）的《超越生存：通过构建合法性实现新创企业成长》为标志[202]。

例如，Zimmerman 和 Zeitz 回顾了合法性和合法性资源对新创企业的影响，展示了战略如何帮助新创企业获得资源，探索了在新创企业中建立合法性的流程（战略—合法性—资源—生存—发展），并检验了合法性阈值这一概念[202]；Zott 和 Huy 通过数据表明，“能经常性地且技巧性地运用各类象征性（symbolic）行动的企业家比什么也不做的人获得了更多的资源”[51]，提出了调节象征性管理和资源获得之间关系的几大因素；Dacin 等研究表明“战略联盟为公司提供了一个重要的合法化功能，并且这个角色任务，以联盟管控结构和伙伴选择参照为中介（mediated）对公司和联盟的绩效有显著的影响”[215]；Deephouse 和 Suchman 讨论了合法性的维度、资源和主体，以及关键的合法性进程、前提条件和后果，并重点阐述了合法性与组织社会评价内容——声誉和地位的相互关系[211]。

第三阶段（2011 年至今），关注复杂和多样化环境下，基于合法性判断流程和分阶段模型的合法性测量，以 Vergne（2011）的《面向组织合法性的一个新措施：方法、效度和示例》为标志[217]。

例如，Bitektine 描述了评估者如何基于有限理性做出社会判断，以及认知的和社会的因素如何影响作出判断的进程，并根据组织进程的多层级本质，开发了合法性进程的多层级理论，指出组织战略影响个体评估者的有效信念和恰当判断——合法性判断的两大基本要素。[220] Tost 分别开发了一个理论框架用以规范合法性判断的内容（工具性的、关系性的和道德性的）以及一个流程模型（判断形成—使用—再评估）用以发展并变革这些合法性判断。[190] Vergne 认为组织合法性测量可以归结到 3 个类别，即基于对所采用代码、公司链接、媒体覆盖的观察。[217] 由于合法性涉及社会一致性的感知，因而作者更偏爱基于媒体内容分析的感知测量方法。Thomas 和 Lamm 探讨了合法性和组织持续性的关系。[209] Scherer 等提出了在复杂和多样化环境下公司应对合法性问题的 3 种策略：适应外部期待、管控利益相关者的认知能力、致力于向那些质疑他们合法性的人进行解释。[221] Drori 和 Honig 论证了组织合法性是一种行为产物，它能和外部合法性行为整合后被组织成员不断地再产生和再构建。[213] 丁浩等应用阶层回归分析探讨科技型小微企业商业模式创新、创新合法性与员工企业家精神之间的关系。[222] Huy 等通过模型演示了变革接受者与其对企业高管（变革代理人）的合法性判断之间动态的、相关的和迭代的关系，以及在计划变革的各阶段所展现的情感反应，这一情感反应解释了接受者对变革努力所呈现反抗的原因。[191]赵亚普等研究了内部特征（以企业技术能力和高管特征作为变量）、外部合作（企业与知名客户以及与政府的合作两个变量）、行业认可度3个维度对服务业务合法性的影响。[223]

合法性研究不断渗透进入战略、变革、组织行为等管理领域，并且逐步呈现出清晰的发展趋势：通过整合组织内外合法性概念以及开发合法化过程的多层级理论来测量合法性，为动态复杂环境下的管理决策提供强有力的决策支持。

第四节　案例分析：合法性在平台型企业战略变革决策过程中的作用

2019年7月，《财富》中文网公布："世界最大的500家企业中，有129家来自中国，历史上首次超过美国（121家）。即使不计算台湾地区企业，中国大陆企业（包括香港企业）也达到119家，与美国数量旗鼓相当。这是一个历史性的变化"。[224]入榜的民营企业共计22家，其中商业生态型平台企业如京东（成立于1998年）、阿里巴巴（成立于1999年）、腾讯（成立于1998年）、苏宁易购（其母公司苏宁集团成立于1990年）的迅速成长引人注目。这些企业的成功一方面得益于中国开放改革的政策和网络技术的普及，另一方面无疑也有赖于其自身在成长期制定了正确的战略或及时进行了"互联网+"业务的战略变革。

战略实践者和学者一直想揭示企业战略形成的奥秘。钱德勒、安索夫和安德鲁斯等早期知名的战略研究学者出于理论解构的需要，自然地"把战略管理的过程（process）与战略内容（content）、战略制定（planning）和战略执行（implementation）严格划分开来"[225]；而波特建立的"宏观环境—中观产业—微观企业"分析框架[53]建议在环境情境（environmental context）分析的基础上来规划战略；戴维在其全球畅销教材中设定的逻辑框架“愿景使命陈述→实施外部和内部分析→建立长期目标→制定、评价和选择战略→战略实施→度量和评价业绩”成为通用的战略略管理模型（见图5－4）[226]。然而，“在动态环境下企业的战略制定过程具有创造性和复杂性”[227]，随后的中外研究文献基本确定“企业战略形成过程的主要影响因素包括总经理个人特征、决策本身的性质、组织内部特征、企业外部因素，但是往往由于影响战略决策的因素过于复杂，为确保研究的可操作性，往往将重点集中在组织层面因素对战略形成过程的影响”[228]。

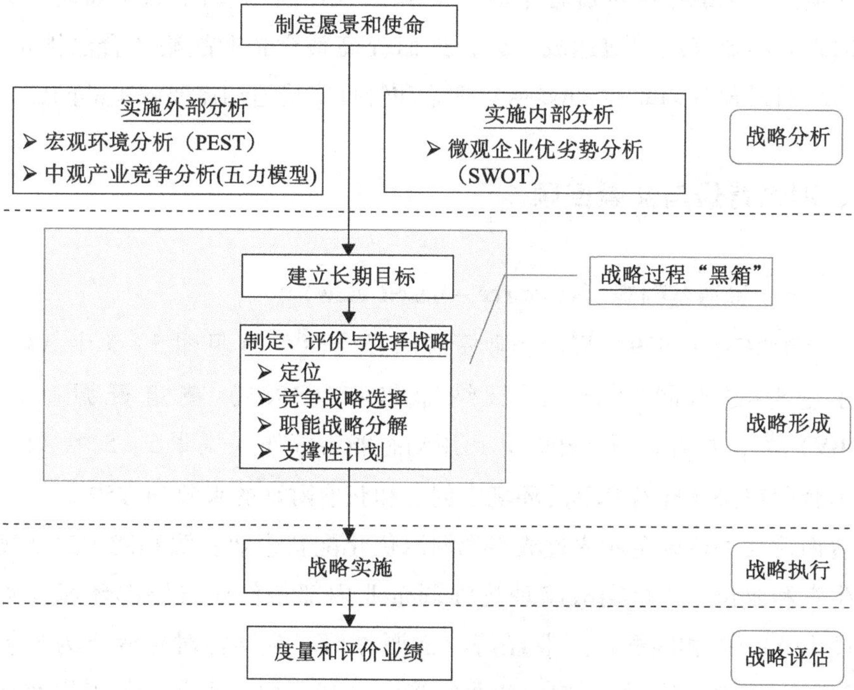

图5－4　战略管理模型

然而，作者发现以往对于企业高层在战略决策过程中的研究，一般以高管团队（TMT）[229]统而概之，虽然有学者对“董事会、高层管理人员、战略规划人员、中层管理人员等在战略形成过程中能够做出的贡献”[230]进行了分析，但“有关TMT和中层管理者对企业战略管理过程的影响研究却始终沿着战略制定和战略执行两条平行线单向发展，极少关注中高层管理人员之间的互动对战略管理过程的影响”[231]。事实上，就战略形成和战略执行在战略规划阶段进行动员（mobilize）对形成高效高质量的战略规划至关重要[232-234]。但是，对于关键战略理念如何形成以及最高决策层和中高层执行团队如何就这些关键战略理念进行互动，来制定具有前瞻性、可落实可执行、企业内部和外部利益相关者都能接受的战略规划，各类研究文献大都语焉不详或者“千人千说”，这就形成了一个战略过程的“黑箱”。

对于中国大量在位的超大规模企业来说，当前大都面临“传统线下业务+互联网”改造和数字化转型为商业生态型平台企业的战略变革需求，因此揭开变革战略制定过程中的“黑箱”，研究企业的中高层如何就关键战略理念高效高质量地达成一致，进而提高整个企业战略的合法性水平，成为战略过程（strategy process）理论和管理实践迫切需要解决的问题。

一、理论背景与文献回顾

（一）资源基础观（resource-based view）

从彭罗斯（1959）揭示企业资源的异质性[26]（见图5-5中A3）导致了企业的不同特征，到沃纳菲尔特（1984）奠定资源基础观（RBV）[235]，再到蒂斯（1997）运用动态能力框架（见图5-5中A4）分析了企业在快速技术变革的环境中创造和获取财富的来源和方法[50]，国外学者们论证了传统企业通过战略规划以优化配置企业资源和能力来实现企业生存和成长。“早期战略理论强调企业内部条件要与外部环境（见图5-5中A1）① 相匹配；产业经济学强调外部产业结构对企业行为与绩效（见图5-5中A5）的影响；产业经济学微观层面的聚焦——组织经济学则综合考虑了市场结构和内部结构的作用；企业资源基础观关注企业内部条件。”[38]但这4种主线逻辑的最佳应用场景反映在战略管理（见图5-5中A2）的哪个环节，现有的参考文献缺乏深入的分析。一般认为，以资源、知识为基础构建有价值、稀有、难以模仿、不可替代的核心能力理论

① 作者根据本书结构添加，下同。

较多被企业实践应用在战略制定和决策分析上[226,236,237]。

（二）合法化（legitimation）理论

“合法性（见图5－5中L1）是指一个由社会构建的规范、价值、信念和定义的体系中，实体组织的行为被认为是可取的、恰当的、合适的一般感知或假定。”[192]“合法性本身是一种获取其他资源的战略性资源”[202]：利益相关方（如企业内部管理层、投资人，外部媒体、政府、特定消费群体等）对某项制度设计（如一种想法、一个主张、一个特定解决方案、一种商业模式或者一个战略）的合适性、合理性、必要性等所做出的判断形成了对该项设计或规划的合法性判断（见图5－5中L4），这种判断达成的共识越显著，该项管理活动的合法性水平（见图5－5中L6）就越高，获得的资源支持就越多。例如，组织内外利益相关者做出的合法性判断对企业资金、人才、政策、舆论等资源的获得具有显著的影响，因此合法化理论认为“合法性构成了组织一种动态化的资源约束”[219]，“合法性强化了组织的存活率”[193,212]。合法性又被分为内部合法性（见图5－5中L2）和外部合法性（见图5－5中L3），组织的内部合法化行为和外部合法化行为被不断地再产生和再构建，相互作用共同塑造了组织进化[213]。Kwak等通过案例研究表明，像阿里巴巴这样的商业生态型平台企业正是通过不断努力建立合法性促进了平台的演变。[238]因此，对企业内部和外部的合法化进程，以及管理决策做出合法性判断的过程开展研究就显得尤为重要。国内研究者较为深入地探讨了合法性与企业生存成长和持续盈利的相互影响关系。例如：张玉利等讨论了“以合法性为代表的制度因素对于新经济活动和新组织生存和成长的影响及其作用机制”[239]；李玉刚论证了“不同种类的合法性不仅直接构成企业的竞争优势，而且还通过影响经营活动进而影响企业的竞争优势”[228]；项国鹏等“从企业家能力角度解释了通过制度创新，突破企业外部制度性约束和（或）内部制度性约束，来获取规制合法性、规范合法性和认知合法性，促进企业成长的作用机制”[240]。相应地，战略变革中的合法化问题逐渐引起研究者们的关注，例如：王凤彬等通过案例研究详细分析了“线上与线下业务部门之间冲突产生的演变过程”[241]；杜运周等揭示了“先动性企业通过合法性的中介作用来实现成长与高绩效”[242]；宋铁波等“运用合法性机制解释在位企业面临破坏性创新的外部战略反应过程”[243]；魏江等“通过万向集团1994—2015年在美国的纵向案例研究，分析了后发跨国企业在发达国家获取并维持外部合法性的过程”[244]。但就目前而言，对于组织内部成员如何互动来推动战略形成（formulation）和战略执行（implementation）的合法化进程，以达成高效高质量的战略变革，相关的研究尚不够深入[231-233]。

国外研究者近10年来重点关注在复杂和多样化环境下，合法化进程（见图5-5中L5）的作用机制。例如：Thomas和Lamm揭示了合法性与组织可持续性高度相关[209]；Press等定义了关联合法性作为一种资源跨越企业边界，被生态系统利益相关者广泛利用来实现可持续的商业模式[207]；Yang和Ji研究指出组织跨部门关系的形成主要受社会合法性和联盟合法性需求的驱动[245]；Bitektine描述了外部评估者如何基于有限理性做出判断（见图5-5中L3和L4），以及认知的和社会的因素如何影响做出判断的进程[220]；Huy和Corley等通过模型演示了变革接受者就变革合法性判断与企业高管（变革代理人）之间动态的、相关的和迭代的关系（见图5-5中L2和L4），以及在计划变革的各阶段所展现的情感反映[191]；Scherer等提出了在复杂和多样化环境下企业应对合法性问题的3种策略，即适应外部期待、管控利益相关者的认知能力、致力于向那些质疑其合法性的人进行解释[221]。因此可以发现，国外关于企业合法化作用机制的研究，一支重要的贡献流（contributing streams）[38]正试图实现战略过程研究和企业中高层团队（内部合法性的判断者）决策行为研究之间的匹配（fit），或者说正致力于研究中高层管理人员如何通过互动来提高企业整体战略，特别是战略制定过程中的合法性水平。

（三）战略过程中的意义建构概念

Webof Science中关于“Strategy Process”主题的高被引用文献“*Strategy-Process Research: What Have We Learned and What Is Still to Be Explored*”指出，“基于文献综述总结了战略过程的一个综合框架，它包括前因（见图5-5中的A1—A5）、战略过程（见图5-5中的P1—P5）和成果（见图5-5中的O1—O5）3个因素以及它们之间的影响关系，指出战略过程的研究深受一种可使战略过程概念化的研究的影响，这种概念化（见图5－5中的S3）体现在进化过程、资源费分配的重复过程、引导进化、有机观点和塑造对话这几方面，并建议学者们对战略过程中以及实际决策制定前后战略家的个人和认知（见图5－5中的S2）情境做更多的探索研究。”[233]

显然，研究者已经意识到认知科学和组织理论中的意义建构（sense-making）概念在战略决策过程中的重要作用。意义建构是指在高度复杂或不确定的情况下，为了做出决策、创建情境意识（situational awareness）和达到理解的过程，“它在人类行为决定中的核心作用，涉及将环境转化为一种用语言明确理解的情境，并作为转化为行动的跳板”[246]。

Jalonen将战略理念（strategic idea，strategic concept）作为“战略意义建构的微观工具”[234]，指出战略理念的塑造和动员分别通过意思生成（meaning－making，见图5－5中的S4）和合法化两个途径及两者的互动来生成对战略选择和行动的意义建构；Venkatraman认为战略形成和战略执行的匹配概念涉及“战略形成、战略执行、形成与执行整合、内部组织网络、战略选择、总体塔式结构6大学派各学派下又由关键问题（key issues）、主题（theme）和贡献流构成”[247]。关于战略思想的形成和发展，Schwarz认为主要受到“关键主题和4个组成主题互动（见图5－5中的S5）的影响：战略鼓吹者、互动模式、战略语言和战略综合”[248]；熊斌等也基于现有研究的不足，建议“把既有的高层管理团队、中层管理者沿各自层面的研究方向拓展到高层管理团队与中层管理者的互动（见图5－5中的S5）研究上来”[231]；Dyer认为“创新型企业家在获取信息的4种行为模式上不同于高管：（1）提问；（2）观察；（3）实验；（4）观念网络（idea networking）”[249]。许多学者对战略形成的模式进行了分类，如Chaffee提出了“线性的（linear）、适应性的（adaptive）和解释性的（interpretive）3种战略形成模式”[250]；Mintzherg总结出了3种战略形成过程，即“计划性的（planning）、适应性的（adaptive）、创业性的（entrepreneurial）”[251]；Nonaka提出了战略形成中的“中上下（middle－up－down）模式，以区别于传统的上下（top－down）模式和下上（bottom－up）模式”[252]；Hart提出了5种模式，包括“命令的（command）、符号的（symbolic）、理性的

(rational)、交易的（transactive）和生成的（generative）”[232]。

现有对战略意义建构概念的研究表明，战略理念的形成与战略家(strategist) 基于认知的意思生成和组织内部的合法化进程的互动高度关联。而在认知科学方面，美国心理生物学家斯佩里博士通过著名的割裂脑实验，证实了大脑不对称性的左右脑分工理论，并因此荣获 1981 年诺贝尔生理学奖。该理论表明：右脑在直觉、感知、想象力、创意、形象思维、把握全局的能力上有优势；而左脑的具象思维掌控语言文字、逻辑和分析推理，指挥日常劳动的右手。[253]事实上，战略管理决策理论和管理心理学中都对个体决策中的理性与直觉做出了分析[38,254]；有学者研究了战略制定过程和知识创造过程的关系，认为“决策群体通过群化产生认同型知识，通过外化产生概念型知识，通过融合产生系统化知识，通过‘干中学’的内化作用产生运作型知识”[255]。因此，本节将企业最高决策层在战略制定过程中基于感知的直觉思维比作右脑思维，将企业中高执行层在战略制定过程中基于逻辑的理性思维比作左脑思维。

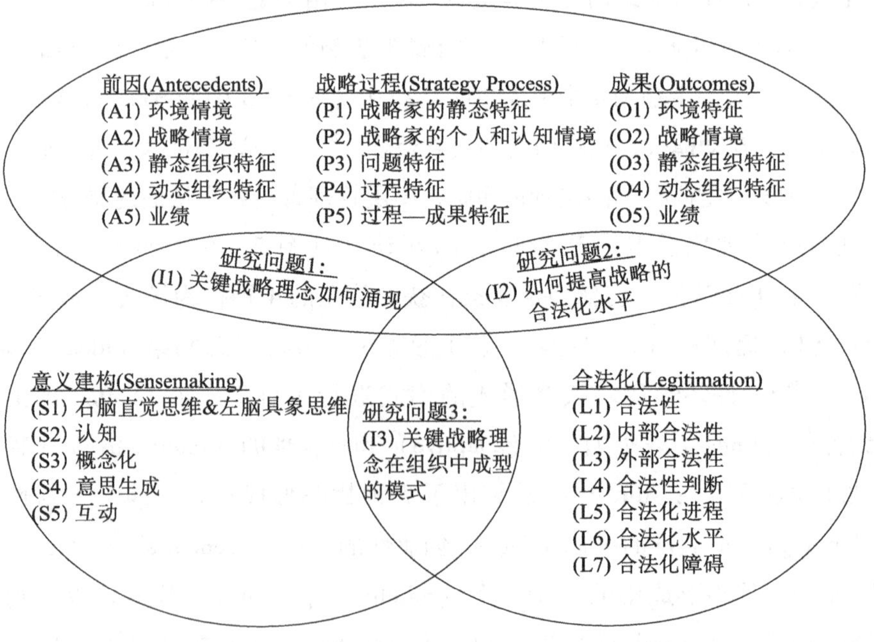

图 5－5　理论基础主要概念及研究问题概览

综合上述理论基础，本节认为超大规模企业在推动整体行动，尤其是变革性行动中必须实现高效和高质量的思想认识统一，而这种思想认识的统一就涉及对相关思想、理念的合法性构建问题，所谓“名不正则言不顺”。当相关理念、思想如发展愿景、价值准则、机遇大小等的合法性状况低于必要水平时，基于这些理念的企业战略将难以传播和被利益相关者所接受，使得战略实施面临各种各样的“隐形障碍”，由此损害战略目标的实现。

超大规模企业在全球任何一个经济体中都扮演着重要和不可替代的作用，如美国的苹果公司、德国的西门子公司、日本的丰田公司、韩国的三星公司等。这类企业战略变革需要将新战略具备必要的合法性作为前提条件。问题在于：这类企业的现实运营又是建立在对一系列原有战略理念的合法性认知基础上的，这就意味着，新战略的形成和实质性贯彻涉及对一系列相关战略理念的合法性调整。既有战略的合法性对新战略所依赖的新型合法性确立构成了顽固而隐形的障碍，在这种情况下，如何有效地促成新战略的合法性就成为战略变革能否顺利实现的重要条件，但这个问题迄今在理论上未得到应有的关注。大部分合法性问题研究针对的是初创型企业的市场选择、商业模式构建等，而针对在位企业的合法性研究则主要关注文化创新、组织变革等问题。这导致现实中许多超大规模企业的公司战略变革常常出现执行层思维障碍，其典型形式包括但不仅限于对战略变革的有关新理念的不以为然、不知深浅、下意识排斥乃至直接抵触。本节将这种面向公司整体战略变革的新理念和相应方案的合法性不足而导致的实施障碍称为“合法性障碍”[242]（见图 5 - 5 中 L7）。

长期以来，理论界从合法性角度对在位大型企业的战略变革过程的研究并不多见，针对这类组织管理中的合法性问题研究主要集中在组织创新、领导行为变革等方面，并且侧重于从受众视角[256]探讨有关制度创新、新型领导风格合法性的来源等问题，因此留下了一定的研究空白（research gap），即从战略理念（见图 5 - 5 中 I1）的形成模式（见图 5 - 5 中 I3）探讨其内在合理性，并通过其本身的合理性影响其合法性水平（见图 5 - 5 中 I2）的提升，进而推动战略变革的效率，这样的研究理论界迄今尚未开展。由于缺乏相应的理论指引，在实践中，企业战略管理者往往对合法性障碍缺乏系统认识，因此在解决这一问题上只能陷入不断“试错摸索”的低效率模式。当企业面临重大环境变迁因而需要推动高效的战略变革时，这种低效率模式对企业生存与发展带来了极大的负面作用。

二、案例企业选择及案例研究设计

（一）案例企业选择

在 1992 年邓小平同志南方谈话后，迎来了中国民营企业的大发展，其中不少企业（如前文提及的京东、阿里巴巴、腾讯、苏宁）经过 10 多年的发展，成功度过了创业期，在 2010 年前后成长为超大规模企业。它们在随后的又一个 10 年基本都进行了战略变革，实施了“ + 互联网”和数字化转型，变身为商业生态型平台企业并成功进入“世界 500 强”。因此，对这些企业成长期战略规划的研究，对于揭示我国超大型平台企业战略变革的成功之道，具有显著的理论价值和实践指导意义。

本节选取的案例企业为苏宁集团，理由如下：第一，企业规模。2010 年“中国民营企业 500 强”排名中苏宁集团以营业收入 1 170. 03 亿元名列榜单第 2 位[257]；2019 年“中国民营企业 500 强”排名，苏宁集团以营业收入 6024. 56 亿元名列榜单第 3 位，京东以营业收入 4620. 20 亿元名列榜单第 6 位[258]；《财富》杂志 2019 年“世界 500 强”排名，苏宁旗下电商公司苏宁易购以营业收入 370. 32 亿美元名列全球榜单第 333 位，京东集团以营业收入 698. 48 亿美元名列全球榜单第 139 位[224]。第二，本书作者及所在团队受邀全程参与了 2011 年 5 月至 8 月的苏宁十年战略（2010—2020 年）规划项目，掌握了第一手的调研和访谈资料（目前保密期已过），项目主持者（作者的导师）2011 年起担任了上市公司苏宁集团的独立董事，基本了解苏宁集团战略变革的详情。

（二）研究方法

艾森哈特罗列了适合案例研究的 6 类研究问题，本节研究的问题符合她所说的其中 3 条：“现有理论不能充分回答的研究问题；关注构建过程理论的研究问题；计量经济或者其他实证方法无法探讨的复杂过程。”[259]因此，本节采用案例研究作为研究方法，能“从繁杂的数据中提取观点，将观点发展成命题以及理论模型”[260]。

艾森哈特同时指出，“现有文献已经探讨了案例研究方法的一些环节。相关文献之一就是由 Glaser 和 Strauss（1967）提出的、后来由 Strauss（1987）又加以发展的扎根理论”[260]。因此，本节还将运用扎根理论中数据收集和比较的方法，“依靠对数据进行不断地比较，以及基于数据收集来发展理论”[260]。

（三）研究团队及数据资料收集

项目团队由 1 位教授、1 位副教授、1 位讲师（以上都为博士）和 1 位博士生（读博前有从事跨国公司战略规划的经历）、4 位硕士生共计 8 人组成。根据苏宁方面的要求，其中 5 位研究生从 2011 年 5 月 1 日到 8 月 5 日的 97 天项目期内，全部工作、食宿在苏宁集团南京徐庄总部的下属酒店内，以便于自身高效工作并随时配合不分昼夜和休息日繁忙工作的苏宁中高管理者抽出零散空闲时间进行访谈。艾森哈特指出“多成员团队有两个优势。首先，他们提升了研究的创造性潜力。其次，从众多研究者中得到的收敛趋同的观察结果增强了结论的可信度”。[261]

“案例研究一般会综合运用多种数据收集方法，如文档资料、访谈、问卷调查和实地观察。数据可能是定性的（如文字），也可能是定量的（如数字），或者两者兼有。”[261]项目团队获得了大量苏宁高管谈话实录、内部会议记录和业务资料，形成了充足的文档资料（简称为 Files，并在本节列表中缩写为 F）；项目期间共组织了 37 场总计 98 小时对苏宁中高层管理者的半结构化访谈，形成了丰富的访谈记录（Interview，缩写为 I）；对 2011 年以前的企业历史，项目团队则通过文档资料阅读和访谈进行了回溯；3 位高校教师还对苏宁中高层管理者开展了问卷调查（Questionnaire，缩写为 Q）。此外，“现场笔记（field note）作为研究者自己或研究团队的现场工作记录，是实现数据收集和分析重叠的重要工具”[261]。曼宁认为“现场笔记是研究者在研究过程中的持续意识流式评注，包括观察所得和分析，但最好将两者分开进行”[262]。事实上，项目团队根据观察所得

(Observed 缩写为 O) 和观察分析 (Analysis，缩写为 A) 整理了大量过程性的文件，作为研究的佐证加以运用。艾森哈特指出“运用多种数据收集方法的道理和假设检验研究一样，也就是，基于多种数据收集方法的三角测量使得构念和假设具有更坚实的实证依据”[261]，观察所得和观察分析构建的三角测量保证了本项研究中编码的内部一致性 (consistency)。

(四) 案例研究设计

根据案例研究设计的五要素如图 5－6 所示，数据资料与命题的连接和理论发展将分别在下文进行分析。

图 5－6 案例研究设计五要素演进

1. 超大规模企业战略变革研究主题下的研究问题。

(1) 根据苏宁十年战略制定过程涉及的问题和决策层偏好，分析归纳支撑超大规模企业整体战略的关键理念 (见图 5－5 中 I1)，进而揭示这些关键理念的合法性如何对该战略的总体合法性产生重要影响 (见图 5－5 中 I2)？

(2) 根据上述关键战略理念的内在属性和管理层态度或判断，分析揭示上述关键理念的最优成型驱动模式 (见图 5－5 中 I3)。这些战略理念构建的思维模式有右脑驱动和左脑驱动两种基本类型，不同类型驱动模式将影响所形成的战略理念的合理性，而这些战略理念的合理性将对战略实施中该理念的合法性水平产生影响。

2. 研究命题 (Proposition)。

根据理论背景讨论中有关合法性内涵以及合法性对公司整体战略构成、功能等影响的文献回顾，提出第 1 个命题：

P1：超大规模企业整体战略合法性受到构成这一战略的关键理念的合法性影响。

据新兴市场机会[263]与战略性业务定位[29,264,265]等关键战略理念的特有属性，以及理论背景讨论中有关战略过程中的意义建构的文献回顾，提出第 2 个命题：

P2：整体战略中关键理念的合法性与这种理念的成型模式密切相关。

根据理论背景讨论中有关合法性成型机理及其与组织可持续性关系的文献回顾，提出第3个命题：

P3：关键战略理念的不同成型模式将影响与之对应的理念传播过程，这种传播过程也对该理念的合法性产生影响。

3. 分析单元。本案例的分析单元既包括了最高决策层对战略方向的初步设想和框定，又包括了最高决策层与中高执行层就战略实施的可行性所进行的多轮互动，并且根据 Bitektine 和 Haack 提出的合法化过程划分标准[219]将企业战略规划的内部合法化进程分为合法性判断显现、感知、确定和达成一致4个阶段，因此本案例属于“单一嵌入式”案例研究的类型，运用“嵌套研究设计，也就是说，在一个案例研究中有多个分析层次”[266]，本案例的分析单元与阶段划分如表5－6所示。

表5－6　　分析单元和阶段划分

划分依据	战略规划中的互动过程			
分析单元	第1轮互动	第2轮互动	第3轮互动	第4轮互动
分析内容	公司战略的初步设想和框定	就职能战略实施路径所做的内部讨论	就职能战略资源和能力进行识别	确定符合公司战略的职能层行动计划
案例分析证据	邀请3个外部机构开展战略规划	6月2日项目团队做集团战略规划框架汇报	6月19日苏宁集团战略（粗框架）对外发布会	7月26日最后一个职能体系规划定稿
项目窗口期划分	5月前	5月1日—6月19日	6月19日—7月26日	7月26日—8月5日
合法性流程划分	合法性判断显现阶段	合法性判断感知阶段	合法性判断确定阶段	合法性判断达成一致阶段

三、案例分析与发现：左脑或右脑思维驱动变革战略制定的合法化进程

（一）苏宁发展历程中的3次战略转型

1990年冬天，张近东先生拿出了积攒的10万元钱，租下了位于南京

市宁海路 60 号一家 200 平方米的门面房，取名苏宁交电，主营产品为空调[267]。1993 年，在 8 大国有商场的重压之下，苏宁交电通过买断南京市上游供应商的货源和下游客户空调的安装服务，在“空调大战”中一战成名，当年的销售额同比增加 178%，突破 3 亿元，一跃成为中国最大的空调经销商。

随着空调制造厂不满于利益的蛋糕被分食，全面开始压缩代理商利润，1996 年，苏宁首次走出南京市，在扬州市汶河路上开设门店，1 年后，苏宁空调连锁店已达 30 多家；随着市场需求的日益旺盛，单一空调品类显然已经无法跟上时代的步伐，1999 年 12 月，苏宁南京市新街口旗舰店的开业，意味着苏宁开始向综合电器全国连锁经营转型，随后，苏宁进入浙江、北京、上海、重庆等地，建立全国电器连锁发展的战略布局，开启了全面扩张的新时代。

2003 年，苏宁南京山西路 3C 旗舰店开业，标志着苏宁连锁经营全面进入“3C”时代——经营计算机（Computer）、通信（Communication）和消费类电子产品（Consumer Electronics）的专业电器综合购物广场，至 2009 年苏宁的线下电器业务成为国内零售行业的龙头，当年更是先后入主日本 LAOX（乐购仕）电器和香港镭射科技公司，将连锁版图扩张至全球。

2010 年以前，苏宁的 3 次战略转型，生动地诠释了苏宁总结的自身企业特质“先做再说”，即敏于行而讷于言，看准的事要勇于实践，先行先试。但是，这仅仅是侥幸的行动正确吗？苏宁是如何保证它数次战略转型成功的呢？

（二）2011 年战略规划前的背景分析

2008 年全球金融危机爆发后的震荡开始波及传统零售业。苏宁董事长在 2010 年度集团专题封闭会上指出“集团及各体系均有管理上的问题需要突破”。例如，大量实体店租金上涨导致门店利润急剧下降，进销差价缩小导致“集中采购—连锁零售”的商业模式亟待再次营销变革。

然而，外部对苏宁的发展却提出了更高的要求。例如，2009 年 11 月 29 日，国家某领导考察苏宁总部时提出：“2004 年我曾经说过，苏宁要成为中国的沃尔玛，我今天再讲，苏宁要超过沃尔玛。”

与此同时，1998 年成立的京东携 B2C 电子商务模式开始进军苏宁的“传统领地”——家电业务。2009 年 6 月京东上线电视、空调、冰洗等大家电产品线，完成了3C产品的全线搭建[268]，2010年12月京东开放平台正式运营。

（三）第1次互动：战略方向的框定

苏宁正式决定实施“+互联网”战略是在2009年春天。当时苏宁董事长认定转型迫在眉睫，“抽空和大家开视频会，会议从下午开始，一直开到次日凌晨四五点。讨论是继续走粗放式发展路径，还是利用新技术提升企业，在采购以及用户方面进行精细化运营和服务；是继续简单地复制原来的线下连锁，还是走线上线下融合发展的路径”[269]。因此，未来十年的战略方向基本框定为：苏宁必须加快企业发展速度，实施线下线上同步销售，将网上经营范围扩大到全品类百货。

表5－7　　第1轮讨论内容

编号	案例数据摘录	数据收集类别	逐句编码（观点初步概念化）	战略理念的意义建构（命题范畴化）
1	要研究商品，研究百思买、山田、国美的管理并超过它们	F	基于消费者需求的商品规划	营销变革
2	要建立符合消费者需求的商品筛选标准			
3	要建立商品品类数据库			
4	要强化采购能力			
5	推进店面建设标准化			
6	做好与传统家电（黑色、冰洗）厂家的谈判	F	供应商品牌策略	
7	厨卫、小家电在增加SKU基础上对商品进行筛选			
8	如何弱化运营商和中间商对于3C产品的控制			
9	如何运用连锁店的网络能力做好一线经营			
10	规划好供应管理	F	供应管理	
11	提高配送服务质量			
12	如何应对制造企业自建零售渠道			
13	门店考核	F	店面自营	
14	门店员工培训			
15	各大体系如何围绕营销开展工作	F	内部管理	
16	大区管理失控			
17	门店松散、麻木			

续表

编号	案例数据摘录	数据收集类别	逐句编码（观点初步概念化）	战略理念的意义建构（命题范畴化）
18	营销体系要完善组织体系、编制、管理方式	F	市场管理	营销变革
19	促销要形成规划			
20	深入对市场的研究			
21	建立贴牌产品管理体系	F	OEM 管理	
22	增强自身对贴牌产品的设计开发能力，但又不能变为生产企业			
23	B2C 不能拖累实体店，而应该支持实体店	F	B2C	
24	实现产品丰富度要解决货源问题			
25	优化定价策略			
26	发展规划：成立独立网上运营公司；拓展产品线；配送服务资源共享			
27	不需要太多人决策，提出的现存服务管理问题都是伪命题	F	服务定位	服务变革
28	内部服务管理体系的建设			
29	日常服务监督考核			
30	服务人员能力建设			
31	发展规划：形成大服务概念，建立物流基地，建立服务标准，培养服务人才			
32	考核没有融入各个业务体系	F	人才梯队建设	人力资源管理变革
33	完善人才培养和培训体系			
34	解决高层管理干部学历低的问题			
35	理顺人才缺编和发展的关系			
36	统筹工资缴纳基数	F	员工福利	
37	是否应实施职工年金制度			
38	高管福利			
39	节假日福利			
40	员工短期激励			

续表

编号	案例数据摘录	数据收集类别	逐句编码（观点初步概念化）	战略理念的意义建构（命题范畴化）
41	大区干部改为派驻制，逐渐扁平化	F	总部—物流中心—门店三级构架建设	组织变革和内部管理变革
42	物流基地建设的评价及标准建设			
43	加大对大区总部的监察	F	地区总部建设	
44	五大总部每月对大区指导一次，形成例会制度	F	组织协调	

表5－7收集的数据基本来自“董事长谈话实录”的文档资料，最高决策者与中高执行层的第一轮互动以右脑直觉思维驱动为主：一方面，高层决策者对企业面临的挑战有较清晰的判断，对势必进行战略变革的态势有紧迫感，甚至对变革的重点做出了指示，其战略理念的核心是抢抓新兴市场机会与重新进行战略性业务定位，本节通过意义建构将它范畴化为4大变革，即营销变革（数据编号1—26）、服务变革（数据编号27—31）、人力资源管理变革（数据编号32—40）、组织变革和内部管理变革（数据编号41—44）；另一方面，高层决策者也清楚，由右脑思维框定的战略方向，尚属于一个“模糊而抽象”的战略目标，它需要中高执行层运用左脑思维来“理解、认同、赞成、支持和具象化”，需要听取来自基层的反馈（数据编号44），以达成组织内部对战略方向的合法性支持。

但事实上，由最高决策者凭借右脑直觉思维驱动做出“应该做什么”的决策，却遇到了中高执行层左脑理性思维驱动做出的“现在日子挺好，为什么要冒风险去转型”“我们搞实体店的对互联网运营不了解”“应该如何去做”等质疑。直到2010年6月，在集团专题封闭会上，董事长依然还在谈企业发展所要解决的战略问题。关于此话题的讨论持续了15个月依然没有得到全面的落实，执行层跟不上决策层思路成为战略制定初期最大的合法性障碍。

数据资料与命题的连接：以上收集的数据表明，对市场机会或威胁、战略性变革业务定位的判断构成了变革战略制定过程中的第 1 个关键理念。最高决策者与中高执行层对该关键理念的合法性判断，将直接影响组织成员对公司战略变革目标认同的合法性水平，战略变革的内部合法性判断问题显现。最高决策者以右脑思维模式驱动、通过会议做报告形式推动第 1 个关键理念内部合法化进程的努力一度受阻，执行层只是被迫跟随。

最高决策层意识到让中高执行层来“自我革命”并实现整个集团公司一体化发展的阻力较大，于是在既定的关键理念驱动下，决定引入外部咨询团队作为“外脑”来共同推进集团战略规划和“＋互联网”的转型。到 2011 年 5 月作者所属项目团队进驻前，前期已经有“985 高校”SJ 大学和世界知名管理咨询集团 RB 公司两个团队提交了苏宁的战略规划。苏宁最高决策层希望作者所属团队的进驻，能在前期研究的基础上，对战略方向进行概念化的梳理，并通过对中高执行层的访谈完成职能战略的布局。其实质是通过多个外脑来促进右脑和左脑的互动，推动公司战略与职能战略的匹配[53]。

（四）第 2 次互动：就职能战略实施路径所做的内部讨论

如图 5－7 所示的苏宁组织结构，企业的总裁们（最高决策层）与连

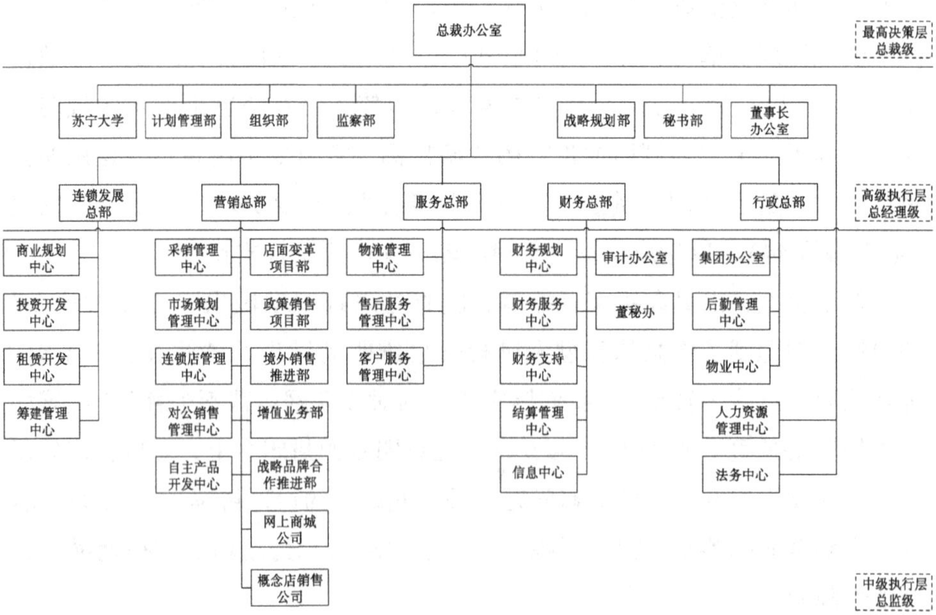

图 5－7　苏宁集团 2011 年组织结构

锁发展、营销、服务、财务、行政5大总部的总经理们（高级执行层）及其下属的各管理中心的总监们（中级执行层）就职能战略如何贯彻公司战略目标进行了互动，案例研究的基本数据资料如表5－8所示。

表5－8　　　　　　　　第2轮讨论内容

编号	案例数据摘录	数据收集类别	逐句编码（观点初步概念化）	战略理念的意义建构（命题范畴化）
45	2020年实现万亿元销售规模：线下线上电器＋线上百货＋酒店＋购物中心＋商业地产	F、I、Q	增长速度之争	十年集团发展规划
46	各管理总部的风险预测与预防			
47	连锁发展总部总经理：“苏宁的租赁店其实在为房地产打工”	F、I、Q	选择自营店还是租赁店的扩张方式之争	连锁发展职能规划
48	如何适应在不同地区市场差异化布局的问题			
49	不同经营品类如何布局			
50	如何实现自身开发方式的创新，尤其是自建店的开发			
51	如何适应海内外不同的市场发展布局的特点			
52	分管营销的副总裁：“1. 发展思路的原则，应秉承董事长超前思路的指导，大家目标一致的思路，社会机构院校参与，保障苏宁的发展务实并且超前。对供应商应制定一些原则，以实现共赢；同时要注重满足消费者个性化的需求。2. 苏宁下一个十年的突破口在于改一条腿走路为两条腿走路，线上线下并举；而线下实行战略转型，从苏宁＋厂商转变为自营，实现自身销售能力的突破。”	F、I、Q	继续主营电器还是多元化发展之争	营销职能规划
53	网上商城公司（苏宁易购）发展为独立经营的线上百货电商	F、I、Q	实体店与网店之争	电子商务发展规划
54	物流建设和管理、客户服务如何支持业务发展	F、I、Q	是第三方物流还是自营物流之争	服务职能规划

续表

编号	案例数据摘录	数据收集类别	逐句编码（观点初步概念化）	战略理念的意义建构（命题范畴化）
55	财务（资金运营收益、财务成本控制）	F、I、Q	是集中控制还是赋予地区更多自主权	财务职能规划
56	建立总部—区域财务监管模式			
57	建立以财务为中心的管理信息系统			
58	大量大学生入职后对传统管理方式的冲击	A	以怎样的企业文化来选拔和培养干部和人才，并实施管理方式、管理效率变革	行政管理职能变革，主要是组织和人力资源管理规划
59	本项目团队观察到各级领导没有空闲时间，大部分时间都在参加各类管理协调会	O		

表5－8收集的数据分别来自基于大量苏宁高管谈话实录、内部会议记录和业务资料形成的文档资料，基于几十次苏宁中高层管理者半结构化访谈形成的访谈记录，以及对苏宁中高层管理者开展的问卷调查。通过以上数据资料的分析可知，与第1轮互动中以右脑思维驱动不同，第2轮互动过程中主要以左脑理性思维模式驱动为主，中高执行层必须考虑本职能部门要贯彻怎样的实施路径、需要承担哪些责任，才能达成最高决策者所描绘的战略目标，因此产生了许多“路径之争”（组织合法性障碍），其实质是各职能部门对各自掌握的核心资源定位及其价值识别方法和评价准则的认识和判断差异。例如，增长速度之争（数据编号45）、实体店与网店之争（数据编号53）反映了各部门对待开展网上业务和看待网络资源的不同态度；依靠自营店还是租赁店扩张业务之争（数据编号47—51）反映了各部门依靠效率还是规模谋求发展的不同认识；主营电器还是多元化业务发展之争（数据编号52）、第三方物流还是自营物流之争（数据编号54）反映了各部门看待核心业务价值的不同观点；财务职能采用集中控制还是赋予地区更多自主权（数据编号55—57）反映了对财务部门是管控部门还是业务支持部门的不同看法；基于观察所得和观察分析（数据编号58—59）识别的企业文化变革，会折射不同层级用工看待业绩考核方式的不同

态度。

在深入探讨职能战略能否贯彻公司战略的过程中，尽管 2011 年 6 月 2 日项目团队根据访谈内容汇报了集团战略规划框架并发放了对整个中高层管理者的问卷调查，但对执行路径选择的激烈争论（主要表现为提出各类问题和困难）导致高层决策者不得不让步同意将集团十年战略的制定步骤拆解为三年行动计划、五年规划和十年战略三个维度来逐步推进。

数据资料与命题的连接：以上收集的数据表明，中高执行层在意识到战略目标无法动摇后，不得不将注意力转移到战略执行的可行性上，对企业战略的内部合法化进程进入感知阶段。对核心资源（包含网络等无形资源）定位及其价值识别或评价准则的认识和判断构成了变革战略制定过程中的第 2 个关键理念，本节通过意义建构将它范畴化为一个整体发展规划和六大职能规划。最高决策者与中高执行层对该关键理念的合法性判断，将直接影响组织成员对公司战略变革实施路径认同的合法性水平，双方互动的过程也就是双方感知能否就战略变革路径达成内部合法性判断的过程，由左脑思维模式驱动、通过意见表达方式推动第 2 个关键理念内部合法化进程的努力，在各部门充分的沟通和高层的协调下，对职能战略实施路径的认识逐渐趋于一致。

（五）第 3 轮互动：就职能战略所需资源和能力进行识别

通过第 2 轮互动，中高执行层与最高决策层对职能战略的实施路径逐渐清晰起来，随之而来的问题是：在拟定的战略实施路径下，各职能部门存在哪些资源和能力的短板，针对这些障碍的解决方案将构成战略规划中支撑性措施部分的主要内容。第 3 轮讨论的内容如表 5 -9 所示。

在推进战略规划内部合法化的进程中，为了保证这种互动取得高质量的效果，第 3 次互动启动前的 6 月 19 日，苏宁集团邀请各媒体和总部员工在徐庄集团办公大楼对外召开了“苏宁集团 2010—2020 十年战略发布会”。发布的内容固然只是第 2 次互动结果的一个粗框架，但最高决策层也有两个明显的用意：

表5－9　　第3轮讨论内容

编号	案例数据摘录	数据收集类别	逐句编码（观点初步概念化）	战略理念的意义建构（命题范畴化）
60	分管连锁发展的副总裁："对现有店面的处理方式可以概括为'扩、转、优、调'。所以说开新店不是最重要的工作，把店面调整做好才是最重要的。因此要以超级旗舰店和地区旗舰店为主导，精品店和邻里店为辅助，巩固一二级市场中的销售领先地位（包括核心商圈、区域商圈和社区商圈）；以地区旗舰店和邻里店拓展三级市场，并深入开发四级市场中的中心镇和发达乡镇。从这个角度讲，门店的标准化建设很重要"	I	当前单一的"建店—开店—卖货"模式不足以支撑未来十年的快速发展	连锁发展要进行店面的结构性调整，成为支撑集团超常规发展的主要支柱
61	本项目团队观察到苏宁集团总部大楼几乎每天更换的欢迎条幅都是"欢迎XX领导莅临指导"，与张董事长商谈投资XX地区苏宁广场事宜。为自营店争取土地资源	O、A		
62	分管营销的副总裁："苏宁的核心竞争力是（1）新产品推荐能力；（2）供应链较短，采购成本低；（3）自建店；（4）苏宁的服务是'工厂＋自身'"	I	当前单一的"集中采购—门店分销"模式不足以支撑未来十年的可持续性发展	营销要构建新的商业模式和重塑核心竞争力
63	未来十年市场容量、电器销售规模、电器销售集团总销售占比、平均毛利率测算	O、A		
64	对公销售和自主产品销售预测			
65	相同产品在实体店和网店的定价策略			
66	行政副总裁："尽管徐庄总部大楼内还有很多空余办公室，但张董还是让网上商城公司在附近租办公室独立发展电子商务业务。"	I、O、A	发展电子商务，企业文化暂时不支持；发展百货，在资源和能力上存在短板	电商平台要与实体店融合发展，才能实现跨越式发展
67	网上商场公司总监："战略规划现在不是我的当务之急，你们学校有没有电子商务数据分析专业的学生，另外我们苏宁易购还缺××的买手，公司现在的买手，只熟悉电器。"			

续表

编号	案例数据摘录	数据收集类别	逐句编码（观点初步概念化）	战略理念的意义建构（命题范畴化）
68	服务总部总经理：“（1）以前电器都是大件物流，发展网上百货后需要快速建立毛细物流；（2）扩大物流中心建设后还必须建设呼叫中心；（3）要提高电器售后的安装和维修能力。”	I、O、A	物流和客户服务在硬件建设和服务能力上存在短板	物流建设和客户服务要能支撑电器实体店业务和网上百货业务的快速增长
69	服务总部物流管理中心总监开玩笑：“实在不行，我们就用直升飞机送货。”			
70	营销总部采购管理中心总监：“我们供应商的应付款大部分是三个月以上，店面基本铺一个月的货，因此在门店销售方面，业务规模越大我们的冗余资金越多。”	I、O、A	集团资金充裕但利用效率低；财务的集中化管理需要借助技术手段	实现业务快速发展下的资金集中管控
71	财务总部总经理“我们邀请了IBM公司在帮我们上云计算，一旦实现，全国数千家门店的电脑配置可以省很多预算，财务的集中控制也可以实现。”			
72	当前的员工和干部能力不符合企业发展的要求，中高层管理大专以上学历占比75.8%	F	一方面，当前人才层次、结构、数量都无法达到最高决策层的期待；另一方面，苏宁连锁分散化经营的特点又强调员工对企业的忠诚、从一线做起、防范人才使用不当的风险。因此，短期内人才短板问题突出	人力资源应满足集团公司多元化经营、快速发展、稳健经营的需要
73	招聘不到符合企业发展的人才，中高层管理干部缺编60%	I		
74	行政副总裁：“目前的人才结构支撑不了集团的多元化发展，举个例子，苏宁早期的房地产开发，把南京的图纸原样搬到东北，结果都没有设计暖气装置。”			

1. 通过外部发布会固化两轮互动后确立的战略方向和实施路径，消除内部的反对声音（合法性障碍），因为最高决策层经常会“通过运用合法化的修辞策略来合法化变革叙事，这容易引起组织中意义建构的共鸣。随着合理性通过合法化得到增强，组织中的个人开始参与这一认知过程，这

与他们的经验和组织认同产生共鸣。通过这种感知过程构建的组织叙事反映了合理意思的合法化”[270]。

2. 通过外部的合法性判断来接受外部反馈，提高战略决策质量，并加快内部合法化进程。从表5－9收集的资料可知，第3轮互动过程中又以右脑思维模式驱动，最高决策层针对第2轮互动中提出各类问题和困难，基于资源基础观对各战略业务单元（SBU）实施战略过程中可能预见的资源和能力短板——这些短板是影响各SBU关键业绩的重要因素——进行了识别、归纳和确认（例如数据编号60、62、74），而中高执行层则据此形成细化的战略保障性措施（例如数据编号67、69范畴化后构建的支撑性措施）。

数据资料与命题的连接：以上收集的数据表明，对各SBU关键业绩影响因素如何定位的判断构成了变革战略制定过程中的第3个关键理念，本节通过意义建构将它范畴化为6个支撑性措施。最高决策者与中高执行层对该关键理念的合法性判断，将直接影响组织内部成员对公司战略变革所需资源和能力识别的合法性水平。由右脑思维模式驱动、通过基于认知的上下沟通推动第3个关键理念内部合法化进程的努力，使得中高执行层对职能战略实施的担心和疑虑（合法性障碍）基本消除，双方可以就战略支撑性措施做出肯定且一致的判断。

（六）第4轮互动：制定符合公司战略的职能层行动计划

从2011年5月1日第一个成员进驻苏宁集团，到5月14日启动集团战略规划框架商讨，本项目团队一直以“滚雪球”的方式，参与各管理总部（连锁发展、营销、服务、财务、行政5大体系）的体系战略规划框架和体系战略规划初稿的讨论和撰写。当7月26日最后一个体系规划定稿后，标志着苏宁集团内部最高决策层与中高执行层开始就公司战略职能层的主要行动计划进行第4轮也是最后一轮的“磨合”。第4轮讨论内容如表5－10所示。

从表5－10收集的数据分析可知，由于公司战略、职能规划、支撑性措施的变革，各战略业务单位的主要业绩指标显然也要做出相应的调整，因此第4轮互动是在左脑思维模式驱动下，中高执行层与最高决策层的最后一次"对表"，是在中高执行层确认公司战略和职能战略规划后，为提高战略匹配性[53]（不匹配将导致整体战略的合法性障碍）对各 SBU 的阶段性战略目标和业绩主要衡量指标所做的再一次确认。中高执行层基于职能层规划、未来的资源配给和能力发展计划，对各类业绩指标及数据进行了试算，而最高决策层对通过意义建构范畴化的 5 个主要行动计划（数据编号 75—80）的最终"拍板"标志着双方对战略规划的合法性判断完全达成一致。

表 5－10　　第 4 轮讨论内容

编号	案例数据摘录	数据收集类别	战略理念的意义建构（命题范畴化）
75	分管连锁发展的副总裁："关于外部咨询团队对未来市场规模和成长率的反复测算，就定为每年开设各类门店 300—350 家，2011 年实体店面实现销售 1 000 亿，每年保持 20% 增速，与营销规划保持统一。"	I	连锁发展的主要行动计划
76	张董事长："实体店发展方向是体验店，线上线下无差异定价。"	I	营销管理的主要行动计划
77	分管营销的副总裁："建设面向顾客、面向供应商、面向苏宁自身经营创新的平台；在 office articles、配件商品等周边产品、包销定制、整体解决方案上寻找突破。"		
78	总裁办三位副总裁："现有 1 500 家连锁门店中 2020 年实现 300 个自建店，新建 50 个购物中心和 60 个物流基地。"	I	服务管理的主要行动计划
79	本项目团队观察到苏宁主要采用技术手段来解决监控和效率问题，如上马 OA、SAP 系统和运用云计算等	O、A	财务管理的主要行动计划
80	行政副总裁："（1）重点培训和培养通过'1200 工程'招聘的人才，还有管培生计划。（2）我们的薪资比较有竞争力，硕士毕业生月薪 6 000 元，博士毕业生月薪 10 000 元。（3）战略规划外还要编制企业文化手册和企业社会责任报告。"	I	行政管理的主要行动计划

数据资料与命题的连接：以上收集的数据表明，对各 SBU 的阶段性战略目标和业绩主要衡量指标的确认构成了变革战略制定过程中的第 4 个关键理念。最高决策者与中高执行层对该关键理念的合法性判断，将直接影

响组织成员对公司整体战略匹配和战略可执行性认识的合法性水平。在左脑思维模式驱动下，通过对详细业务数据的试算推动了第 4 个关键理念的内部合法化进程。可以说，此时双方对战略变革的内部合法性判断达成了一致，企业管理者们上下同心，全力以赴投入战略执行中去。

2012 年 9 月 25 日，苏宁集团在南京市宣布，以 6 600 万美元（约合 4.2 亿元人民币）的价格收购母婴垂直类电商网站“红孩子”的品牌、资产和业务。红孩子将保留现有品牌，独立运作，苏宁易购的母婴品类将作为一个频道由“红孩子”运营。这是苏宁在电商领域的首次并购。并购后采销仍将由“红孩子”运营，物流仓储则将纳入苏宁体系。[271] 至此苏宁加快了营销模式变革、线下线上“两条腿走路”、国内国外“两个市场”的发展进程，仅 3 年的时间苏宁易购（线上销售）就赶上了集团线下实体店的销售规模。

（七）案例发现

“战略过程涉及战略形成（formulation）和战略执行（implementation），它们与战略的模糊性和可执行性高度关联。”[234] 因此，基于战略的模糊性和战略的可执行性两个维度，通过以上四轮苏宁战略制定过程中讨论内容的案例分析，我们绘制了关键战略理念 3 个成型驱动模式图，分别从模式特点、决策偏好、驱动模式、角色扮演、主要互动方式、合法性障碍、合法性判断阶段、战略理念的意义建构（包含意思生成、合法法化进程）和合法化阶段性成果九个方面来进行描述和总结，如图 5 - 8 所示。

通过以上的研究我们总结认为：

1. 影响超大规模企业整体战略合法性判断的关键理念有 4 个方面：（1）新兴市场机会与战略性业务定位，从合法性视角主要表现为组织内部对战略方向的合法性判断；（2）核心资源（含无形资源）定位及其价值识别方法或价值评价准则，从合法性视角主要表现为组织内部对职能规划特别是实施路径的合法性判断；（3）各 SBU 关键业绩的影响因素定位，从合法性视角主要表现为组织内部对战略支撑性措施特别是战略实施所需资源和能力发展的合法性判断；（4）各 SBU 的阶段性战略目标和业绩衡量主要指标，从合法性视角主要表现为组织内部对战略匹配和战略业务单元具体行动计划的合法性判断。

高　　战略的模糊性　　低

战略的可执行性：低（上）→ 高（下）

模式1	模式2
1.特点：战略模糊性高，可执行性低 2.决策偏好：直觉思维、感知 3.驱动模式：右脑驱动为主，左脑被动追随 4.角色：最高决策者扮演主角 5.主要互动方式：开会、做报告 6.合法性障碍：执行层跟不上决策层思路 7.合法性判断：显现阶段 8.战略理念的意义建构 8.1 战略理念的意思生成：新兴市场机会与战略性业务定位（案例描述：实施线上线下融合，经营全品类商品） 8.2 合法化进程：借外力推动（案例描述：第1轮互动） 9.合法化阶段性成果：确立企业发展方向	1.特点：战略模糊性低，可执行性低 2.决策偏好：理性思维+直觉思维，协调 3.驱动模式：左脑和右脑并用 4.角色：根据问题重要程度扮演不同角色 5.主要互动方式：意见表达，提出各类问题和困难；识别、归纳和确认 6.合法性障碍：对公司新战略下职能战略实施的担忧，例如觉得新战略要求的改变太多；不能确定具体的实施路径；资源和能力缺乏等。 7.合法性判断：感知和确认阶段 8.战略理念的意义建构 8.1 战略理念的意思生成： ①核心资源定位及其价值识别方法或评价准则（案例描述：实施路径） ②各SBU关键业绩的影响因素定位（案例描述：资源和能力短板识别） 8.2 合法化进程：进行目标和执行的折衷，并不断固化前期互动成果（案例描述：第2轮和第3轮互动） 9.合法化阶段性成果：就职能规划和支撑性措施达成一致

模式3
1.特点：战略模糊性低，可执行性高 2.决策偏好：理性思维，分析 3.驱动模式：左脑驱动为主，右脑确认 4.角色：中高执行层扮演主角 5.主要互动方式：各类数据试算 6.合法性障碍：各职能战略的协调一致很困难，各类行动计划脱节 7.合法性判断：达成一致阶段 8.战略理念的意义建构 8.1 战略理念的意思生成：各SBU的阶段性战略目标和业绩衡量主要指标（案例描述：各类业绩指标的试算） 8.2 合法化进程：就整体战略达成一致（案例描述：第4轮互动） 9.合法化阶段性成果：就行动计划和整体战略达成一致

图 5－8　关键战略理念成型驱动模式

2. 上述 4 个关键理念的合法性受到战略理念合理性的强烈影响，而这些战略理念的合理性与其在右脑和左脑思维模式驱动下的成型模式密切相关。具体来讲，新兴市场机会与战略性业务定位、各 SBU 关键业绩的影响因素定位等主要由右脑直觉思维模式驱动；而核心资源定位及其价值识别方法或评价准则、各 SBU 的阶段性战略目标和业绩衡量主要指标等主要由左脑理性思维模式驱动；右脑和左脑思维模式的互动有效地推动了整体战略的合法性水平，保证了战略形成和战略执行的匹配。

因此，我们确认在本节第二部分提出的研究命题成立，即：

P1：超大规模企业整体战略合法性受到构成这一战略的若干关键理念的合法性影响。

P2：整体战略中关键理念的合法性与这种理念的成型模式密切相关。具体来讲，左脑和右脑思维互动下的理念成型，不仅影响到相应理念的合理性，这个合理性程度还会对整体战略理念的合法性水平产生影响。

P3：关键理念的不同成型模式将影响与之对应的理念传播过程，这种传播过程也对该理念的合法性产生影响。通过推动内部合法化进程，超大规模企业的最高决策者和中高执行者可以在变革战略制定过程中高效高质量地达成一致。

四、讨论

（一）理论发展

企业战略理论的提出始于 20 世纪 60 年代，兴盛于七八十年代[175]，在中国引进、学习和运用战略管理理论时，往往无意间忽略了一个前提：这些理论是在西方国家市场趋于饱和、市场化程度高度发达、企业间竞争相当激烈的条件下提出的。而 1984 年中国提出有计划的商品经济之后，中国企业是在卖方市场为主、市场化程度不高、抢占先机就能赢得市场的条件下起步的，因此那时的中国企业家大都信奉“先做再说”的逻辑。

2001 年左右互联网的发展和中国加入世界贸易组织的契机，再次为中国创新企业和超大规模企业实现飞跃式发展开辟了“新大陆”般的广袤市场，“先做再说”更是成为许多高成长公司快速“圈地”赢得市场的制胜法宝，海尔如此，娃哈哈如此，苏宁更是奉之为企业的特质。正如蒂斯指出的，“财富的创造在很大程度上取决于公司内部技术、组织和管理流程的磨练。简言之，发现新的机会并有效地组织起来迎接这些机会，通常比制定战略更重要”。[50]这些公司成功的事实说明，“先做再说”并非是一种单纯的鲁莽行动。根据本节的案例研究，中国超大规模企业的最高决策层和中高级执行层并没有遵照传统的企业战略理论，在外部环境分析和行业分析上消耗太多的时间和精力，而是侧重对既定战略目标下如何分解和实现职能战略进行了数轮的内部“磨合”，这种内部合法化进程大大提高了战略形成和战略执行的质量，帮助超大规模企业在庞大内需条件下迅速抢抓机遇和抢占市场，顺利转型为商业生态型平台企业。

本节以苏宁十年战略（2010—2020 年）制定过程为研究案例，设计了案例研究问题和命题以及分析单元，并运用扎根理论中的数据收集和分析方法，从数据到观点概念化（conceptualizing）再到命题范畴化（categorizing）以实现理论构建；在分析过程中将战略制定过程中的意义建构[234,246,270]和合法化理论[202,219]引入企业战略制定的分析框架，详细分析了企业最高决策层和中高执行层如何通过右脑和左脑思维模式的驱动来推动战略决策的内部合法化进程；通过数轮数据资料与命题的连接归纳，本节构建了“左右脑思维模式驱动关键理念达成战略变革内部合法化进程的理论模型”（见图 5－9）。

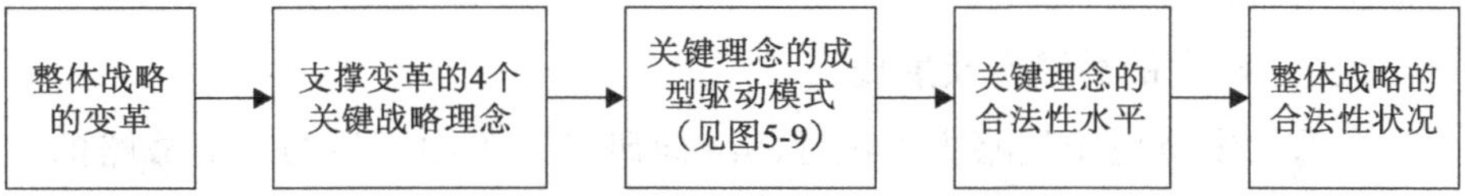

图 5－9　左右脑思维模式驱动关键理念达成战略变革内部合法化进程的理论模型

图 5－9 的模型回答和解释了本节研究的核心问题：在超大规模企业整体战略变革的制定过程中，会涌现支撑整体战略变革的关键理念。这些战略理念构建的思维模式有最高决策层经常采用的右脑直觉思维模式和中高执行层经常采用的左脑理性思维模式两种基本类型，右脑和左脑思维模式的互动将影响战略理念形成的合理性（合法化性水平），而这些战略理念的合理性又将对整体战略的合法性水平产生影响。因此，分析和研究战略关键理念的成型驱动模式（见图 5－9），就成为企业谋求高效高质量地达成内部合法化进程，成功实施战略变革的关键步骤。

（二）理论贡献

左右脑思维驱动关键理念达成战略变革内部合法化进程的模式，正是中国超大规模企业面对国内庞大内需市场时，经常使用但未被学术界“构念化”[175,261]的实践归纳，它揭示了战略制定过程的“黑箱”，可以丰富战略过程相关理论的内涵，同时对于当前大量急于实施“+互联网”战略的企业，也具有实践的指导意义。具体的理论贡献如下：

1. 在探索超大规模企业公司战略合法性构成的基础上，揭示了影响此类企业整体战略合法性的基础因素，为人们对此类重要战略的合法性问题开展更深入研究提供了分析基础。

2. 针对支撑整体战略合法性的节点战略理念的合法性，探讨了最有利于提升合法性，也就是可以最短路径促成其合法性的理念成型驱动模式。

3. 揭示了支撑整体战略合法性的节点战略理念的逻辑关系，从而为超大规模企业战略变革过程中的重大决策行为研究，包括决策主体、决策过程、决策支持方法等提供了理论支撑。

4. 通过以左右脑互动为表现形式的战略决策合法化进程的研究，将战略制定（formulation）和战略执行（implementation）的优化过程统一在企业整体战略内部合法化的框架之内，为提高战略规划的质量和效率提供了可借鉴的管控方法。

（三）研究的局限性及展望

本节的案例属于战略决策过程的纵向研究，美中不足的是对战略的实际执行没有做纵向的跟踪。此外，鉴于案例企业当时所面对的是新兴市场，重点在于推动企业抢抓机遇，因此并未过多研究外部合法性水平对战略制定过程的影响，但现今外部合法性这个变量越来越受到企业的关注。

本案例分析的结论，比较适合最高决策层拥有权威、高管团队（包括最高决策层和中高层执行层）努力寻求战略目标可实现化的企业，对于高管团队之间内部矛盾冲突剧烈的企业，可能未必有效。因此，希望通过本书的研究推动更多的学者关注和参与战略变革决策研究，特别是合法化进程在企业战略管理领域中的应用研究。

第五节 基于合法性测评的商业模式动态评估

一、合法性作为商业模式评价测评变量的理论基础

建立在制度理论（Institutional Theory）基础上的合法性和商业模式概念，在诸多特征上重叠（overlap）[51,192]，并且两者又都与企业持续绩效相关联。

（一）商业模式和合法性的构建基础都与标准和规则相关

Teece 认为商业模式描述了它所运用的价值创造、价值传递和价值捕获机制的设计和结构，这种设计会在一定的规则条件下形成结构框架、产生特定效应，以确保所有参与者在共同的价值创造活动中获得收益。而标准或规则作为社会构建系统中的关键因素，其是否被组织认可或采纳本身就构成了利益相关方对组织活动的合法性判断。[211]

（二）商业模式和合法性构成都具有多维性

商业模式是由多要素（elements）、多板块（components）基于规则构建的盈利结构设计。而合法性研究的权威 Suchman 指出，研究者已经充分认识到合法性并不仅是一些非相关内容的“大杂烩”，主要由基于利己主义的实用合法性、基于规范认同的道德合法性、基于理解的认知合法性 3 类合法性组成，并包括了合法性构建、维护和修正 3 大过程。[192]其他研究者认为合法性来源于观察组织并做出合法性判断的外部“观众”，同时指出合法性自身具有多维性[216]，包括感知主要标准的外部有效性和持有态度的内部合适性维度[190,209,213,219]、宏观和微观维度[190,219]、制度视角和战略视角（本章第三节第一部分）、社会规则维度和利益相关者维度（本章第三节第二部分）等。

（三）商业模式和合法性的形成都是一个渐进的过程

商业模式创新是一个设计、构建、优化的动态过程，其形成需要经历创意主导、效率主导、规则主导、匹配主导 4 个阶段[270]。而合法化是指一个实体的合法性随着时间变化的过程，组织合法化是一个多维度、多阶层的动态过程[202,213,219,220]。合法性形成要经历“显现→有效→扩散→达成一致”[213]的过程，而微观合法性则要经历“感知→判断→行动”[219]的过程。

（四）商业模式和合法性都与企业生存发展和持续盈利相关联

Amit 和 Zott 较早表明商业模式通过设计新颖性、有效性、互补性和锁定效应来创造价值；他们合作研究了商业模式设计如何影响新兴成长公司的业绩。[49]而 Zimmerman 和 Zeitz 较早提出：合法性是一个获得其他资源的重要资源，而这一资源对于新创企业成长非常重要。[202] Thomas 和 Lamm 探讨了合法性和组织持续性的关系。[209]赵亚普等研究了内部特征、外部合作、行业认可度 3 个维度对服务业务合法性的影响。[223]赵毅等通过江浙两地 349 份高管人员调研样本数据，验证 3 类合法性之间的匹配对企业营业收入和竞争地位的稳定性具有显著正向影响。[272]

（五）现有文献所做的商业模式评价和合法性测评的评估对象和评估者基本一致

合法性测评的对象是社会实体的行为和想法[217]；而商业模式实质上就是政策和资产的选择和管控方式[29]，价值创造、价值传递和价值捕获机制的设计和结构[31]，跨边界交易的设计[25]。而两者的评估大都由消费者、客户、投资者、专家学者等利益相关方做出。

本书将上述对商业模式和合法性内涵特征的比较研究进行归纳整理，具体如表 5 - 11 所示，为开展合法性测评来评价商业模式的机理分析奠定了基本的理论基础。

表5-11 商业模式与合法性的特征比较

特征	商业模式	合法性
构建基础	规则、制度、标准	规范、价值、信念和定义
组成板块或内容	客户价值主张 企业解决方案 盈利模式 跨边界企业合作网络	基于观众利己主义的实用合法性、基于规范认同的道德合法性、基于理解和想当然的认知合法性
分类维度	企业价值 客户价值	微观组织层面：内部持有态度的合适性 宏观环境层面：外部感知主要标准的有效性
多阶段的形成过程	创意→试错→固化→匹配	微观：感知→判断→行动 外部：显现→有效→扩散→达成一致
管理策略	设计和构建、变革和优化、重塑	获得、维护、修缮 服从、选择、管控、创造
作用目标	新颖性、互补性、有效性、可持续性	内部判断的恰当性 外部信念的有效性
视角	静态的；动态的	偶发的；持续的
评估对象	政策和资产的选择和管控方式 价值创造、价值传递和机制捕获机制的设计和结构 跨边界交易的设计	被评估的社会实体、结构、行为，被接受了的想法和主意
评估者	消费者、客户、投资者、专家学者等	消费者、客户、投资者；专家、组织、利益集团（如工会，消费者协会）、规则制定者（如行业协会）、社会机构（媒体、政府、司法系统）等

资料来源：作者自行整理。

二、基于象征性管理行为的合法性实践案例

组织的生命周期一般包括概念化阶段、商业化阶段、成长阶段和稳定阶段。Fisher 及其团队研究了新创企业的组织身份认同如何适应和满足关键资源提供者在其组织生命周期每个阶段的期望[273]。事实上，商业生态组织中的新创型或变革型企业往往会有意地向外界传递其象征性管理行为

以获取组织的合法性。

Zott 等指出象征性管理行为（symbolic management）的判别标准在于：(1) 企业家的意图是将其作为一种象征性行为，即行为人展示或试图吸引他人注意的一种超越其内在内容或功能用途的一种行为。(2) 它被资源持有者视为象征性的。(3) 别认为它具有象征意义。而以下 4 种象征性的行动类型有助于资源获得：(1) 传递企业家个人的可靠性。(2) 专业化的组织工作。(3) 组织的绩效。(4) 利益相关者关系的亲疏。[51]

尽管组织需要合法性来吸引相关者的支持，然而合法性总是涉及不少问题。因此，组织通过一系列持续的和象征性的实践活动来经常性地追逐合法性。但合法性作为一种社会判断最终由利益相关者来确定并且需要与组织达成一致，追逐合法性的组织往往会导致许多风险。[206]下面列举 4 个平台型企业在新创或变革阶段由于“不当或过度”象征性管理行为或实质性管理行为所导致的合法性危机：

（一）“我查查”有偿改价

2010 年，在上海市成立的“我查查”公司被央视《每周质量报告》曝光，2013 年下半年以来多家酒企向央视投诉手机端比价软件“我查查”中提供的不少酒品的售价低得离谱，不仅比其正常的售价低了很多，甚至还远远低于其进货价。比价“神器”——“我查查”因虚构商品信息并涉嫌敲诈，被置于风口浪尖。对此“我查查”方面回应称央视报道失实，“我查查”没有虚构价格也没有勒索，是央视把“我查查”与商家合作的修改条码收费，剪接到其花钱修改价格上面。

可以理解，商业信息（尤其是价格信息）总是在实时发生变动，作为第三方信息服务提供商（比价工具）的“我查查”，为了满足业务快速发展的需要，要花费大量的成本来确保大量商品价格信息的准确和实时更新，同时比价工具对应用者免费提供。但在商业上，有偿改价行为使“我查查”明显丧失了第三方比价服务提供者的中立地位，丧失用户合法性认同的任何移动应用软件导致的结果都将是失去最终用户。因此“我查查”需要进行商业模式创新来消化为收集和更新价格信息所支出的成本。

（二）百度竞价排名

西安某科技大学 21 岁的大学生魏某因为罹患滑膜肉瘤于 2016 年 4 月

呼吸衰竭离开人世。而事后发现，魏某通过百度搜索到的某医院提供的生物免疫疗法，这个技术在国外因为没有发现治疗效果于2000年在临床阶段就被淘汰了。

尽管是患者自行选择了医院和治疗方法，但百度的竞价排名在其中起到了怎样的作用，一直是网民们诟病百度的“槽点”。很显然，百度竞价排名的盈利模式有违搜索引擎应该按照真实搜索量进行排名的“共识”，由此百度业务的合法性受到了极大的质疑。时至今日，魏某事件一直是百度公司业务发展进程中无法避开之“痛”。

（三）共享经济下摩拜单车的没落

2016年进入城市共享单车运营的摩拜公司，切实解决了城市单车租赁困难的痛点，为居民短途出行带来了极大的便利。但后续随着大量风险投资公司的参与，先后有包括摩拜单车、ofo、优拜单车、小鸣单车、小蓝单车、美团等17个公司进入，使得原本需求总量不大的城市单车市场过度膨胀，各家企业都没有找到有效的赢利点。而大量单车随意停放所造成的城市管理困难冲销了原先“随停随放”所带来的便利性，加上这些公司普遍存在挪用租车者押金的负面新闻，使得共享经济下摩拜单车的发展不得不面临合法性的“拷问”。

（四）滴滴在出行市场发展的数次波折

滴滴公司在早期提供网约车服务的过程中，先后遭受了巡游车和电调车司机的抵制和市场监管部门的“约谈”。同时，滴滴顺风车业务模式存在重大的安全保护措施缺失，甚至被指其运营软件存在为了帮助司机招揽业务故意泄露乘客个人隐私的设置。2021年6月30日“滴滴出行”在纽约交易所上市后，7月国家网信办发布关于下架“滴滴出行”App的通报，主要因为“滴滴出行”App存在严重违法违规收集使用个人信息问题，指出其如何使用这些信息数据、用户数据、道路数据，并可能危害到国家数据安全。从以上滴滴在国内出行市场发展的数次波折来看，一个新创企业在快速发展业务的过程中，任何“不当或过度”的象征性管理行为或实质性管理行为始终会面临各类利益相关者的合法性判断。

三、通过合法性测评进行商业模式动态评价的设计思路及量表开发

随着全球经济化的发展以及越来越多新组织的涌现，商业模式创新对于每个组织建立自身独特的竞争优势非常重要。[274]组织合法性的影响对商业模式创新是正向的，若组织合法性较差甚至不存在，那么就会出现政府机构或消费者不理解组织商业模式创新的行为，各方利益相关者不愿意继续为组织提供资源，导致组织产生合法性缺口，阻碍商业模式创新的进程。[275]

商业实践中，商业模式创新对现有产品、产业甚至制度的颠覆性（disruptive）挑战往往会造成利益相关方（stakeholder）的反对和压制，即对新商业模式存在的合法性提出质疑，这就是所谓的“合法性悖论”。[276]如滴滴公司在提供网约车服务的过程中，虽然这一服务模式受到了大部分乘客的欢迎，但却先后遭受了巡游车和电调车司机的各类质疑并引发媒体广泛讨论，以及随后国家和地方交通管理部门的准入制度限制，由此造成企业生存及发展过程中的高度不确定性。新商业模式的超前性、创新性和不确定性往往还使其超越了现有的公众认知水平和接受程度，造成资源提供者对新商业模式的不信任，其他的商业模式如沃尔玛的超市模式、阿里巴巴的 B2C 模式等也都曾有过类似的经历。

既然创新意味着不确定性与风险性，就使组织面临着“合法性门槛”。合法性门槛是指组织为了获得社会认可和重要利益相关者的支持而需要通过的一个阈值[202]。合法性门槛是组织进行商业模式创新必经的阶段之一，Fisher（2013）确定了能够抑制或支持管理者努力跨越合法性门槛的 3 个关键因素：制度多元化、组织认同嵌入性和合法性缓冲[273]。组织的制度多元化是指在发展过程中产生的旧制度与新制度：前一生命周期残留的旧制度会对组织继续起着微小的作用，而新采用的制度在实施过程中影响逐渐增大；在前一个生命周期阶段，更高水平的合法性可以导致更高的组织身份嵌入性，使得企业难以适应下一个阶段的合法性要求；合法性缓冲是

指一个组织在其以前的发展阶段中所储存的合法性存量越高，它为满足合法性阈值并成功过渡到其生命周期的下一阶段而继承的合法性缓冲就越大。[273]随着组织在进行商业模式创新过程中所面临的多重门槛，组织行动者遇到了与制度多元化和组织身份嵌入有关的挑战，这些挑战可能会阻碍组织在创新期间成功跨越这些合法性门槛。相反，合法性缓冲可能会有助于组织迈过这些合法性门槛，因为前一个生命周期阶段的高合法性存量会延续下来，并为管理者提供适应的时间和偏离新环境的既定规范和制度惯例的能力。

（一）设计思路

基于上述的理论基础，本书认为可以通过合法性测评来评估商业模式的效能，并提出如下的设计思路：

1. 为评价商业模式选择合法性的相关维度。不同的学者对于合法性有着不同的分类。例如，Suchman 将合法性分为实用合法性、道德合法性、认知合法性[192]；Scott 将合法性分为调节性合法性、规范合法性、认知合法性[200]；Tost 将合法性分为工具性的合法性、关系性的合法性和道德合法性[190]；Dacin 将合法性分为市场合法性、关系合法性、社会合法性、投资合法性、联盟合法性[215]。不同的分类视角，折射了合法性概念的不同维度，其对于选取商业模式评价的切入点至关重要。因此，需要根据商业模式的构成内容，来选取对应的合法性类别。例如，对于商业模式“企业解决方案”板块，企业内部执行层会根据群体的认知来做出自身努力程度的决策，因此，对该板块的测评，应该高度关注认知合法性。

2. 选定合法性测评对象和做出合法性判断者（评价者）的选定。本书根据现有的研究成果把商业模式分为创意阶段、试错阶段、固化阶段、匹配阶段 4 个演进阶段，并按照合法性测评的要求，归纳总结特定阶段的主要属性特征，以析出该阶段的主要测评对象和评价者。例如，在商业模式的创意阶段，企业创始人或股东会从企业长期盈利角度出发，高度关注所在行业的客户价值主张，并以“讲故事”的形式[29]来吸引外部投资者，以弥补商业模式设计阶段所缺乏的战略性资源。在合法性判断上，突出表现为实用主义的合法性——外部投资者最常设问的一个问题是：“请给我一个让我投资贵公司该项业务的理由!”因此，该阶段的主要测评对象是实用主义合法性，内部评价者为公司发起人，外部评价者为外部投资人。

3. 确定关键的观察指标。尽管合法性水平是一个动态演变的过程，但它对于商业模式创新和变革的影响作用会在企业管理活动的特定时段“发声”——表现为个体或组织的典型象征性管理行为。[191]例如，企业成立的首次董事会、新产品的发布会、公司公开宣布进入新的业务领域或变革现有商业模式等。

4. 设计思路与阶段性测评方法。综合上述关于测评维度、测评对象、评价者的选取方法，将合法性测评设计思路和阶段性测评方法表述如图5－10所示。

创意阶段，企业需要在清晰定义客户价值主张（CVP）的基础上来达成有效的创意。作为批准重大创意的最后决策者，创意人（大多为企业发起人）和外部股东的合法性判断将关注商业模式的新颖性（Novelty)。该阶段拟采用专家评估的方法做出相应的合法性测评（见图5－10中①)。

试错阶段，企业需要通过不断拓展外部协作来弥补由于开发新创意所引起的自身资源不足，盈利点选择及定价模式则反映了企业与市场、企业与合作方博弈的结果。管理层（创新或变革代理人）与外部专家和媒体的合法性判断将关注商业模式板块及其所需资源的互补性（Complementarities)。该阶段拟采用公司与专业机构的联系和媒体报道内容分析的信息挖掘方法做出相应的合法性测评（见图5－10中②)。

固化阶段，企业需要通过客户导向的组织变革来固化新的业务流程并使之高效运行。政府监管部门、行业与企业业务执行层的合法性判断将关注商业模式运行的有效性（Efficiency)。该阶段拟采用跟踪公司所采用的行为准则的方法做出相应的合法性测评（见图5－10中③)；

匹配阶段，企业需要通过协同优化来实现商业模式各板块之间的匹配。消费者和其他利益集团（如消费者协会、环保组织等）对组织的合法性判断将直接与商业模式的锁定（Lock－in）效应和可持续性相关联。该阶段拟采用业绩的持续性的评价方法做出相应的合法性测评（见图5－10④)。

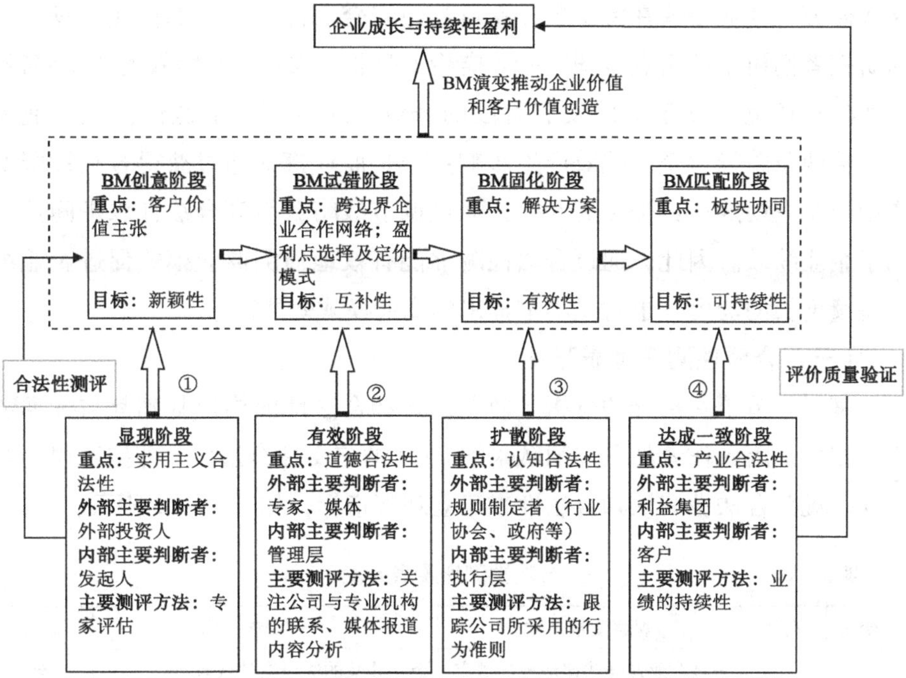

图 5－10　商业模式合法性测评设计思路

（二）合法性的中介作用

基于本节的理论分析，在图 2－7 的基础上，以 BM 代表商业模式（Business Model），S 代表战略（Strategy），L 代表合法性（Legitimacy），P 代表企业绩效（Performance），e 代表企业绩效的误差项（erro），将商业模式对企业绩效和战略的作用路径扩展如图 5－11 所示。

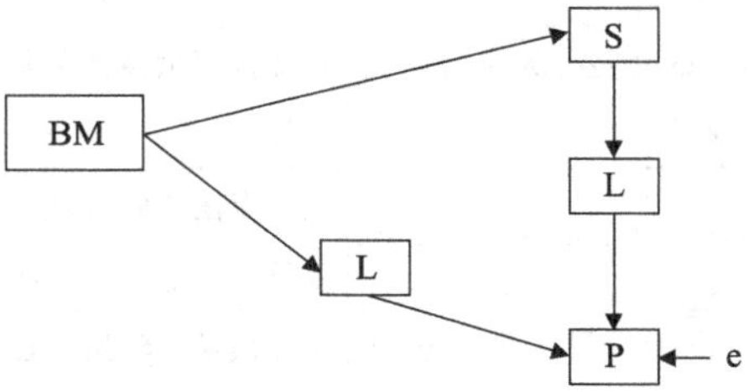

图 5－11　商业模式实现企业绩效的路径

商业模式评价跨越先期的内涵、要素、结构等基于原理分析的静态评价方法，进入动态演化评价是必然的趋势。随着对商业模式功能和作用的深入研究，商业模式在特定中介变量如组织合法性作用下的优化机理正成为研究者们讨论的重点。图5-12描绘了商业模式对企业绩效的作用路径。商业生态环境下处于不同发展阶段的企业，通过不断地迭代优化商业模式，从两条路径对企业绩效产生影响：一是商业模式通过获得合法性资源作用于企业绩效；二是由商业模式通过调节战略获得高合法性水平间接作用于企业绩效。因此，通过合法性测评能有效地侦测商业模式促进企业绩效持续增长的能力，也就是本书提出的商业模式效能。

（三）合法性测评量表开发

基于本节第一部分的分析，商业模式和合法性的构建基础都与标准和规则相关，因此作者的研究团队采纳Scott的三支柱合法性，即按照规制合法性、规范合法性和认知合法性来建立观察指标，如表5-12所示。

表5-12　　合法性测评量表开发

潜变量	维度	观察变量名称	观察变量指标	数据来源
合法性	规制合法性	平台企业遵守法律法规的规定	企业涉及的法律案件数量	国泰安
		平台企业遵守政府部门或行业协会制定的规章制度	监管机构公布的企业违规数量	国泰安
		平台企业积极从事当地政府或协会鼓励的事务	企业获得的政府认定的税收优惠种类	国泰安
	规范合法性	平台企业符合社会价值观和道德规范	企业社会责任评分	和讯网
		平台企业获得机构投资者的关注	机构投资者发布的研究报告数量	万得金融（Wind）
		平台企业的公益行为符合社会的价值观	企业报表披露的公司年度社会捐赠总额	国泰安
	认知合法性	平台企业的员工对单位的认可	员工责任评分（从绩效、安全、关爱员工3个方面考量）	和讯网
		平台企业的领导人获得公众认可	企业领导人学历、任期、是否在除上市公司外的其他单位有兼任职务	国泰安
		媒体对平台企业的认可	舆论风险得分	万得金融（Wind）

作者研究团队利用Python爬虫软件，对国内A股主板市场2020年年报进行了筛选，将年报中两次以上出现描述自身“平台”状况的353家企业（附录E）摘选出来，作为对商业生态型平台企业的研究样本。将测量方程代入上述企业样本相关数据Y后，潜变量“合法性”通过了信度检验。

以图5－12为模型，分别使用商业模式容量测量模型（参见第四章第三节第二部分）、战略协同测量模型（参见第二章第四节第四部分）、合法性测量模型（本小节）、商业模式效能模型（参见第二章第四节第三部分）构建结构方程模型。实际的实证操作步骤与第四章第三节第五部分相同，不再赘述。经过结构方程模型软件运算和测量模型的修正，获得标准化后的路径系数大于0.5。因素负荷量和测量误差都通过了显著性检验，结构方程模型通过了整体模型适配度检验，证实了所构建的结构方程模型的效度。

本章小结

商业模式具有动态性和多维性，它通过不断地试错和迭代演变进行优化。因此，对于商业生态环境下平台企业的商业模式评估，需要进一步找寻具有动态特征的测评变量以达成评估效果的优化。而从社会学逐步进入商业领域的合法性概念，具有社会规则和战略两个视角，并且能从多个阶段、多个维度促成商业模式效能提升和战略优化。本章通过苏宁“＋互联网”变革的案例，分析了合法性在平台型企业战略变革决策过程中的作用；在象征性管理行为的合法性实践案例分析基础上，对通过合法性测评进行商业模式动态评价的设计思路及量表开发进行了说明。

第六章

商业模式效能评估的应用探讨

对商业模式效能的评估无疑是为应用服务的。一旦对商业模式的效能评估建立在科学系统的指标处理与流程规范之上，那么这样的评估结论将对一系列与商业模式有关的管理工作产生重要和不可替代的支持。评估与分析和决策的关系如图 6－1 所示。

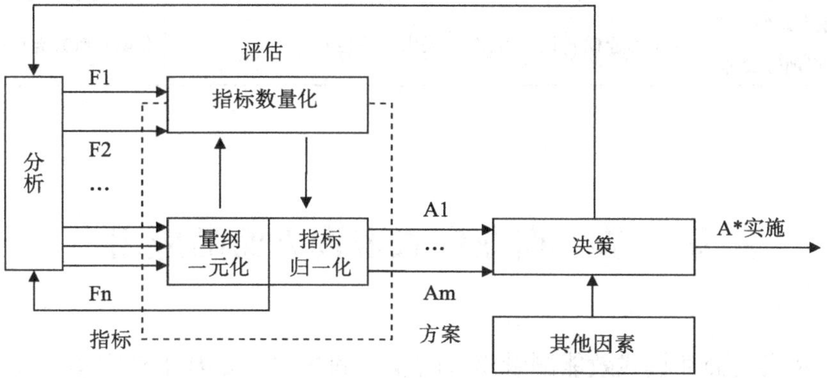

图 6－1　评估与分析、决策的关系[168]

如果按照企业投资活动时期的不同，商业模式效能评估的应用可以分为投资前期评估应用、运营中评估应用和投资后期评估应用。投资前开展商业模式容量的测评，可以帮助投资人挑选出具有较高商业模式效能的投资机会，筛选掉商业模式效能不良的投资项目以规避投资风险；在企业运营中开展商业模式效能的评估，可以帮助职业经理人发现经营管理中潜在的危机、识别商业模式设计中的短板，并结合企业战略来变革或重塑商业模式；鉴于商业模式多要素参与构建的特性，投资后期评估应用可以在获取企业业绩历史数据的基础上，通过开展商业模式效能的评估，来帮助研究者或管理咨询师发现并研究商业模式的典型案例，用以指导今后的商业模式创新活动。本书将商业模式效能评估大致的应用领域进行归纳，如表 6－1 所示，简单来说，可以应用领域总结为商业模式咨询方面的应用、构建方面的应用、创新方面的应用 3 个方面。

表 6－1　　　　商业模式效能评估的应用领域

项目	投资前期评估	企业运营中评估	投资后期评估
投资人	发现商业机会，规避投资风险	提供预警信号，降低投资风险	复制成功模型
企业职业经理人	设计并构建商业模式	发现危机，重塑商业模式	实施商业模式创新
商业模式研究者或管理咨询师	提供商业模式设计方案	提供预警信号	发现并研究典型案例

第一节　商业模式咨询方面的应用

本书对商业模式效能测量模型的设计和构建，是基于对样本企业较长时间段内业绩数据采集后的验证性分析，属于事后评估。但是，大量新投资项目的前期诊断，可能较难提供长期的业绩数据供投资者决策。因此，大量投资人热切呼吁通过对商业模式某个关键变量的测评，来有效预知企业绩效的大小和持续性，而这正是本书基于容量和合法性测评来评估商业模式效能的主要目的。

本书基于容量测评的研究成果可以用来为目标企业进行盈利空间和盈利持续性的分析，并最终形成该目标企业的商业模式效能预测报告。大致操作步骤如下：（1）运用商业模式容量测评量表（表4－9），对目标企业的商业模式板块要素和规则强度进行打分。自然地，如为了提高打分的准确度，可以采用专家组打分取平均值的方法。（2）用战略协同量表（表2－8），对目标企业的战略协同能力进行打分。自然地，如为了提高打分的准确度，可以采用专家组打分取平均值的方法。当然，鉴于商业模式容量与效能的直接效应已经达到中度相关，因此，如果忽略本步骤也并无大碍，但建议采用。（3）利用现有的结构方程模型（已经提供了测量模型和结构模型确定的路径方向和路径系数值），计算出商业模式效能的预测值。自然地，如为了优化模型效度，原始数据记录可以采集自与目标企业同行业的样本公司（如果样本数量能超过200家以上）。而对于在商业生态环境下的新创企业、变革企业或快速变化的平台企业，则可以通过构建合法性测评模型分阶段对其商业模式效能开展评估。

以上的效能预测值对于新投资项目来说，既可以作为投资决策的依据，也可以用于与其他同行业已投资项目的比较，以便找出潜在盈利空间的大小和持续性状况。

第二节　商业模式构建方面的应用

一、商业模式设计上的应用

商业模式的定义指出，商业模式既是一种框架设计，又是一种行为选择。前者与商业模式的结构相关，后者与商业模式的构成要素相关。企业管理的实践表明，身处不同的企业阶段和不同的管理层级，会使得商业模式的设计者选择不同的要素组合来构建企业商业模式。[178]

对于新兴企业而言，由于组织尚处于初创阶段，新兴企业的资源和能力较弱、对市场的熟悉程度不高。因此，新兴企业更多地关注价值链上的互补性、急于填补企业和市场之间的结构性空洞[164]；其可以比较容易地通过改变组织结构来响应市场，而颠覆性的技术创新往往能帮助新创企业冲破原有的市场壁垒；其通过设计有创意的、新颖[25]的蓝图和脚本（scenario）来满足客户需要，希望在较短时间内或在现有企业没有做出剧烈反应前，通过增加交易频率来快速地增加交易量；在盈利和抢占市场的决策中，其在考虑了未来的现金回流后，在当下更多地关注成本而非利润，在缺少知识产权保护的条件下，其更多考虑的是自身在市场上的先入优势，而这个优势会随着时间的流失和更多竞争者的加入而急剧地削弱；其看准市场机会，特别是缝隙市场（niche market）的机会，通过不断的试错学习（trial and error learning）[178,277,278]来更加紧密地贴近消费者的价值主张[58]；

在创新商业模式的活动中，其更多地关注各个结构板块的某项功能[32]。

对于现存企业而言，由于组织处于成熟阶段，其的资源和能力强、对市场的熟悉程度高。因此，现存企业更多地关注自身独特能力的塑造但往往又受制于组织自身的路径依赖[164]；其需要艰难地改变组织流程来响应市场，而对创新技术的过分保护和对绩效的高度重视极大地削弱了其对客户价值主张的响应[58]，其更愿意做的是技术或管理的改进工作；其通过自身主导制定的规则和标准来锁定现有的交易平台，通过规模优势来调整交易结构和交易效率以获得持久的盈利；在盈利和抢占市场的决策中，其往往通过知识产权保护来营造对竞争者和新加入者的隔离机制；其倚重长期的经营战略和经理们审慎的决策，一般在没有严重业务危机的时候，不轻易变更其战略蓝图或创新其现有的商业模式；而当危机来临或感知到危机的时候，其更多地会凭借优良的资源和能力来进行技术研发或实施纵向一体化以期待进入新的蓝海市场[60]；在商业模式的设计活动中，其更多地关注各个结构板块的共同作用[32]。

居于核心层的企业家依据蓝图和战略来设计商业模式，而居于职能层的管理者依据企业资源和能力来执行商业模式；当企业家的蓝图和战略与企业资源和能力不匹配时，就要考虑塑造学习型组织、引进新的人才、增加新的投资，并对现有资源和能力进行重新排列组合，以保证执行层（操作层）有效地实施设计方案。

综上所述，处在不同发展时期的企业、居于不同层级的企业决策者，对商业模式的设计和构建提出了不同的要求。如何来挑选商业模式基本元素，将它们组合成能产生较高效能的结构板块，需要有一套分析和测评系统。鉴于本书在容量测评的理论分析过程中，提出了“3—2—4—14”结构分析体系（见表4－7），该体系中的3个维度分析视角、商业模式2大功能、4个结构板块及其对应的规则和效能特征、14个基本要素，可以成为应用企业设计商业模式的参考标准；而合法性作为一种战略性资源，本身就能促进商业模式效能的提升和战略协同水平。对于商业模式的设计者来说，可以利用本书建立的结构方程模型，在商业模式容量和合法性的测量模型中进行部分调整作为观察变量的基本要素，通过要素置换来调试出优化模型，找到最适合本企业或所在行业的商业模式构建要素。此外，战略协同测量模型的优化，也能极大地促进商业模式与战略的匹配，使得企业实现持续性盈利。

二、商业模式重塑上的应用

商业模式的每个功能板块并不是一样高的，是最低的那个板块（短板）决定了容器的实际容量。经营中企业的商业模式重塑，难点往往在于如何识别商业模式构建中的短板。

基于本书的效能结构方程模型，当目标企业当前商业模式效能的测量值低于模型设定的警戒水平时候，评估者可以通过逆向推导的方式获得商业模式容量和合法性测量模型中当前观察变量的得分，然后对照目标企业在鼎盛时期对应板块的观察变量历史得分，就可以比较准确地甄测出目标企业当前所面临的短板风险或要素缺陷。因此，针对商业模式短板定位及其效应分析的应用，其实质是建立了商业模式的风险评估与预警系统。

第三节 商业模式创新方面的应用

客观地说，并不是每一个进行商业模式创新的企业都会成功。同样地，即使是成功进行商业模式创新的企业，也并非可以一直扮演商业生态中的核心企业或跨行业引领者的角色；甚至，即使成为核心企业也不能确保其一直处于领先地位。苹果公司是最典型的例子：它一度引领个人计算机行业，一度又几乎被从这个行业中抹去，如果不是乔布斯通过 ipad 触摸屏技术和 iphone 软件交易平台再度进行技术和商业创新，则无人认为苹果公司会再创辉煌。

不同商业模式在价值活动中的分享机制的不同，鲜明地揭示了商业模式效能的本质特性。大量企业在创新实践中，或者是优选了商业模式的新要素，或者是构建了商业模式的新结构，或者是发挥了商业模式的新功能，或者是获得了某种合法性的强支持。但是，这些创新是否稳固、是否长期有效、是否形成良性循环，将导致最终由价值链上的哪个环节来攫取价值成果中的最大份额。

企业的商业模式创新活动，可以结合本书的规则强度和合法性水平两个效能特性分析，来测评商业模式板块结构的稳固性以及平台发展的持续性，提高创新活动的成功率。此外，随着上市企业信息披露程度的不断提高，商业模式的研究者可以将更多影响商业模式效能的变量和参数纳入效能结构方程模型的测评范围并进行实证分析。一旦这些变量通过了模型整体适配性检验，就意味着其可以为商业模式的创新活动提供有效的素材，这也将大大提高商业模式创新的成功率并降低投资风险。

本章小结

本章指出商业模式效能评估能从投资前期、运营中期、投资后期 3 个时间点上为投资分析和决策提供支持，并分析了商业模式评估在商业模式咨询、商业模式构建、商业模式创新领域的应用前景。

第七章

结论与展望

商业模式研究在20世纪末掀起高潮有其必然的原因，理论研究者和管理实践者都呼唤一种新的机制，来优化、补充和完善战略管理对绩效的作用，同时他们相信，只有对这种机制进行了有效的度量，才能基本把握企业绩效的方向、大小和持续性。尽管现有对商业模式功能的研究，还处在多角度各自表述、远没有达成一致的阶段，但通过文献梳理，还是可以就商业模式的概念、构成要素、结构等勾勒出一个比较清晰的轮廓。

在总结了一个好的商业模式应该具有的8个显著特性（效率、互补性、新颖性、关注利益相关者4个特性能促进企业和客户价值的创造，而规则、对内复制对外不可复制性、锁定效应、可塑性4个特性则能形成良性循环，促进该商业模式的稳定和可持续性发展）的基础上，本书将商业模式的效能定义为一个具体的商业模式实现其特定功能或发挥其特定作用的程度。效能作为一个兼顾效率和效果的指标，对于企业来说，体现了绩效的大小和可持续性水平。而商业模式作为一种跨边界交易的框架设计，根据结构决定功能的原理，本书认为，容量是表征结构的一个关键特性，基于容量的测评，能够有效地评估商业模式功能的大小和持续性，即能有效地评估商业模式的效能。

针对商业模式的容量测评问题，在容器模型理论基础上，本书将现有分散在不同文献中对商业模式测评的要素和度量标准集中起来，有机整合到对商业模式板块性能的测评之中，并开发了一套比较完备的评估商业模式效能的量表。本书沿着“概念本质—构成要素—结构—功能—效能”的技术路线，运用结构方程模型验证了面向容量的测量指标的合理性。

同时，本书假设商业模式容量对商业模式效能有正向的影响，并通过战略协同间接对商业模式效能发挥作用。基于中国新兴战略产业293家上市公司的数据，本书运用结构方程模型的路径分析对以上假设进行了验证。实证结果表明：（1）商业模式容量对战略协同的作用非常明显；（2）商业模式容量通过提高战略协同对商业模式效能起积极的促进作用；（3）商业模式容量对商业模式效能有正向且显著的影响，因此可以判定，用商业模式容量来评估商业模式效能是非常可行和合理的；（4）当商业模式容量与单一的企业战略匹配时，对于中国上市公司来说，对商业模式效能的作用有明显差异，但商业模式容量直接作用于商业模式效能的影响不会衰减；（5）当采用不同特性的样本群体时，以上的影响作用会略有波动。这一分析结果和中外的研究成果[32,61,66,279,280]相呼应，即商业模式效能的发挥有特定的应用情景。

本书的研究成果对于企业评估现有商业模式的效能，甄测商业模式的改进重点，促进商业模式与战略的匹配，通过商业模式设计、重塑和创新来推动公司绩效持续性增长等都具有理论借鉴和实践操作的意义。

当然，作者注意到了在本书的商业模式评估模型中，忽略了利益相关者和企业动态演变的作用。前沿文献表明，组织行为学越来越渗透到商业模式的研究之中，在新商业模式上的竞争存在着人的维度[281]。那些对商业模式的生存能力提出疑义的、能与对商业模式发起挑战的人进行正确对话的鼓励型领导者，将变得越来越重要。所以，太多使用规划和分析框架的意愿将无法和公司所面对的不确定性水平相适应。[28]因此，本书结合当下理论发展的趋势，将合法性概念引入对商业模式评估的进程之中。通过将合法性测评等影响整体绩效的中介变量纳入商业模式效能的评估，评估的效应变得更为“有趣”，自然地，模型的复杂程度和信息收集的困难程度也会随之急剧增大，但实证分析支持了这一构念。

此外，在商业模式创新与科技结合的同时，商业模式与金融结合的趋势也愈加明显。鉴于金融对商业模式效能以及风险的放大作用，本书的样本公司没有涉及金融产业，但这并不代表金融与商业模式的结合不是一个值得研究的领域。

最后，对于理论构建的进一步深化和模型的进一步优化，以及本书中未考虑周全的方面，也欢迎各位专家学者的批评和指正。

附　　录

附录 A　德尔菲法提炼影响商业模式效能的基本要素首轮问卷表

被调查人姓名：____________　调查日期：

一、调查表说明：

作为管理科学与工程专业的研究者，我代表东南大学经济管理学院商业模式专题研究团队诚挚地邀请您参加首轮问卷的填写。本次填写可能会耽搁您 10—15 分钟的时间，请您仔细阅读并认真填写调查表，如果对问卷的填写有任何问题，请及时联系本人（联系方式见问卷调查表的发放信封）。

特别提示：（1）如果您对调查内容的概念有三个以上不了解的，请放弃本次填写；（2）整个调查过程，预计需要您填写二轮到三轮问卷表；（3）基于德尔菲法的调查原则，您在问卷的填写过程中请不要与其他学者，特别是其他填写问卷的参与者讨论。我代表东南大学经济管理学院商业模式专题研究的全体队员，感谢您的参与和意见分享。

二、调查目的：提炼影响商业模式效能的基本要素。

三、被调查人情况（请在符合项上打“√”）：

1. 您的性别：男；　　　女

2. 您的年龄：20—29 岁；30—39 岁；40—49 岁；50—59 岁；60 岁以上

3. 您的工作年限：0；0—2 年；2—5 年；5—10 年；10 年以上

4. 您的职业是：学生（在职学习的以委托单位为依据）；教师；研究人员；其他

5. 您的文化程度：本科毕业；硕士研究生、硕士毕业、博士研究生、博士毕业

四、调查内容（请在符合项上打“√”）：

要求：请在如下对商业模式效能产生影响的 35 个要素（无序排列）中，按照您认为的重要程度，进行依次打分，分值请按照升序（您认为最重要的打“1”分，认为最不重要的打“35”分）填写。所有问卷表的填写汇总情况，会在第二轮问卷表中予以反馈。

序号	要素描述	您的评分	您可能的备注说明
1	产品面向大众		
2	清晰的目标顾客定位		
3	具有关键业务		
4	掌控定价权		
5	掌控业务渠道		
6	无替代品		
7	设计隔离机制、防模仿能力强		
8	为顾客提供客户解决方案		
9	与大企业结成战略联盟		
10	资金充裕		
11	高利润		
12	低成本		
13	流程高效		
14	商品周转快		
15	产品信誉好		
16	拥有质量管理体系		

续表

序号	要素描述	您的评分	您可能的备注说明
17	售后体系完善		
18	实施客户关系管理		
19	组织学习能力强		
20	内部沟通好		
21	路径依赖少		
22	无形资产保护好		
23	具有锁定效应		
24	转换成本高		
25	拥有互补性资源		
26	拥有自主知识产权		
27	技术研发导向		
28	掌控产业标准		
29	拥有网络平台		
30	协作方多		
31	进入产业早		
32	市场交易成本低		
33	信息不对称状况低		
34	使用管理信息系统		
35	有明确的绩效考评制度		

您的问题回答完毕了，非常感谢您本轮的填写！

附录B 德尔菲法提炼影响商业模式效能的基本要素第二轮问卷表

被调查人姓名：____________ 调查日期：

一、调查表说明：

作为管理科学与工程专业的研究者，我代表东南大学经济管理学院商业模式专题研究团队诚挚地邀请您参加本专题第二轮的问卷填写。本次填写可能会耽搁您5—10分钟的时间，请您仔细阅读并认真填写调查表，如果对问卷的填写有任何问题，请及时联系本人（联系方式见问卷调查表的发放信封）。

特别提示：（1）基于德尔菲法的调查原则，请您在第二轮的问卷填写过程中依然不要与其他学者，特别是其他填写问卷的参与者讨论；（2）所给的28个要素已经按照首轮专家认为的重要程度进行了降序排列，在第二轮评分的过程中，您可以根据第一轮其他专家的集体意见修正您的评分。我代表东南大学经济管理学院商业模式专题研究的全体队员，感谢您的参与和意见分享。

二、调查目的：提炼影响商业模式效能的基本要素。

三、调查内容（请在符合项上打“√”）：

要求：请在如下对商业模式效能产生影响的28个要素中，按照您认为的重要程度，进行依次打分，分值请按照升序（您认为最重要的打“1”分，认为最不重要的打“28”分）填写。第二轮所有问卷表的填写汇总情况，计划筛选出15个主要影响因素。

序号	要素描述	您的评分	您可能的备注说明
1	产品面向大众		
2	清晰的目标顾客定位		
3	具有关键业务		
4	掌控定价权		
5	掌控产业标准		
6	掌控业务渠道		
7	拥有网络平台		
8	技术研发导向		
9	无替代品		
10	设计隔离机制、防模仿能力强		
11	高利润		
12	商品周转快		
13	资金充裕		
14	低成本		
15	流程高效		
16	产品信誉好		
17	组织学习能力强		
18	售后体系完善		
19	具有锁定效应		
20	转换成本高		
21	协作方多		
22	进入产业早		
23	拥有自主知识产权		
24	拥有互补性资源		
25	无形资产保护好		
26	市场交易成本低		
27	路径依赖少		
28	信息不对称状况低		

您的问题回答完毕了，非常感谢您本轮的填写！

附录 C 2020 年产品平台型上市企业样本（293 家）

深圳证券交易所上市公司（99 家）					
股票代码	简称	股票代码	简称	股票代码	简称
000009	中国宝安	000027	深圳能源	000039	中集集团
000055	方大集团	000060	中金岭南	000063	中兴通讯
000070	特发信息	000078	海王生物	000099	中信海直
000151	中成股份	000410	沈阳机床	000425	徐工机械
000518	四环生物	000541	佛山照明	000543	皖能电力
000551	创元科技	000559	万向钱潮	000570	苏常柴 A
000572	海马汽车	000581	威孚高科	000585	东北电气
000617	石油济柴	000619	海螺型材	000627	天茂集团
000661	长春高新	000665	武汉塑料	000680	山推股份
000682	东方电子	000683	远兴能源	000685	中山公用
000690	宝新能源	000695	滨海能源	000697	炼石航空
000701	厦门信达	000702	正虹科技	000727	华东科技
000733	振华科技	000751	锌业股份	000758	中色股份
000762	西藏矿业	000767	漳泽电力	000768	西飞国际
000777	中核科技	000786	北新建材	000790	华神集团
000800	一汽轿车	000806	银河科技	000811	烟台冰轮
000816	江淮动力	000826	桑德环境	000833	贵糖股份
000836	鑫茂科技	000837	秦川发展	000850	华茂股份
000851	高鸿股份	000860	顺鑫农业	000862	银星能源
000868	安凯客车	000875	吉电股份	000895	双汇发展
000903	云内动力	000915	山大华特	000917	电广传媒
000923	河北宣工	000928	中钢吉炭	000930	中粮生化
000939	凯迪电力	000957	中通客车	000959	首钢股份
000962	东方钽业	000967	上风高科	000970	中科三环
000973	佛塑科技	000977	浪潮信息	000980	金马股份

续表

股票代码	简称	股票代码	简称	股票代码	简称
000990	诚志股份	000997	新大陆	000998	隆平高科
001696	宗申动力	002005	德豪润达	002007	华兰生物
002008	大族激光	002009	天奇股份	002011	盾安环境
002012	凯恩股份	002013	中航精机	002015	霞客环保
002017	东信和平	002023	海特高新	002028	思源电气
002030	达安基因	00203	巨轮股份	002035	华帝股份
002041	登海种业	002044	江苏三友	002052	同洲电子
002065	东华软件	002079	苏州固锝	002101	广东鸿图
上海证券交易所上市公司（194 家）					
股票代码	简称	股票代码	简称	股票代码	简称
600027	华电国际	600031	三一重工	600037	歌华有线
600038	哈飞股份	600058	五矿发展	600061	中纺投资
600063	皖维高新	600064	南京高科	600066	宇通客车
600088	中视传媒	600089	特变电工	600093	禾嘉股份
600096	云天化	600098	广州控股	600100	同方股份
600105	永鼎股份	600108	亚盛集团	600110	中科英华
600111	包钢稀土	600112	长征电气	600114	东睦股份
600118	中国卫星	600127	金健米业	600131	岷江水电
600133	东湖高新	600150	中国船舶	600151	航天机电
600160	巨化股份	600161	天坛生物	600166	福田汽车
600168	武汉控股	600169	太原重工	600171	上海贝岭
600176	中国玻纤	600183	生益科技	600184	光电股份
600186	莲花味精	600191	华资实业	600192	长城电工
600195	中牧股份	600196	复星医药	600198	大唐电信
600201	金宇集团	600206	有研硅股	600212	江泉实业
600216	浙江医药	600218	全柴动力	600220	江苏阳光
600223	鲁商置业	600229	青岛碱业	600237	铜峰电子
600238	海南椰岛	600257	大湖股份	600259	广晟有色
600260	凯乐科技	600261	阳光照明	600262	北方股份
600267	海正药业	600269	赣粤高速	600271	航天信息
600273	华芳纺织	600288	大恒科技	600289	亿阳信通

续表

股票代码	简称	股票代码	简称	股票代码	简称
600290	华仪电气	600292	九龙电力	600300	维维股份
600303	曙光股份	600309	烟台万华	600311	荣华实业
600312	平高电气	600316	洪都航空	600319	亚星化学
600323	南海发展	600328	兰太实业	600330	天通股份
600336	澳柯玛	600345	长江通信	600360	华微电子
600363	联创光电	600366	宁波韵升	600378	天科股份
600388	龙净环保	600390	金瑞科技	600391	成发科技
600396	金山股份	600406	国电南瑞	600409	三友化工
600410	华胜天成	600416	湘电股份	600418	江淮汽车
600429	三元股份	600432	吉恩镍业	600435	中兵光电
600438	通威股份	600456	宝钛股份	600458	时代新材
600459	贵研铂业	600460	士兰微	600461	洪城水业
600475	华光股份	600478	科力远	600481	双良节能
600482	风帆股份	600487	亨通光电	600495	晋西车轴
600498	烽火通信	600501	航天晨光	600513	联环药业
600516	方大炭素	600517	置信电气	600520	中发科技
600522	中天科技	600523	贵航股份	600525	长园集团
600526	菲达环保	600536	中国软件	600540	新赛股份
600543	莫高股份	600549	厦门钨业	600550	天威保变
600552	方兴科技	600560	金自天正	600563	法拉电子
600566	洪城股份	600571	信雅达	600578	京能热电
600580	卧龙电气	600584	长电科技	600588	用友软件
600589	广东榕泰	600590	泰豪科技	600597	光明乳业
600601	方正科技	600602	广电电子	600605	汇通能源
600629	棱光实业	600636	三爱富	600638	新黄浦
600640	中卫国脉	600642	申能股份	600644	乐山电力
600651	飞乐音响	600653	申华控股	600661	新南洋
600673	东阳光铝	600674	川投能源	600677	航天通信
600685	广船国际	600686	金龙汽车	600707	彩虹股份
600718	东软集团	600724	宁波富达	600737	中粮屯河
600739	辽宁成大	600740	山西焦化	600746	江苏索普

续表

股票代码	简称	股票代码	简称	股票代码	简称
600747	大连控股	600756	浪潮软件	600760	中航黑豹
600761	安徽合力	600764	中电广通	600765	中航重机
600770	综艺股份	600775	南京熊猫	600776	东方通信
600777	新潮实业	600789	鲁抗医药	600795	国电电力
600803	威远生化	600804	鹏博士	600815	厦工股份
600825	新华传媒	600831	广电网络	600835	上海机电
600839	四川长虹	600841	上柴股份	600845	宝信软件
600846	同济科技	600850	华东电脑	600855	航天长峰
600864	哈投股份	600872	中炬高新	600874	创业环保
600875	东方电气	600879	航天电子	600888	新疆众和
600895	张江高科	600962	国投中鲁	600965	福成五丰
600967	北方创业	600973	宝胜股份	600980	北矿磁材
600986	科达股份	600990	四创电子		

附录 D 各观察变量描述性统计量及相关性

描述性统计量

	均值	标准差	N
A 结构板块	0. 8969	0. 56206	293
B 结构板块	1. 0600	0. 40152	293
C 结构板块	0. 9652	0. 39492	293
D 结构板块	1. 3343	0. 59599	293
成本状况	2. 99	1. 409	293
差异化状况	3. 34	0. 964	293
行业选择	2. 43	0. 823	293
进入市场时间选择	3. 07	1. 297	293
每股净利润平均值	0. 2626	0. 24536	293
业绩离差和自然对数	3. 2617	6. 15643	293
市盈率	86. 0279	73. 57702	293
Tobin's Q	1. 7562	0. 58727	293

相关性（纵向表 1）

		A 结构板块	B 结构板块	C 结构板块	D 结构板块
A 结构板块	Pearson 相关性	1. 000	0. 091	0. 112	-0. 096
	显著性（双侧）		0. 119	0. 056	0. 100
	N	293	293	293	293
B 结构板块	Pearson 相关性	0. 091	1. 000	0. 456 **	0. 109
	显著性（双侧）	0. 119		0. 000	0. 062
	N	293	293	293	293

续表

		A 结构板块	B 结构板块	C 结构板块	D 结构板块
C 结构板块	Pearson 相关性	0.112	0.456**	1.000	0.146*
	显著性（双侧）	0.056	0.000		0.013
	N	293	293	293	293
D 结构板块	Pearson 相关性	-0.096	0.109	0.146*	1.000
	显著性（双侧）	0.100	0.062	0.013	
	N	293	293	293	293
成本状况	Pearson 相关性	0.012	0.545**	0.484**	0.041
	显著性（双侧）	0.839	0.000	0.000	0.484
	N	293	293	293	293
差异化状况	Pearson 相关性	0.724**	0.099	0.224**	-0.043
	显著性（双侧）	0.000	0.092	0.000	0.458
	N	293	293	293	293
行业选择	Pearson 相关性	-0.029	0.178**	-0.063	0.147*
	显著性（双侧）	0.622	0.002	0.285	0.012
	N	293	293	293	293
进入市场时间选择	Pearson 相关性	-0.040	0.025	-0.161**	0.119*
	显著性（双侧）	0.497	0.664	0.006	0.042
	N	293	293	293	293
每股净利润平均值	Pearson 相关性	0.067	0.503**	0.438**	0.101
	显著性（双侧）	0.253	0.000	0.000	0.084
	N	293	293	293	293
业绩离差和自然对数	Pearson 相关性	0.027	-0.121*	0.048	-0.114
	显著性（双侧）	0.641	0.038	0.415	0.052
	N	293	293	293	293
市盈率	Pearson 相关性	-0.066	-0.261**	-0.250**	-0.025
	显著性（双侧）	0.262	0.000	0.000	0.666
	N	293	293	293	293
Tobin's Q	Pearson 相关性	0.065	0.093	0.113	-0.101
	显著性（双侧）	0.268	0.112	0.053	0.085
	N	293	293	293	293

注：** 代表在 0.01 水平（双侧）上显著相关，* 代表在 0.05 水平（双侧）上显著相关。

相关性（纵向表2）

		成本状况	差异化状况	行业选择	进入市场时间选择
A结构板块	Pearson 相关性	0.012	0.724**	-0.029	-0.040
	显著性（双侧）	0.839	0.000	0.622	0.497
	N	293	293	293	293
B结构板块	Pearson 相关性	0.545**	0.099	0.178**	0.025
	显著性（双侧）	0.000	0.092	0.002	0.664
	N	293	293	293	293
C结构板块	Pearson 相关性	0.484**	0.224**	-0.063	-0.161**
	显著性（双侧）	0.000	0.000	0.285	0.006
	N	293	293	293	293
D结构板块	Pearson 相关性	0.041	-0.043	0.147*	0.119*
	显著性（双侧）	0.484	0.458	0.012	0.042
	N	293	293	293	293
成本状况	Pearson 相关性	1.000	0.128*	0.065	-0.131*
	显著性（双侧）		0.029	0.271	0.025
	N	293	293	293	293
差异化状况	Pearson 相关性	0.128*	1.000	-0.069	-0.063
	显著性（双侧）	0.029		0.242	0.281
	N	293	293	293	293
行业选择	Pearson 相关性	0.065	-0.069	1.000	0.298**
	显著性（双侧）	0.271	0.242		0.000
	N	293	293	293	293
进入市场时间选择	Pearson 相关性	-0.131*	-0.063	0.298**	1.000
	显著性（双侧）	0.025	0.281	0.000	
	N	293	293	293	293
每股净利润平均值	Pearson 相关性	0.565**	0.153**	-0.029	-0.144*
	显著性（双侧）	0.000	0.009	0.623	0.014
	N	293	293	293	293
业绩离差和自然对数	Pearson 相关性	-0.078	0.022	-0.069	-0.074
	显著性（双侧）	0.184	0.711	0.239	0.205
	N	293	293	293	293

续表

		成本状况	差异化状况	行业选择	进入市场时间选择
市盈率	Pearson 相关性	-0.194**	-0.062	-0.017	0.093
	显著性（双侧）	0.001	0.287	0.770	0.110
	N	293	293	293	293
Tobin's Q	Pearson 相关性	0.215**	0.041	-0.091	-0.130*
	显著性（双侧）	0.000	0.482	0.121	0.026
	N	293	293	293	293

注：** 代表在 0.01 水平（双侧）上显著相关，* 代表在 0.05 水平（双侧）上显著相关。

相关性（纵向表 3）

		每股净利润平均值	业绩离差和自然对数	市盈率	Tobin's Q
A 结构板块	Pearson 相关性	0.067	0.027	-0.066	0.065
	显著性（双侧）	0.253	0.641	0.262	0.268
	N	293	293	293	293
B 结构板块	Pearson 相关性	0.503**	-0.121*	-0.261**	0.093
	显著性（双侧）	0.000	0.038	0.000	0.112
	N	293	293	293	293
C 结构板块	Pearson 相关性	0.438**	0.048	-0.250**	0.113
	显著性（双侧）	0.000	0.415	0.000	0.053
	N	293	293	293	293
D 结构板块	Pearson 相关性	0.101	-0.114	-0.025	-0.101
	显著性（双侧）	0.084	0.052	0.666	0.085
	N	293	293	293	293
成本状况	Pearson 相关性	0.565**	-0.078	-0.194**	0.215**
	显著性（双侧）	0.000	0.184	0.001	0.000
	N	293	293	293	293
差异化状况	Pearson 相关性	0.153**	0.022	-0.062	0.041
	显著性（双侧）	0.009	0.711	0.287	0.482
	N	293	293	293	293

续表

		每股净利润平均值	业绩离差和自然对数	市盈率	Tobin's Q
行业选择	Pearson 相关性	-0.029	-0.069	-0.017	-0.091
	显著性（双侧）	0.623	0.239	0.770	0.121
	N	293	293	293	293
进入市场时间选择	Pearson 相关性	-0.144*	-0.074	0.093	-0.130*
	显著性（双侧）	0.014	0.205	0.110	0.026
	N	293	293	293	293
每股净利润平均值	Pearson 相关性	1.000	-0.210**	-0.325**	0.082
	显著性（双侧）		0.000	0.000	0.163
	N	293	293	293	293
业绩离差和自然对数	Pearson 相关性	-0.210**	1.000	0.183**	0.033
	显著性（双侧）	0.000		0.002	0.575
	N	293	293	293	293
市盈率	Pearson 相关性	-0.325**	0.183**	1.000	0.121*
	显著性（双侧）	0.000	0.002		0.038
	N	293	293	293	293
Tobin's Q	Pearson 相关性	0.082	0.033	0.121*	1.000
	显著性（双侧）	0.163	0.575	0.038	
	N	293	293	293	293

注：** 代表在 0.01 水平（双侧）上显著相关，* 代表在 0.05 水平（双侧）上显著相关。

附录 E　2021 年商业生态型平台上市企业样本（353 家）

深圳证券交易所上市公司（168 家）					
股票代码	简称	股票代码	简称	股票代码	简称
000002	万科 A	000031	大悦城	000034	神州数码
000039	中集集团	000046	泛海控股	000062	深圳华强
000063	中兴通讯	000066	中国长城	000157	中联重科
000333	美的集团	000338	潍柴动力	000401	冀东水泥
000411	英特集团	000513	丽珠集团	000547	航天发展
000555	神州信息	000560	我爱我家	000581	威孚高科
000596	古井贡酒	000632	三木集团	000651	格力电器
000661	长春高新	000672	上峰水泥	000680	山推股份
000681	视觉中国	000713	丰乐种业	000716	黑芝麻
000726	鲁泰 A	000786	北新建材	000810	创维数字
000819	岳阳兴长	000858	五粮液	000869	张裕 A
000925	众合科技	000961	中南建设	000963	华东医药
000969	安泰科技	000990	诚志股份	000993	闽东电力
000997	新大陆	000999	华润三九	002007	华兰生物
002008	大族激光	002019	亿帆医药	002020	京新药业
002027	分众传媒	002035	华帝股份	002054	德美化工
002056	横店东磁	002057	中钢天源	002063	远光软件
002073	软控股份	002080	中材科技	002083	孚日股份
002084	海鸥住工	002085	万丰奥威	002090	金智科技
002093	国脉科技	002099	海翔药业	002101	广东鸿图
002103	广博股份	002111	威海广泰	002124	天邦股份
002126	银轮股份	002133	广宇集团	002138	顺络电子
0002141	贤丰控股	002144	宏达高科	002154	报喜鸟
002157	正邦科技	002174	游族网络	002183	怡亚通

续表

股票代码	简称	股票代码	简称	股票代码	简称
002185	华天科技	002212	天融信	002216	三全食品
002225	濮耐股份	002226	江南化工	002236	大华股份
002249	大洋电机	002250	联化科技	002252	上海莱士
002271	东方雨虹	002272	川润股份	002275	桂林三金
002276	万马股份	002281	光迅科技	002301	齐心集团
002304	洋河股份	002311	海大集团	002333	罗普斯金
002335	科华数据	002338	奥普光电	002340	格林美
002353	杰瑞股份	002373	千方科技	002374	中锐股份
002376	新北洋	002380	科远智慧	002382	蓝帆医疗
002384	东山精密	002390	信邦制药	002394	联发股份
002396	星网锐捷	002409	雅克科技	002414	高德红外
002415	海康威视	002422	科伦药业	002434	万里扬
002438	江苏神通	002439	启明星辰	002444	巨星科技
002448	中原内配	002454	松芝股份	002456	欧菲光
002457	青龙管业	002468	申通快递	002469	三维化学
002475	立讯精密	002497	雅化集团	002505	鹏都农牧
002508	老板电器	002523	天桥起重	002527	新时达
002538	司尔特	002545	东方铁塔	002548	金新农
002555	三七互娱	002556	辉隆股份	002567	唐人神
002572	索菲亚	002587	奥拓电子	002594	比亚迪
002597	金禾实业	002598	山东章鼓	002600	领益智造
002605	姚记科技	002615	哈尔斯	002624	完美世界
002641	公元股份	002648	卫星化学	002658	雪迪龙
002669	康达新材	002670	国盛金控	002683	广东宏大
002717	岭南股份	002722	金轮股份	002730	电光科技
002737	葵花药业	002738	中矿资源	002747	埃斯顿
002756	永兴材料	002757	南兴股份	002758	浙农股份
002773	康弘药业	002777	久远银海	002803	吉宏股份
002810	山东赫达	002827	高争民爆	002841	视源股份
002851	麦格米特	002860	星帅尔	002878	元隆雅图
002883	中设股份	002886	沃特股份	002906	华阳集团

续表

股票代码	简称	股票代码	简称	股票代码	简称
002925	盈趣科技	002929	润建股份	002976	瑞玛精密
上海证券交易所上市公司（185 家）					
股票代码	简称	股票代码	简称	股票代码	简称
600019	宝钢股份	600048	保利发展	600053	九鼎投资
600062	华润双鹤	600063	皖维高新	600066	宇通客车
600067	冠城大通	600079	人福医药	600089	特变电工
600098	广州发展	600100	同方股份	600103	青山纸业
600104	上汽集团	600105	永鼎股份	600114	东睦股份
600143	金发科技	600153	建发股份	600155	华创阳安
600160	巨化股份	600170	上海建工	600171	上海贝岭
600196	复星医药	600197	伊力特	600203	福日电子
600222	太龙药业	600251	冠农股份	600252	中恒集团
600261	阳光照明	600269	赣粤高速	600271	航天信息
600273	嘉化能源	600288	大恒科技	600297	广汇汽车
600298	安琪酵母	600315	上海家化	600318	新力金融
600332	白云山	600351	亚宝药业	600352	浙江龙盛
600373	中文传媒	600376	首开股份	600380	健康元
600389	江山股份	600390	五矿资本	600420	国药现代
600422	昆药集团	600438	通威股份	600446	金证股份
600480	凌云股份	600486	扬农化工	600487	亨通光电
600496	精工钢构	600510	黑牡丹	600511	国药股份
600516	方大炭素	600521	华海药业	600522	中天科技
600526	菲达环保	600527	江南高纤	600535	天士力
600557	康缘药业	600559	老白干酒	600565	迪马股份
600566	济川药业	600571	信雅达	600588	用友网络
600590	泰豪科技	600592	龙溪股份	600596	新安股份
600600	青岛啤酒	600603	广汇物流	600616	金枫酒业
600621	华鑫股份	600628	新世界	600637	东方明珠
600655	豫园股份	600657	信达地产	600668	尖峰集团
600690	海尔智家	600693	东百集团	600694	大商股份
600704	物产中大	600710	苏美达	600720	祁连山

续表

股票代码	简称	股票代码	简称	股票代码	简称
600728	佳都科技	600737	中粮糖业	600741	华域汽车
600750	江中药业	600761	安徽合力	600782	新钢股份
00801	华新水泥	600814	杭州解百	600845	宝信软件
600873	梅花生物	600880	博瑞传播	600885	宏发股份
600970	中材国际	600976	健民集团	600987	航民股份
600993	马应龙	600998	九州通	601002	晋亿实业
601012	隆基股份	601019	山东出版	601098	中南传媒
601137	博威合金	601158	重庆水务	601186	中国铁建
601231	环旭电子	601311	骆驼股份	601360	三六零
601390	中国中铁	601515	东风股份	601519	大智慧
601566	九牧王	601608	中信重工	601615	明阳智能
601618	中国中冶	601669	中国电建	601678	滨化股份
601717	郑煤机	601727	上海电气	601766	中国中车
601789	宁波建工	601800	中国交建	601801	皖新传媒
601808	中海油服	601811	新华文轩	601869	长飞光纤
601872	招商轮船	601877	正泰电器	601888	中国中免
601928	凤凰传媒	601952	苏垦农发	601992	金隅集团
603012	创力集团	603025	大豪科技	603030	全筑股份
603033	三维股份	603096	新经典	603118	共进股份
603131	上海沪工	603200	上海洗霸	603203	快克股份
603214	爱婴室	603227	雪峰科技	603258	电魂网络
603268	松发股份	603288	海天味业	603337	杰克股份
603383	顶点软件	603444	吉比特	603501	韦尔股份
603528	多伦科技	603533	掌阅科技	603567	珍宝岛
603579	荣泰健康	603605	珀莱雅	603606	东方电缆
603611	诺力股份	603639	海利尔	603661	恒林股份
603668	天马科技	603669	灵康药业	603706	东方环宇
603716	塞力医疗	603718	海利生物	603728	鸣志电器
603739	蔚蓝生物	603808	歌力思	603811	诚意药业
603816	顾家家居	603823	百合花	603829	洛凯股份
603839	安正时尚	603843	正平股份	603848	好太太

续表

股票代码	简称	股票代码	简称	股票代码	简称
603859	能科科技	603871	嘉友国际	603898	好莱客
603916	苏博特	603936	博敏电子	603955	大千生态
603956	威派格	603993	洛阳钼业		

附录 F 专用术语中英文（含缩略词）对照

（按照英文音序排列）

Action：行为，行动

Analysis of Moment Structures（AMOS）：矩结构分析

Analysis of Variance（ANOVA）：方差分析

Analytic Hierarchy Process（AHP）：层次分析法

Balanced Score Card（BSC）：平衡计分卡

Blue Ocean Strategy：蓝海战略

Business Model（BM）：商业模式

Business Process Reengineering（BPR）：业务流程再造

Chief Information Officer：首席信息官

Commercialization：商业化

Complementarities：互补性

Components：结构板块、组件、构件

Configuration School：结构学派

Confirmatory Factor Analysis（CFA）：验证性因子分析

Construct：构念

Convariance/Correlation Matrix：协方差/相关矩阵

Cost Plus：成本加成法

Customer Solutions：客户解决方案

Customer Value Proposal（CVP）：客户价值主张

Edge - centric Strategy：以边缘为中心的战略

Effect：效应；效果

Efficacy：效能

Efficiency：效率

Element：要素，元素

Error：误差

Exploratory Factor Analysis（EFA）：探索性因子分析

Function：功能

Industrialization：产业化

Innovation：创新

Invention：发明

Key Success Factors（KSF）：关键成功因素

Latent Variable：潜变量

Lock－in：锁定

Measured Model：测量模型

Measurement Equation：测量方程

Mediating Variable：中介变量

Model Stability：模型的稳定性

Moderating Variable：调节变量

Niche Market：利基市场，小众市场，缝隙市场

Novelty：新颖性

Observable/Manifest Indicators：观察/显性指标

Observable/Manifest Variable：观察/显性变量

Offering：（厂商）提供物

Performance：绩效

Persistence：持续性

Profit Booster：利润推进器

Reliability：信度

Research & Development（R&D）：研发

Resource－based View（RBV）：资源基础观

Resource & Competences，Organzation，Value Framework（RCOV）：资源和能力、组织、价值互动框架

Role Model：角色模型

Rule：规则

Scale Model：比例模型

Scenario Planning：情景规划

Strategic Synergy：战略协同

Strategy：战略

Structural Equation：结构方程

Structural Model：结构模型

Structural Equation Model（SEM）：结构方程模型

Structure：结构

Switch Cost：转换成本

Synergy Effect：协同效应，合成效应

Taxonomy：分类学

Top Management Team（TMT）：高管团队

Transaction Cost：交易成本

Transmission Control Protocol（TCP）：传输控制协议

Trial and Erro Learning：试错学习

Typology：类型学

Validity：效度

Value Chain：价值链

参考文献

［1］滋维·博迪，亚历克斯·凯恩，爱·J. 马库斯. 投资学（原书第5版）. 2002，北京：机械工业出版社. 1051.

［2］原磊. 国外商业模式理论研究评价. 外国经济与管理，2007. 29（10）：17 –25.

［3］Zott，C.，R. Amit，and L. Massa. The Business Model：Theoretical Roots. Recent Developments，and Future Research. 2010.

［4］Gordijn，J. and H. Akkermans. Designing and Evaluating E – business Model. Intelligent Systems，IEEE 2001. 16（4）：p. 11 –17.

［5］Dubosson – Torbay，M.，A. Osterwalder，and Y. Pigneur. E – Business Model Design，Classification，and Measurements. Thunderbird International Business Review，2002. 44（1）：p. 5 –23.

［6］Hamel，G. and J. D. Trudel. Leading the revolution. 2000，Boston：Harvard Business School Press.

［7］Osterwalder，A.. The Business Model Ontology：A Proposition in A Design Science Approach. 2004.

［8］Osterwalder，A.，Y. Pigneur，and C. L. Tucci. Clarifying Business Models：Origins，Present，and Future of the Concept. Communications of the Association for Information Systems，2005. 16：p. 1 –25.

［9］Timmers，P.. Business models for electronic markets. Journnal on Electronic Markets，1998.

［10］Osterwalder，A.，Y. Pigneur，and Tucci，Clarifing business models: Origins, present, and future of the concept. Communications of the association for information system, 2005.

[11] Shi, Y. and T. Manning. Understanding Business Model and Business Model Risks. 2009. p. 1 –30.

[12] 张密生. 科学技术史. 21 世纪高等学校通识教育系列教材. 2005, 武汉: 武汉大学出版社. 427.

[13] 卡尔·夏皮罗, 哈尔·瓦里安. 信息规则: 网络经济的策略指导. 2000, 北京: 中国人民大学出版社. 300.

[14] 阿弗里德·马歇尔. 经济学原理. 2005, 北京: 华夏出版社. 719.

[15] 李东. 面向进化特征的商业生态系统分类研究——对 33 个典型核心企业商业生态的聚类分析. 中国工业经济, 2008. 248 (11): 119 –129.

[16] 李海舰, 聂辉华. 论企业与市场的相互融合. 中国工业经济, 2004 (8): 26 –35.

[17] 张新国. 新科学管理: 新型工业化时代的管理思想及方法研究. 2011, 北京: 机械工业出版社. 315.

[18] 彼得·圣吉. 第五项修炼——学习型组织的艺术与实务. 2002, 上海: 上海三联书店. 430.

[19] Mendelson, H.. Organizational Architecture and Success in the Information Technology Industry. Management Science, 2000. 46 (4): p. 513 –529.

[20] Afuah, A. and C. L. Tucci. Internet Business Models and Strategies: Text and Cases 2000: McGraw – Hill Higher Education. 384.

[21] Zott, C. and R. Amit. Business Model Design: An Activity System Perspective. Long Range Planning, 2010. 43 (2 –3): p. 216 –226.

[22] 阿什克纳斯. 无边界组织. 2005, 北京: 机械工业出版社.

[23] 康荣平. 大型跨国公司战略新趋势. 2001, 北京: 经济科学出版社. 216.

[24] Moore, J. F.. The Rise of a New Corporate Form. The Washington

Quarterly，1998. 21（1）：p. 167 –181.

［25］Zott，C. and R. Amit. Business Model Design and the Performance of Entrepreneurial Firms. Organization Science，2007. 18（2）：p. 181 –199.

［26］伊迪丝·彭罗斯．企业成长理论．2007，上海：上海三联书店、上海人民出版社．307.

［27］Casadesus – Masanell，R. and J. E. Ricart. Competing Through Business Models. 2007，University of Navarra. p. 1 –28.

［28］McGrath，R. G.. Business Models：A Discovery Driven Approach. Long Range Planning，2009（07）：p. 1 –15.

［29］Casadesus – Masanell，R. and J. E. Ricart. How to design a winning business model，in Harvard Business Review. 2011. p. 101 –107.

［30］Magretta，J.. Why Business Model Matter，in Harvard Business Review. 2002. p. 3 –8.

［31］Teece，D. J. Business Models，Business Strategy and Innovation. Long Range Planning，2010. 43（2 –3）：p. 172 –194.

［32］Demil，B. and X. Lecocq. Business Model Evolution：In Search of Dynamic Consistency. Long Range Planning，2010. 43（2 –3）：p. 20.

［33］Baden – Fuller，C. and M. S. Morgan. Business Models as Models. Long Range Planning，2010. 43（2 –3）：p. 16.

［34］彼得·施瓦茨．情景规划：为不确定的世界规划未来．2008，北京：华夏出版社．

［35］凯斯·万·德·黑伊登．情景规划．2007，北京：中国人民大学出版社．360.

［36］亚德里安·斯莱沃斯基，大卫·莫里森，劳伦斯·艾伯茨等．发现利润区．2010，北京：中信出版社．

［37］王洋．企业边界理论的研究——基于科斯思想的演变与发展．21世纪财经学术文库．2009，北京：经济科学出版社．328.

［38］王翔．企业战略管理：理论框架与实践技术．普通高等学校经济管理类精选教材．2008，北京：清华大学出版社；北京交通大学出版

社.250.

[39] 王国顺，周勇，汤捷．交易、治理与经济效率——O. E. 威廉姆森交易成本经济学．企业理论研究.2005，北京：中国经济出版社.

[40] 迈克尔·詹森．企业理论——治理、剩余索取权和组织形式．常青藤．汉译学术经典.2008，上海：上海财经大学出版社.

[41] 齐默尔曼．经济学前沿问题.2004，北京：中国发展出版社.429.

[42] 陈毅聪．基于制度路径的战略管理.2004，北京：中国人民大学.

[43] 杨永福．规则的分析与建构.2004，广州：中山大学出版社.301.

[44] 维克多·J. 范伯格．经济学中的规则和选择.2011，西安：陕西人民出版社.338.

[45] Economides, N.. Network externalities, complementarities, and invitations to enter. European Journal of Political Economy, 1996. 12 (2): p. 211 –233.

[46] 吴爽，陈小燕，黎军等．电子商务理论与实务.2010，北京：清华大学出版社.

[47] 琳达·S. 桑福德，戴夫·泰勒．开放性成长——商业大趋势：从价值链到价值网络.2008，北京：东方出版社.199.

[48] 徐天舒．基于商业平台的云计算产业构架分析．南京航空航天大学学报（社会科学版），2012. 14 (2): 17 –23.

[49] Amit, R. and C. Zott. Value Creation in E – Business. Strategic Management Journal, 2001. 22: p. 493 –520.

[50] Teece, D. J., G. Pisano, and A. Shuen. Dynamic Capabilities and Strategic Management. Strategic Management Journal, 1997. 18 (7): p. 509 –533.

[51] Zott, C. and Q. N. Huy. How Entrepreneurs Use Symbolic Management to Acquire Resources? 2006, INSEAD.

[52] Zott, C. and R. Amit. The Fit Between Product Market Strategy and Business Model: Implications for Firm Performance. Strategic Management Journal, 2008. 29 (1): p. 1 -25.

[53] 迈克尔·波特. 竞争战略. 2005, 北京: 华夏出版社. 359.

[54] 迈克尔·波特. 竞争优势. 2005, 北京: 华夏出版社. 519.

[55] Jacobidies, M. G., T. Knudsen, and M. Augier. Benefiting from Innovation: Value Creation, Value Appropriation and the Role of Industry Architectures, in Advanced Institute of Management (AIM) Research Working Paper Series: 040 - June - 2006. 2006. p. 1 -67.

[56] Shapiro, C. and H. R. Varian. The art of standards wars. California Management Review, 1999. 41 (2): p. 8 -32.

[57] 苏江华, 李东. 商业模式的成型机理、类型划分与演化路径——基于中国战略新兴产业中439家企业的实证分析. 南京社会科学, 2011 (12): 28 -35.

[58] Chesbrough, H. and R. S. Rosenbloom. The role of the business model in capturing value from innovation: evidence from Xerox Corporation's technology spin - off companies. Industrial and Corporate Change, 2002. 11: p. 529 -555.

[59] 翁君奕. 商务模式创新: 企业经营"魔方"的旋启. 2004, 北京: 经济管理出版社. 279.

[60] Kim, W. C. and R. Mauborgne. Blue Ocean Strategy, in Harvard Business Review. 2004. p. 76 -84.

[61] Wouters, M.. Customer Value Propositions in the Context of Technology Commercialization. International Journal of Innovation Management, 2010. 14 (6): p. 1099 -1127.

[62] Nunes, P. and T. Breene. Reinvent your business before it's too late: watch out for those S curves, in Harvard Business Review. 2011. p. 82 -87.

[63] Teece, D. J.. Profiting from technological innovation: Implications for integration, collaboration, licensing and public policy. 1986, School of Bus-

iness Administration, University of California, Berkeley, CA 94720, U. S. A.

[64] Stieglitz, N. and N. J. Foss. Opportunities and New Business Models: Transaction Cost and Property Rights Perspectives on Entrepreneurship. 2009. p. 1 – 30.

[65] Shafer, S. M., H. J. Smith, and J. C. Linder. The power of business models. Business Horizons, 2005. 48: p. 199 – 207.

[66] Lecocq, X., B. Demil, and V. Warnier. Le business model, un outil d'anlyse strategique. L'Expansion Management Review, 2006. 123: p. 96 – 109.

[67] 苏江华，张晓玲，刘月宁. 基于商业模式的新型竞争优势——机理透视、理论比较与前沿问题综述. 东南大学学报（哲学社会科学版），2013. 15（3）：28 – 32.

[68] 徐天舒，李东. 当今商业模式创新频繁发生原因探析. 现代经济探讨，2012. 369（9）：24 – 28，59.

[69] 方振邦，徐东华. 管理思想百年脉络——影响世界管理进程的百名大师. 2012，北京：中国人民大学出版社. 652.

[70] 丹尼尔·A. 雷恩，阿瑟·G. 贝德安. 管理思想史（第6版）. 2012，北京：中国人民大学出版社. 386.

[71] 李东，王翔，张晓玲. 基于规则的商业模式研究——功能、结构与构建方法. 中国工业经济，2010. 270（9）：101 – 111.

[72] 荆林波. 商业模式及其价值评价. 走进新世纪的中国商业，2002：76 – 83.

[73] 约翰·利浦金斯基. 话说商业. 2010，北京：北京大学出版社. 127.

[74] 侯杰泰，温忠麟，成子娟. 结构方程模型及其应用. 2004，北京：教育科学出版社. 434.

[75] Malone, T. W., et al., Do Some Business Models Perform Better than Others?, in MIT Working Paper 4615 – 06. 2006. p. 1 – 34.

[76] 吴明隆. 结构方程模型——AMOS的操作与应用（第2版）.

2010，重庆：重庆大学出版社 . 520.

[77] NOBEOKA, K. and M. A. CUSUMANO. Multiproject Strategy and Sales Growth: the Benefits of Rapid Design Transfer in New Product Development. Strategic Management Journal, 1997, 18 (3): 169 - 186, 1997. 18 (3): p. 169 - 186.

[78] Meyer, M. H. and A. P. Lehnerd. The Power of Product Platforms. 1997, New York: The Free Press.

[79] Meyer, J. P., et al., Affective Continuance, and Normative Commitment to the Organization: a Meta - analysis of Antecedents, Correlates, and Consequences. Journal of Vocational Behavior, 2002. 61 (1): p. 20 - 52.

[80] McGrath, J. E., J. L. Berdahl, and H. Arrow. Traits, Expectations, Culture, and Clout: the Dynamics of Diversity in Work Groups, in Diversity in Work Teams: Research Paradigms for a Changing Workplace, S. E. JACKSON and M. N. RUDERMAN, Editors. 1995, American Psycological Association: Washington, DC. p. 17 - 45.

[81] Baldwin, C. Y. and C. J. Woodard. The Architecture of Platforms: a Unified View. Platforms, Markets Innovation, 2009. 32: p. 19 - 44.

[82] Park, J. and T. W. Simpson. Toward an Activity - based Costing System for Product Families and Product Platforms in the Early Stages of Development. International Journal of Production Research, 2008. 46 (1): p. 99 - 130.

[83] Wortmann, H. and A. Alblas. Product Platform Life Cycles: a Multiple Case Study. International Journal of Technology Management, 2009. 48 (2): p. 188 - 201.

[84] HAN, X., et al., A Systematic Literature Review of Product Platform Design under Uncertainty. Journal of Engineering Design, 2020. 31 (5): p. 266 - 296.

[85] Simpson, T. W.. Product Platform Design and Customization: Status and Promise. Artificial Intelligence for Engineering Design, Analysis and Manufacturing, 2004. 18 (1): p. 3 - 20.

[86] Jose, A. and M. Tollenaere. Modular and Platform Methods for Product Family Design: Literature Analysis. Journal of Intelligent Manufacturing, 2005. 16 (3): p. 371 -390.

[87] Jiao, J. R. , T. W. Simpson, and Z. Siddique. Product Family Design and Platform - based Product Development: a State - of - the - art Review. Journal of Intelligent Manufacturing, 2007. 18 (1): p. 5 -29.

[88] Pirmoradi, Z. and G. G. Wang. Recent Advancements in Product Family Design and Platform - based Product Development: a Literature Review, in International Design Engineering Technical Conferences and Computers and Information in Engineering Conference. 2011, Springer: New York. p. 1041 -1055.

[89] Zhang, L. L. . A Literature Review on Multitype Platforming and Framework for Future Research. International Journal of Production Economics, 2015. 168: p. 1 -12.

[90] Facin, A. , et al. , The Evolution of the Platform Concept: a Systematic Review. IEEE Transactions on Engineering Management, 2016. 63 (4): p. 475 -488.

[91] Otto, K. N. , et al. , Global Views on Modular Design Research: Linking Alternative Methods to Support Modular Product Family Concept Development. Journal of Mechanical Design, 2016. 138 (7): p. 1 -35.

[92] Evans, D. S. and R. Schmalensee. Markets with Two - sided Platforms, in Issues in Competition Law and Policy 667 (ABA Section of Antitrust Law 2008) . 2008. p. 667 -692.

[93] Gawer, A. . The Organization of Technological Platforms. Research in the Sociology of Organizations, 2010. 29 (7): p. 287 -296.

[94] McIntyre, D. P. and A. Srinivasan. Networks, Platforms, and Strategy: Emerging Views and Next Steps. Strategic Management Journal, 2017. 38 (1): p. 141 -160.

[95] Rochet, Jean - Charles. and J. Tirole. Cooperation among Competitors: Some Economics of Payment Card Associations. RAND Journal of Econom-

ics, 2002. 33 (4): p. 549 – 570.

[96] Rochet, Jean – Charles. and J. Tirole. Two – sided Markets: a Progress Report. RAND Journal of Economics, 2006. 37 (3): p. 645 – 667.

[97] Armstrong, M.. Competition in Two – sided Markets. RAND Journal of Economics, 2006. 37 (3): p. 668 – 691.

[98] Caillaud, B. and B. Jullien. Chicken & Egg: Competition among Intermediation Service Providers. RAND Journal of Economics, 2003. 34 (2): p. 309 – 328.

[99] Roson, R.. Auctions in a Two – sided Network: the Market for Meal Voucher Services. Networks Spatial Economics, 2005. 5 (4): p. 339 – 350.

[100] Eisenmann, T., G. G. Parker, and M. W. V. Alstyne. Strategies for Two – Sided Markets, in Harvard Business Review. 2006. p. 1 – 11.

[101] Katz, M. L. and C. Shapiro. Network Externalities, Competition, and Compatibility. The American Economic Review, 1985. 75 (3): p. 424 – 440.

[102] Laffont, Jean – Jacques, P. Rey, and J. Tirole. Network Competition: Overview and Nondiscriminatory Pricing. RAND Journal of Economics, 1998. 29 (1): p. 1 – 37.

[103] Evans, D. S.. Some Empirical Aspects of Multi – sided Platform Industries. Review of Network Economics, 2003. 2 (3).

[104] Hagiu, A.. Two – sided Platforms: Product Variety and Pricing Structures. Journal of Economics Management Strategy, 2009. 18 (4): p. 1011 – 1043.

[105] Moore, J. F.. Predators and Prey: a New Ecology of Competition. Harvard Business Review, 1993. 71 (3): p. 75 – 86.

[106] Gawer, A. and R. Henderson. Platform Owner Entry and Innovation in Complementary Markets: Evidence from Intel. Journal of Economics Management Strategy, 2007. 16 (1): p. 1 – 34.

[107] Economides, N. and E. Katsamakas. Linux vs. Windows: A Comparison of Application and Platform Innovation Incentives for Open Source and

Proprietary Software Platforms, in The Economics of Open Source Software, J. BITZER and P. J. H. SCHROEDER, Editors. 2006, Elsevier: Amsterdam: p. 207 - 218.

[108] Boudreau, K. J.. Let a Thousand Flowers Bloom? An Early Look at Large Numbers of Software App Developers and Patterns of Innovation. Organization Science, 2012. 23 (5): p. 1409 - 1427.

[109] Ceccagnoli, M., C. Forman, and P. Huang. Cocreation of Value in a Platform Ecosystem! The Case of Enterprise Software. MIS Quarterly, 2012. 36 (1): p. 263 - 290.

[110] Reuver, M. d., C. Sørensen, and R. C. Basole. The Digital Platform: a Research Agenda. Journal of Information Technology, 2018. 33 (2): p. 124 - 135.

[111] Spagnoletti, P., A. Resca, and G. Lee. A Design Theory for Digital Platforms Supporting Online Communities: a Multiple Case Study. Journal of Information Technology, 2015. 30 (4): p. 364 - 380.

[112] Tushman, M. L. and J. P. Murmann. Dominant Designs, Technology Cycles, and Organization Outcomes. Academy of Management Proceedings, 1998 (20): p. 1 - 37.

[113] Robertson, D. and K. T. Ulrich. Planning for Product Platforms. MIT Sloan Management Review, 1998. 39 (4): p. 19 - 31.

[114] Gawer, A.. Platform Dynamics and Strategies: from Products to Services, in Platforms, Markets Innovation. 2009, Edward Elgar Publishing. p. 43 - 57.

[115] Meyer, M. H. and A. Detore. Perspective: Creating a Platform - based Approach for Developing New Services. Journal of Product Innovation Management, 2001. 18 (3): p. 188 - 204.

[116] Muffatto, M. and M. Roveda. Product Architecture and Platforms: a Conceptual Framework. International Journal of Technology Management, 2002. 24 (1): p. 1 - 16.

[117] Meyer, M. H.. The Strategic Integration of Markets and Competencies. International Journal of Technology Management, 1999. 17 (6): p. 677 - 695.

[118] V. Tatikonda, M.. An Empirical Study of Platform and Derivative Product Development Projects Association. Journal of Product Innovation Management, 1999. 16 (1): p. 3 - 26.

[119] Halman, J. I. M. , A. Hofer, and v. W. Vuuren. Platform - driven Development of Product Families: Linking Theory With Practice. Journal of Product Innovation Management, 2003. 20 (2): p. 149 - 162.

[120] Farrell, J. and G. Saloner. Installed Base and Compatibility, with Implications for Product Preannouncements. 1986, Massachusetts Institute of Technology (MIT), Department of Economics: Berkeley.

[121] Farrell, J. and G. Saloner. Installed Base and Compatibility: Innovation, Product Preannouncements, and Predation. The American Economic Review, 1986. 76 (5): p. 940 - 955.

[122] Chou, Chien - fu and O. Shy. Network Effects without Network Externalities. International Journal of Industrial Organization, 1990. 8 (2): p. 259 - 270.

[123] Chou, Chien - fu. and O. Shy. Partial Compatibility and Supporting Services. Economics Letters, 1993. 41 (2): p. 193 - 197.

[124] Farrell, J. and G. Saloner. Standardization, Compatibility, and Innovation. RAND Journal of Economics, 1985. 16 (1): p. 70 - 83.

[125] Lee, C. H. , Tsan - Ming Choi, and T. C. E. Cheng. Selling to Strategic and Loss - averse Consumers: Stocking, Procurement, and Product Design Policies. Naval Research Logistics, 2015. 62 (6): p. 435 - 453.

[126] Rochet, Jean - Charles. and J. Tirole. Platform Competition in Two - sided Markets. Journal of the European Economic Association, 2003. 1 (4): p. 990 - 1029.

[127] Armstrong, M. and J. T. Wright. Two - sided Markets, Competitive

Bottlenecks and Exclusive Contracts. Economic Theory, 2007. 32 (2): p. 353 -380.

[128] Cennamo, C.. Building the Value of Next - generation Platforms: the Paradox of Diminishing Returns [J]. Journal of Management, 2018. 44 (8): p. 3038 -3069.

[129] Astyne, M. W. v., G. G. Parker, and S. P. Choudary. Pipelines, Platforms, and the New Rules of Strategy, in Harvard Business Review. 2016. p. 54 -62.

[130] Cachon, G. P., K. M. Daniels, and R. Lobel. The Role of Surge Pricing on a Service Platform with Self - scheduling Capacity. Manufacturing Service Operations Management, 2017. 19 (3): p. 368 -384.

[131] Lin, X., C. Chen, and Y. W. Zhou. On - demand Staffing Platform Contracts under Asymmetric Permanent Staff Information. Journal of Statistics Management Systems, 2019. 22 (6): p. 1093 -1106.

[132] Katz, M. L. and C. Shapiro. Product Introduction with Network Externalities. The Journal of Industrial Economics, 1992. 40 (1): p. 55 -83.

[133] Katz, M. L. and C. Shapiro. Systems Competition and Network Effects. Journal of Economic Perspectives, 1994. 8 (2): p. 93 -115.

[134] Farrell, J. and G. Saloner. Converters, Compatibility, and the Control of Interfaces. The Journal of Industrial Economics, 1992. 40 (March): p. 9 -35.

[135] Gawer, A. and M. A. Cusumano. Industry Platforms and Ecosystem Innovation. Journal of Product Innovation Management, 2014. 31 (3): p. 417 - 433.

[136] Wheelwright, S. C. and K. B. Clark. Creating Project Plans to Focus Product Development, in Harvard Business Review. 1992, Harvard Business School Pub. Boston. p. 70 -82.

[137] Eisenmann, T. R., G. Parker, and M. V. Alstyne. Opening Platforms: How, When and Why, in Platforms, Markets and Innovation, A. Gawer,

Editor. 2009, Edward Elgar Publishing: Cheltenham Gloucestershire UK.

[138] West, J.. How Open is Open Enough?. Research Policy, 2003. 32 (7): p. 1259 – 1285.

[139] Boudreau, K.. Open Platform Strategies and Innovation: Granting Access vs. Devolving Control. Management Science, 2010. 56 (10): p. 1849 – 1872.

[140] Kirschner, M. and J. Gerhart. Evolvability. Proceedings of the National Academy of Sciences, 1998. 95 (15): p. 8420 – 8427.

[141] Thomas, L. D. W., E. Autio, and D. M. Gann. Architectural Leverage: Putting Platforms in Context. Academy of Management Perspectives, 2014. 28 (2): p. 198 – 219.

[142] Gulati, R., P. Puranam, and M. Tushman. Meta – organization Design: Rethinking Design in Interorganizational and Community Contexts. Strategic Management Journal, 2012. 33 (6): p. 571 – 586.

[143] Valkokari, K., et al., Orchestrating Innovation Ecosystems: a Qualitative Analysis of Ecosystem Positioning Strategies. Technology Innovation Management Review, 2017. 7 (3): p. 12 – 24.

[144] Nambisan, S. and M. Sawhney. Orchestration Processes in Network – centric Innovation: Evidence from the Field. Academy of Management Perspectives, 2011. 25 (3): p. 40 – 57.

[145] Benlian, A., D. Hilkert, and T. Hess. How Open is this Platform? The Meaning and Measurement of Platform Openness from the Complementers' Perspective. Journal of Information Technology, 2015. 30 (3): p. 209 – 228.

[146] Eaton, B., et al., Distributed Tuning of Boundary Resources: the Case of Apple's IOS Service System. MIS Quarterly, 2015. 39 (1): p. 217 – 243.

[147] Lusch, R. F. and S. Nambisan. Service Innovation: A Service – dominant Logic Perspective. MIS Quarterly, 2015. 39 (1): p. 155 – 176.

[148] 李曼. 略论商业模式创新及其评价指标体系之构建. 现代财

经，2007. 205 (2)：55 –59.

[149] 韩炜．基于商业模式创建的新企业成长过程研究．软科学，2010. 24 (9)：9.

[150] 佚名．最佳商业模式评价体系．商界评论，2011：86 –97.

[151] Girotra, K. and S. Netessine. Business Model Innovation for Sustainability. Manufacturing & Service Operations Management, 2013. 15 (4)：p. 537 –544.

[152] 李东，王翔．基于 Meta 方法的商业模型结构与创新路径．大连理工大学学报（社会科学版），2006. 27 (3)：7 –12.

[153] 王翔，李东，张晓玲．商业模式是企业间绩效差异的驱动因素吗？——基于中国有色金属上市公司的 ANOVA 分析．南京社会科学，2010 (5)：20 –25.

[154] 叶利生．企业竞争优势、商业模式和三维评价模型．生产力研究，2008 (23)：146 –148.

[155] T. L. 萨蒂．层次分析法——在资源分配、管理和冲突分析中的应用．1988，北京：煤炭工业出版社．

[156] 刘卫星，丁信伟．基于六维平衡计分卡的商业模式评价体系构建．工业技术经济，2010. 206 (12)：131 –135.

[157] 孙连才，王宗军．基于动态能力理论的商业生态系统下企业商业模式指标评价体系．管理世界，2011 (5)：184 –185.

[158] 姚伟峰．企业商业模式创新影响因素评价研究．哈尔滨商业大学学报，2013. 129 (2)：92 –95.

[159] 秦志华，王永海．商业模式的企业价值测评功能与内容结构．中国人民大学学报，2013 (3)：70 –79.

[160] 王卫东．结构方程模型原理与应用．2010，北京：中国人民大学出版社．163.

[161] 文亮．商业模式与创业绩效研究．2011，北京：经济科学出版社．

[162] Johnson, M. W., C. M. Christensen, and H. Kagermann. Reinventing

Your Business Model, in Harvard Business Review. 2008. p. 51 –59.

[163] 史东辉. 产业组织学. 2010, 上海: 上海人民出版社. 328.

[164] Hite, J. M. and W. S. Hesterly. The evolution of firm networks: from emergence to early growth of the firm. Strategic Management Journal, 2001. 22 (3): p. 275 –286.

[165] 秦寿康. 综合评价原理与应用. 2003, 北京: 电子工业出版社. 227.

[166] 王新华, 李堂军, 丁黎黎. 复杂大系统评价理论与技术. 2010, 济南: 山东大学出版社. 314.

[167] 谭永基, 朱晓明, 丁颂康. 经济管理数学模型案例教程. 2006, 北京: 高等教育出版社.

[168] 孙东川, 杨立洪, 钟拥军. 管理的数量方法. 2005, 北京: 清华大学出版社. 387.

[169] 李志辉, 罗平, 刘久敏等. PASW/SPSS Statistics 中文版统计分析教程. 全国统计教材编审委员会推荐使用教材. 2010, 北京: 电子工业出版社. 723.

[170] 郭亚军. 综合评价理论、方法及应用. 2007, 北京: 科学出版社. 270.

[171] Yip, G. S.. Using Strategy to Change Your Business Model. Business Strategy Review, 2004. 15 (2): p. 17 –24.

[172] 马君. 互补与融合: 企业战略与商业模式关系新解. 海峡科技, 2007 (9): 8 –10.

[173] 吕鸿江, 刘洪. 基于匹配视角的商业模式与战略关系分析. 东南大学学报 (哲学社会科学版), 2011. 13 (2): 46 –52.

[174] 刘先觉. 现代建筑理论: 建筑结合人文科学自然科学与技术科学的新成就. 2008, 北京: 中国建筑工业出版社. 622.

[175] 陈晓平, 徐淑英, 樊景立. 组织与管理研究的实证方法. 2008, 北京: 北京大学出版社.

[176] 罗伯特·F. 德威利斯. 量表编制: 理论与应用. 2004, 重庆:

重庆大学出版社.

[177] Teece, D. J.. Explicating Dynamic Capabilities: The Nature and Microfoundations of (Sustainable) Enterprise Performance. Strategic Management Journal, 2007. 28 (3): p. 1319 – 1350.

[178] Sosna, M., R. N. Trevinyo – Rodriguez, and S. R. Velamuri. Business Model Innovation through Trial – and – Error Learning: The Naturhouse Case. Long Range Planning, 2010. 43 (2 – 3): p. 1 – 25.

[179] 李东, 苏江华. 技术革命、制度变革与商业模式创新——论商业模式理论与实践的若干重大问题. 东南大学学报 (哲学社会科学版), 2011. 13 (2): 31 – 38.

[180] 李永发. 商业模式关键属性与动态测评. 2017, 北京: 经济科学出版社.

[181] 徐天舒, 谢政耀. 企业发展阶段对商业模式构建路径选择的影响——基于建筑构造视角和 RCOV 模型. 湖南财政经济学院学报, 2015. 31 (2): 122 – 128.

[182] 汪寿阳, 乔晗, 胡毅. 商业模式研究全景图. 2016, 北京: 科学出版社.

[183] 王琴. 跨国公司商业模式——价值网络与治理逻辑. 2010, 上海: 上海财经大学出版社. 169.

[184] 胡奇英. 供应链管理与商业模式分析与设计. 2016, 北京: 清华大学出版社.

[185] 陈明, 余来文. 商业模式: 创业的视角. 2011, 厦门: 厦门大学出版社.

[186] 刘振. 合法性视角下的社会企业成长机制研究. 2020, 北京: 经济管理出版社.

[187] 李东. 商业模式测评. 2019, 北京: 北京联合出版公司.

[188] 扬西蒂, 莱维恩. 共赢: 商业生态系统对企业战略、创新和可持续性的影响. 2006, 北京: 商务印书馆. 340.

[189] 罗伯特·斯考伯, 谢尔·伊斯雷尔. 即将到来的场景时代: 大

数据、移动设备、社交生活、传感器、定位系统如何改变商业与生活．2014，北京：北京联合出版公司．

[190] Tost，L. P.. An Integrative Model of Legitimacy Judgments. Academy of Management Review，2011. 36（4）：p. 686－710.

[191] Huy，Q. N.，K. G. Corley，and M. S. Kraatz. From Support to Mutiny：shifting legitimacy judgments and emotional reactions impacting the implementation of radical change. Academy of Management Journal，2014. 57（6）：p. 1650－1680.

[192] Suchman，M. C.. Managing Legitimacys：Strategic and Institutional Approaches. Academy of Management Review，1995. 20（3）：p. 571－610.

[193] Meyer，J. W. and B. Rowan. Institutionalized Organizations：Formal Structure as Myth and Ceremony. American Journal of Sociology，1977. 83（2）：p. 340－363.

[194] Pfeffer，J. and G. R. Salancik. The External Control of Organizations：A Resource Dependence Perspective. The Economic Journal，1978. 89（356）：p. 969－970.

[195] Carroll，G. R. and M. T. Hannan. Density Dependence in the Evolution of Populations of Newspaper Organizations. American Sociological Review，1989：p. 524－541.

[196] Parsons，T.. Structure and Process in Modern Societies. 1960，Glencoe，Illinois：The Free Press.

[197] Arnold，S. J.，J. Handelman，and D. J. Tigert. Organizational Legitimacy and Retail Store Patronage. Journal of Business Research，1996. 35（3）：p. 229－239.

[198] Meyer，J.，W. R. Scott，and D. Strang. Centralization，Fragmentation，and School District Complexity. Administrative Science Quaterly，1987. 32（2）：p. 186－201.

[199] Knoke，D.. Organizing for Collective Action：The Political Economies of Associations. 1990，New York：Aldine de Gruyter.

[200] Scott, W. R.. Institutions and Organizations. Thousands Oaks. 1995, CA: Sage.

[201] Kostova, T. K. and S. Zaheer. Organizational Legitimacy Under Conditions of Complexity: The Case of the Multinational Enterprise. The Academy of Management Review, 1999. 24 (1): p. 64 - 81.

[202] Zimmerman, M. A. and G. J. Zeitz. Beyond Survival: Achieving New Venture Growth by Building Legitimacy. The Academy of Management Review,2002. 27 (3): p. 414 - 431.

[203] Deephouse, D. L. and S. M. Carter. An Examination of Differences between Organizational Legitimacy and Organizational Reputation. Journal of Management Studies, 2005. 42 (2): p. 329 - 360.

[204] Dowling, J. and J. Pfeffer. Organizational legitimacy: Social values and organizational behavior. Pacific sociological review, 1975. 18 (1): p. 122 - 136.

[205] Hybels, R. C.. Human Resources, Personnel, and Organizational Behavior: Technology and Organizations. Industrial & Labor Relations Review, 1993. 46 (2): p. 423 - 424.

[206] Ashforth, B. E. and B. W. Gibbs. The Double - edge of Organizational Legitimation. Organization Science, 1990. 1 (2): p. 177 - 194.

[207] Press, M., I. Robert, and M. Maillefert. The role of linked legitimacy in sustainable business model development. Industrial Marketing Management, 2019. 89 (4): p. 566 - 577.

[208] Suddaby, R., A. Bitektine, and P. Haack. Legitimacy. The Academy of Management Annals, 2016. 11 (1): p. 451 - 478.

[209] Thomas, T. E. and E. Lamm. Legitimacy and Organizational Sustainability. J Bus Ethics, 2012. 110: p. 191 - 203.

[210] Chiara, L., M. Sara, and R. Gina. The New Era of Stakeholder Engagement: Gaining, Maintaining, and Repairing Legitimacy in Nonprofit Organizations. International journal of public administration, 2018. 42 (6): p. 520 - 532.

[211] Deephouse, D. L. and M. Suchman. Legitimacy in Organizational Institutionalism. The SAGE handbook of organizational institutionalism. 2008: Sage Publications, Inc.

[212] Singh, J. V., D. J. Tucker, and R. J. House. Organizational Legitimacy and the Liability of Newness. Administrative Science Quarterly, 1986. 31 (Jun., 1986): p. 171 – 193.

[213] Drori, I. and B. Honig. A Process Model of Internal and External Legitimacy. Organization Studies, 2013. 34 (3): p. 345 – 376.

[214] Lu, J. W. and D. Xu. Growth and Survival of International Joint Ventures: An External – Internal Legitimacy Perspective. Journal of Management, 2006. 32 (3): p. 426 – 448.

[215] Dacin, M. T., C. Oliver, and Jean – Paul, Roy. The Legitimacy of Strategic Alliances: An Institutional Perspective. Strategic Management Journal, 2007. 28 (2): p. 169 – 187.

[216] Ruef, M. and W. R. Scott. A Multidimensional Model of Organizational Legitimacy: Hospital Survival in Changing Institutional Environments. Administrative Science Quarterly, 1998. 43 (4): p. 877 – 904.

[217] Vergne, Jean – Philippe. Toward a New Measure of Organizational Legitimacy: Method, Validation, and Illustration. Organizational Research Methods, 2011. 14 (3): p. 484 – 502.

[218] Díez – Martín, F., A. Blanco – González, and E. Díez – de – Castro. Measuring a scientifically multifaceted concept. The jungle of organizational legitimacy. European Research on Management and Business Economics, 2021. 27 (1): p. 100 – 131.

[219] Bitektine, A. and P. Haack. The "Macro" and the "Micro" of Legitimacy: toward a multivelel theory of the legitimacy process. Academy of Management Review, 2015. 40 (1): p. 49 – 75.

[220] Bitektine, A.. Toward a Theory of Social Judgments of Organizations: the case of legitimacy, reputation and status. Academy of Management

Review, 2011. 36 (1): p. 151 -179.

[221] Scherer, A. G. , G. Palazzo, and D. Seidl. Managing Legitimacy in Complex and Heterogeneous Environments: Sustainable Development in a Globalized World. Journal of Management Studies, 2013. 50 (2): p. 259 -284.

[222] 丁浩, 王炳成, 段洪亮. 科技型小微企业商业模式创新、创新合法性与员工企业家精神研究. 科技进步与对策, 2013. 30 (11): 80 -85.

[223] 赵亚普, 李垣, 张文红. 合法性视角下产品企业服务商业模式的案例研究. 经济与管理研究, 2015. 36 (2): 109 -117.

[224] 财富中文网. 2019 年世界 500 强 129 家中国上榜公司完整名单. [2020 -5 -17]; Available from: http://www.fortunechina.com/fortune500/c/2019 -07/22/content_ 339537.htm

[225] 张琦, 王开明. 企业战略过程研究综述. 软科学, 2008. 22 (3): 120 -124, 144.

[226] 弗雷德·R. 戴维. 战略管理: 概念部分. 清华 MBA 核心课程英文版教材. 2016, 北京: 清华大学出版社. 408.

[227] 张琦, 王开明. 动态环境下企业战略过程的创造性和复杂性研究. 软科学, 2008. 22 (9): 90 -94.

[228] 李玉刚, 胡君莲. 企业战略形成过程的类型及受组织因素影响的实证研究. 南开管理评论, 2007. 10 (1): 32 -37.

[229] Hambrick, D. C. and P. A. Mason. Upper Echelons: The Organization as a Reflection of Its Top Managers. Academy of Management Review, 1984. 9 (2): p. 193 -206.

[230] 李玉刚. 企业战略的形成方式与战略规划部门的职能定位. 南开管理评论, 2001 (4): 11 -14.

[231] 熊斌, 葛玉辉, 陈真英. 企业高层管理团队与中层管理者的互动研究述评——机遇战略管理过程的视角. 工业技术经济, 2012. 226 (8): 53 -59.

[232] Hart, S. L.. An Integrative Framework for Strategy - Making

Processes. Academy of Management Review, 1992. 17 (2): p. 327 – 351.

[233] Hutzschenreuter, T. and I. Kleindienst. Strategy – Process Research: What Have We Learned and What Is Still to Be Explored. Journal of Management, 2006. 5 (32): p. 673 – 720.

[234] Jalonen, K., H. Schildt, and E. Vaara. Strategic concepts as micro – level tools in strategic sensemaking. Strategic Management Journal, 2018. 39 (8): p. 2794 – 2826.

[235] Wernerfelt, B.. A Resourced – based View of the Firm. Strategic Management Journal, 1984. 5 (2): p. 171 – 180.

[236] Barney, J.. Firm resources and sustained Competitive advantage. Journal of Management, 1991. 17 (1): p. 99 – 120.

[237] 杜安·爱尔兰，罗伯特·霍斯基森，迈克尔·希特．战略管理：竞争与全球化（概念）. 2014，北京：机械工业出版社. 378.

[238] Kwak, J., Y. Zhang, and J. Yu. Legitimacy building and e – commerce platform development in China: The experience of Alibaba. Technological Forecasting & Social Change, 2019. 139: p. 115 – 124.

[239] 张玉利，杜国臣．创业的合法性悖论．中国软科学，2007 (10): 47 – 58.

[240] 项国鹏，李武当，肖建忠．转型经济中的企业家制度能力：中国企业家的实证研究及其启示．管理世界，2009 (11): 103 – 113，124，129，187，188.

[241] 王凤斌，李东红，刘月宁等．“竞争”还是“合作”：组织中局部功能替代性部门间冲突的动态演进．管理世界，2015 (12): 146 – 171，188.

[242] 杜运周，李武杰，肖建忠．先动性、合法性与中小企业成长——一个中介模型及其启示．管理世界，2008 (9): 126 – 138，148.

[243] 宋铁波，沈征宇．破坏性创新与在位企业战略反应——基于合法性视角的解释模型．科学学与科学技术管理，2014. 35 (5): 82 – 90.

[244] 魏江，王诗翔．从“反应”到“前摄”：万向在美国的合法性

战略演变（1994－2015）．管理世界，2017（8）：136－153，188.

［245］Yang，A. and Y. G. Ji. The quest for legitimacy and the communication of strategic cross－sectoral partnership on Facebok：A big data study. Public Relations Review，2019. 45：p. 1－9.

［246］Weick，K. E.，K. M. Sutcliffe，and D. Obstfeld. Organizing and the process of sensemaking. Organization Science，2005. 16（4）：p. 409－421.

［247］Venkatraman，N. and J. C. Camillus. Exploring the concept of "fit" in strategic management. academy of Management Review，1984. 9（3）：p. 513－525.

［248］Schwarz，M. and J. Nandhakumar. Conceptualizing the Development of Strategic Ideas：A Grounded Theory Analysis. British Journal of Management 2002. 13（67－82）.

［249］Dyer，J. H.，H. B. Gregersen，and C. Christensen. Entrepreneur Behavior，Opportunity Recognition，and the Origins of Innovative Ventures. Strategic Entrepreneurship Journal，2008. 2（4）：p. 317－338.

［250］Chaffee，E. E.. Three Models of Strategy. Academy of Management Annual Meeting Proceedings，1984（1）：p. 89－98.

［251］Mintzberg，H.. Pattern in Strategy Formation. Management Science，1978. 24（9）：p. 934－948.

［252］Nonaka，I.. Toward Middle－up－down Management：Acceleration Information Creation. Sloan Management Review，1988. 29（3）：p. 9－18.

［253］百度百科．斯佩里左右脑分工理论．［2020－5－17］；Available from：https：//baike. baidu. com/item/斯佩里左右脑分工理论/11037596? fr = aladdin.

［254］刘永芳．管理心理学（第二版）. 2016，北京：清华大学出版社. 421.

［255］张爽．企业战略制定过程的行为分析与知识解释——基于知识创造的视角．科技进步与对策，2010. 27（20）：125－128.

［256］Derakhshan，R.，M. Mancini，and J. R. Turner. Community's evaluation of organizational legitimacy: Formation and reconsideration. International Journal of Project Management, 2019. 37 (1): p. 73 – 86.

[257] 搜狐财经. 中国民营企业 500 强. 2010 [cited 2010 2010 – 10 – 11]; Available from: https: //business. sohu. com/20100830/n274574477. shtml.

[258] 百度百科. 中国民营企业 500 强. [cited 2019 2019 – 8 – 22]; Available from: https: //baike. baidu. com/item/2019 年中国民营企业 500 强.

[259] Eisenhardt, K. M. and C. B. Bingham. Suppior Strategy in Entrepreneurial Settings: Thinking, Doing, and the Logic of Opportunity. Strategy Science, 2017. 2 (4): p. 246 – 257.

[260] 李平, 曹仰锋. 案例研究方法: 理论与范例——凯瑟琳·艾森哈特论文集. IACMR 组织与管理研究方法系列. 2012, 北京: 北京大学出版社. 499.

[261] Eisenhardt, K. M.. Building Theories from Case Study Research. Academy of Management Review, 1989. 14 (4): p. 532 – 550.

[262] Maanen, J. V.. Tales of the field: On writting ethnography. 1988, Chicago: University of Chicago Press.

[263] Wu, J. and N. Pangarkar. Rising to the global challenge: strategy for firms in emerging market. Long Range Planning, 2006. 36: p. 295 – 313.

[264] 艾·里斯, 杰克·特劳特. 定位: 争夺用户心智的战争. 2017, 北京: 机械工业出版社.

[265] 彼得·F. 德鲁克. 变革中的管理: 社会生态学视角话管理. 2011, 北京: 华夏出版社. 248.

[266] Yin, R. K.. Case study research: design and methods. 1984, Beverly Hills: Sage Publications.

[267] 佚名. 从宁海路冬天到徐庄夏天 一个空调专营店的君子豹变, 2017 – 08 – 18 16: 57 [cited 2020 7 – 14]; Available from: https: //www. sohu. com/a/165608673_ 590201? qq – pf – to = pcqq. c2c&spm = smpc. content. share. 1. 15911273467323gdAHAj.

[268] 京东官网. 大事记. 2019 [cited 2019 2019 – 11 – 26]; Available

from: https: //about. jd. com/memorabilia/.

[269] 李立. 苏宁进化史: 经历了三次惊心动魄的"创业". 2019 - 09 - 28 04: 02 [cited 2020 7 - 16]; Available from: http: //finance. sina. com. cn/roll/2019 - 09 - 28/doc - iicezzrq8906142. shtml.

[270] Thurlow, A. B. and J. Helms - Mills. Telling tales out of school: Sensemaking and narratives of legitimacy in an organizational change process. Scandinavian Journal of Management, 2015. 31 (2): p. 246 - 254.

[271] 腾讯科技. 确认: 苏宁将收购红孩子. 2012 [cited 2012 2012 - 9 - 25]; Available from: https: //tech. qq. com/a/20120925/000121. htm.

[272] 赵毅, 张晓玲, 葛沪飞. 商业模式合法性维度匹配对企业业绩稳定性的影响——以江、浙两地 349 份调研数据为例. 华东经济管理, 2016. 30 (12): 20 - 29.

[273] Fisher, G., S. Kotha, and A. Lahiri. Changing with the Times: An Integrated View of Identity, Legitimacy, and New Venture Life Cycles. Academy of Management Review, 2016. 41 (3): p. 383 - 409.

[274] Prado - Roman, C., F. Diez - Martin, and A. Bianco - Gonzalez. The effect of communication on the legitimacy and performance of organizations. Review of Business Management, 2020. 22 (3): p. 565 - 581.

[275] Guo, H., R. Shen, and Z. Su. The Impact of Organizational Legitimacy on Product Innovation: A Comparison Between New Ventures and Established Firms. IEEE Transactions on Engineering Management, 2019. 66 (1): p. 73 - 83.

[276] 王炳成, 李洪伟. 破坏性创新商业模式"合法性悖论"的突破方式研究. 科技进步与对策, 2010. 27 (6): 80 - 85.

[277] Nelson, R. R.. Bounded rationality, cognitive maps, and trial and error learning. Journal of economic behavior & organization, 2008. 67 (1): p. 78 - 89.

[278] 李东, 徐天舒, 白璐. 基于试错——学习的商业模式实验创新: 总体过程与领导角色. 东南大学学报 (哲学社会科学版), 2013. 15

(3): 20 -27.

[279] Jacobidies, M. G. and S. G. Winter. Capabilities: Structure, Agency, and Evolution. Organization Science, 2012. 23 (5): p. 1365 -1381.

[280] Casadesus -Masanell, R. and F. Zhu. Business Model Innovation and Competitive Imitation: The case of Sponsor - Based Business Models. Strategic management journal, 2013. 34: p. 464 -482.

[281] Bock, A. J. , T. Opsahl, and G. George. Business Model Innovation and Strategic Flexibility: A Study of the Effects of Informal and Formal Organization. 2010. p. 24.

后　记

自20世纪末商业模式创新成为全球研究和创业实践的热点以来，我国的管理学者和企业家也在推动商业模式研究和实践中不断前进，并且日益受到国家的重视，直至成为构成国家创新驱动的主要内容。例如，2016年5月中共中央、国务院印发的《国家创新驱动发展战略纲要》中指出，创新驱动就是创新成为引领发展的第一动力，科技创新与制度创新、管理创新、商业模式创新、业态创新和文化创新相结合，推动发展方式向依靠持续的知识积累、技术进步和劳动力素质提升转变，促进经济向形态更高级、分工更精细、结构更合理的阶段演进。2016年9月3日，习近平总书记在20国集团工商峰会开幕式上的主旨演讲中提到："我们正在实施创新驱动发展战略，发挥创新第一动力的作用，努力实现从量的增长向质的提升转变。我们将推广发展理念、体制机制、商业模式等全方位、多层次、宽领域的大创新，在推动发展的内生动力和活力上来一个根本性转变。"

我博士毕业于教育部直属东南大学经济管理学院工商系，该系一直致力于商业模式领域的前沿研究，其商业模式研究团队从2011年起有多个商业模式相关研究项目分别获得国家自然科学基金和国家社会科学基金的资助。我们团队无论在教学、科研还是服务社会的过程中，经常被问到"什么是一个好的商业模式?"如果将这个问题抽象到学术层面，其实就是有关"商业模式评价"的研究问题。在网络时代，商业模式创新活动大都发生在平台企业中，因此对平台型企业的商业模式进行评估既是创新管理研究的重点又是商业实践的迫切要求。

本书是在本人博士学位论文《基于容量测评的商业模式效能评估方法与应用研究》、已经发表的相关期刊论文，以及所主持的国家社科基金一般项目“平台型企业商业模式创新迭代过程的合法性测评及其应用研究”阶段性研究成果的基础上，经过整合、修改、增补而成。希望本书的出版，能对商业模式创新和平台型企业的研究有所裨益。

在此，首先要特别感谢我的导师李东教授以及他所带领的商业模式研究团队，包括我的同门师弟李永发教授；其次，要感谢我的同事朱天一和于溪东老师，以及我的硕士研究生沈燕和王天阳所提供的辅助性工作，还要感谢苏州市思达维企业管理咨询有限公司提供的相应的实践平台。最后，要特别感谢中国财政经济出版社的吕小军主任团队专业的编辑及对我因为工作太多导致多次延迟交稿的宽容。

徐天舒

2022 年元月于苏州吴中石湖